电子信息基础学习指导

主　编　荣传振
副主编　贾永兴
参　编　王金明　杨　宇　徐承龙

东南大学出版社
SOUTHEAST UNIVERSITY PRESS
·南京·

内 容 提 要

本书是《电子信息基础——原理、设计与仿真》的配套书籍，立足实践，着眼自学，与《电子信息基础——原理、设计与仿真》教材配合使用相得益彰。全书内容包括：电路的基本概念与定律、一阶直流动态电路分析、连续时间信号与系统的时域分析、连续时间信号与系统的频域分析、二极管及其应用、三极管和放大电路、集成运算放大器及其应用、数字逻辑基础、组合逻辑电路、时序逻辑电路等。每章都有知识结构、基本概念、重点与难点归纳、习题详解。部分习题详解中不乏经典的多种解法。

本书既可以作为通信、电子、信息等专业学生自学、复习的参考书，也可作为学习电子信息基础课程的辅助教材。

图书在版编目(CIP)数据

电子信息基础学习指导 / 荣传振主编. — 南京：东南大学出版社，2023.4
 ISBN 978-7-5766-0235-7

Ⅰ.①电… Ⅱ.①荣… Ⅲ.①电子信息-高等学校-教学参考资料 Ⅳ.①G203

中国版本图书馆 CIP 数据核字(2022)第 170572 号

电子信息基础学习指导
Dianzi Xinxi Jichu Xuexi Zhidao

主　　编	荣传振				
责任编辑	张　烨	责任校对：韩小亮	封面设计：王　玥	责任印制：周荣虎
出版发行	东南大学出版社
社　　址	南京市四牌楼2号（邮编：210096　电话：025-83793330）
网　　址	http://www.seupress.com
电子邮箱	press@seupress.com
经　　销	全国各地新华书店
印　　刷	广东虎彩云印刷有限公司
开　　本	700mm×1000mm　1/16
印　　张	14.5
字　　数	284千
版　　次	2023年4月第1版
印　　次	2023年4月第1次印刷
书　　号	ISBN 978-7-5766-0235-7
定　　价	42.00元

本社图书若有印装质量问题，请直接与营销部联系，电话：025-83791830。

前 言

本书是《电子信息基础——原理、设计与仿真》一书的配套书籍。本书立足实践,着眼自学,与《电子信息基础——原理、设计与仿真》教材配合使用相得益彰。

本书概念清楚、系统性强、特色鲜明。全书内容包括:电路的基本概念和定律、一阶直流动态电路分析、连续时间信号与系统的时域分析、连续时间信号与系统的频域分析、二极管及其应用、三极管和放大电路、集成运算放大器及其应用、数字逻辑基础、组合逻辑电路、时序逻辑电路等。每章都设有知识结构,基本概念、重点与难点,习题详解。部分习题详解中不乏经典的多种解法。

本书由荣传振担任主编,贾永兴担任副主编,王金明、杨宇、徐承龙参与了本书的编写。其中杨宇负责第1、2章的编写,贾永兴负责第3、4章的编写,徐承龙负责第5章的编写,荣传振负责第6、7章的编写,王金明负责第8、9、10章的编写。荣传振校阅了全书初稿,并对全书进行了统稿。

本书在编写过程中得到了陆军工程大学通信工程学院领导和专家的关心和支持,在此表示感谢。同时亦感谢东南大学出版社相关编辑老师在本书出版过程中给予的大力支持。由于编者水平有限,书中难免存在错误和不妥之处,恳请读者批评指正。

编 者

目 录

1 电路的基本概念与定律 1
- 1.1 本章知识结构 1
- 1.2 基本概念、重点与难点 2
  - 1.2.1 实际电路和电路模型 2
  - 1.2.2 电路变量 2
  - 1.2.3 电路基本元件 4
  - 1.2.4 基尔霍夫定律 8
  - 1.2.5 电路方程分析法 10
  - 1.2.6 电路的等效变换 12
  - 1.2.7 等效电源定理 17
  - 1.2.8 最大功率传输定理 20
  - 1.2.9 齐次定理和叠加定理 20
- 1.3 习题解答 21

2 一阶直流动态电路分析 41
- 2.1 本章知识结构 41
- 2.2 基本概念、重点与难点 42
  - 2.2.1 动态元件 42
  - 2.2.2 动态电路方程建立和求解 45
  - 2.2.3 一阶直流动态电路三要素法 47
  - 2.2.4 一阶直流动态电路的零输入和零状态响应 48
- 2.3 习题解答 49

3 连续时间信号与系统的时域分析 64
- 3.1 本章知识结构 64
- 3.2 知识要点 65
  - 3.2.1 信号及其分类 65
  - 3.2.2 典型连续时间信号 65
  - 3.2.3 信号的基本运算 66

3.2.4　系统及其分类 ……………………………………………………… 68
　　　3.2.5　LTI连续时间系统的响应 ………………………………………… 70
　3.3　习题解答 ………………………………………………………………… 71

4　连续时间信号与系统的频域分析 ……………………………………………… 92
　4.1　本章知识结构 …………………………………………………………… 92
　4.2　知识要点 ………………………………………………………………… 92
　　　4.2.1　周期信号的傅里叶级数 …………………………………………… 92
　　　4.2.2　傅里叶变换 ………………………………………………………… 95
　　　4.2.3　傅里叶变换的性质和定理 ………………………………………… 96
　　　4.2.4　系统的频域分析 …………………………………………………… 97
　　　4.2.5　时域采样定理 ……………………………………………………… 101
　4.3　习题解答 ………………………………………………………………… 102

5　二极管及其应用 ……………………………………………………………… 123
　5.1　本章知识结构 …………………………………………………………… 123
　5.2　基本概念、重点与难点 ………………………………………………… 123
　　　5.2.1　半导体 ……………………………………………………………… 123
　　　5.2.2　本征半导体 ………………………………………………………… 124
　　　5.2.3　杂质半导体 ………………………………………………………… 124
　　　5.2.4　PN结 ……………………………………………………………… 125
　　　5.2.5　半导体二极管及其伏安特性 ……………………………………… 126
　　　5.2.6　二极管的等效电路模型及分析方法 ……………………………… 127
　　　5.2.7　稳压二极管及其应用 ……………………………………………… 128
　　　5.2.8　特殊二极管 ………………………………………………………… 129
　5.3　习题解答 ………………………………………………………………… 130

6　三极管和放大电路 …………………………………………………………… 136
　6.1　本章知识结构 …………………………………………………………… 136
　6.2　基本概念、重点与难点 ………………………………………………… 136
　　　6.2.1　三极管的结构与伏安特性 ………………………………………… 136
　　　6.2.2　放大的概念和放大电路的主要性能指标 ………………………… 139
　　　6.2.3　基本放大电路 ……………………………………………………… 141
　　　6.2.4　放大电路的分析方法 ……………………………………………… 143
　　　6.2.5　差分放大电路 ……………………………………………………… 147
　6.3　习题解答 ………………………………………………………………… 149

7 集成运算放大器及其应用 ······ 158
7.1 本章知识结构 ······ 158
7.2 基本概念、重点与难点 ······ 158
7.2.1 集成运放的电路结构 ······ 159
7.2.2 集成运放的电压传输特性与主要性能指标 ······ 159
7.2.3 理想集成运算放大器 ······ 160
7.2.4 反馈 ······ 160
7.2.5 反馈的类型及判别方法 ······ 162
7.2.6 负反馈对放大电路性能的影响 ······ 163
7.2.7 基本运算电路 ······ 164
7.2.8 电压比较器 ······ 167
7.3 习题解答 ······ 169

8 数字逻辑基础 ······ 178
8.1 基本概念、重点与难点 ······ 178
8.2 习题解答 ······ 184

9 组合逻辑电路 ······ 198
9.1 基本概念、重点与难点 ······ 198
9.2 习题解答 ······ 201

10 时序逻辑电路 ······ 213
10.1 基本概念、重点与难点 ······ 213
10.2 习题解答 ······ 216

1 电路的基本概念与定律

1.1 本章知识结构

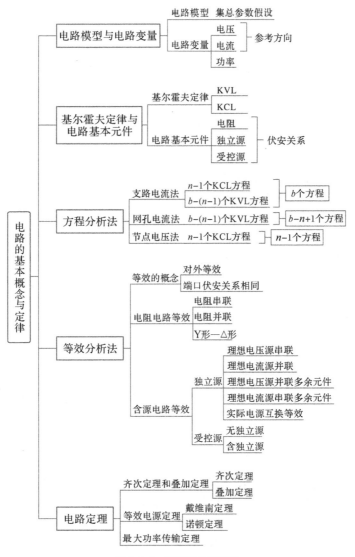

图 1.1.1 本章知识结构图

1.2 基本概念、重点与难点

1.2.1 实际电路和电路模型

1) 实际电路

电路又称电子回路,是由电气设备和用电器按一定方式连接起来形成的电流的通路。基本电路通常由 3 部分组成:一是电源。电源是提供电能的元件,其功能是将其他形式的能量转换为电能。由于非电能的种类很多,转变成电能的方式也很多。二是负载。负载也称为用电装置,它将电源供给的电能转换为其他形式的能量。三是中间连接装置(例如导线、开关等)。它们用以连接电源和负载,起到传输和控制的作用。当然有时电路中还存在一些辅助设备,它们主要是用来实现对电路的控制、分配、保护及测量等作用。常用的辅助设备包括熔断器、电流表、电压表及各种测量仪表等。

2) 电路模型

由理想电路元件构成的电路,称为电路模型,也叫作集总参数电路。电路模型是在一定精确度范围内对实际电路的一种近似。

需要注意的是,只有当实际电路元件及实际电路的尺寸远远小于电路中电磁信号的波长时,该电路才可以用集总参数电路模拟,这一条件称为集总参数假设条件。本书中所说电路一般均指由理想元件构成的抽象电路或电路模型,而非实际电路,这些电路模型均满足集总参数假设条件。在电路模型中各理想元件的端子是用理想导线连接起来的。

1.2.2 电路变量

1) 电流

导体中的自由电荷在电场力的作用下做有规则的定向运动就形成了电流。电磁学上把单位时间里通过导体横截面的电荷量叫作电流强度,简称电流,用符号 $i(t)$ 表示,其数学表达式为

$$i(t) = \frac{\mathrm{d}q(t)}{\mathrm{d}t} \tag{1.2.1}$$

式中,$q(t)$ 为通过导体横截面的电荷量。电流的单位是安培,简称安(A)。常用的电流单位还有千安(kA)、毫安(mA)和微安(μA)。它们之间的换算关系是 $1\ \mathrm{kA} = 10^3\ \mathrm{A}, 1\ \mathrm{mA} = 10^{-3}\ \mathrm{A}, 1\ \mu\mathrm{A} = 10^{-6}\ \mathrm{A}$。

在实际分析中,可以任意假设某一方向为正电荷的运动方向,这个假设的电流

方向称为参考方向,通常用箭头表示。如图 1.2.1 所示,设电流 I 的参考方向为从 a 点流向 b 点。若经计算得到 $I>0$,则说明电流实际方向与参考方向相同,也是 $a \rightarrow b$;若经计算得到 $I<0$,则说明电流实际方向与参考方向相反,为 $b \rightarrow a$,大小为 $|I|$。需要注意的是,电流值的正负是在设定了参考方向的前提下,若没有设定参考方向,则正、负号没有任何意义。电流的参考方向可以任意指定,但在同一个电路中电流参考方向一旦设定,就不再改变。在本书中若无特殊说明时,电路图上所标箭头表示的都是电流的参考方向。

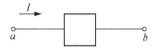

图 1.2.1 电流参考方向示意

2) 电压

电路中,通常将电场力把单位正电荷从 a 点移到 b 点所做的功定义为 a、b 两点间的电压值。电压用符号 $u(t)$ 表示,其数学表达式为

$$u(t)=\frac{\mathrm{d}w(t)}{\mathrm{d}q(t)} \tag{1.2.2}$$

式中,$q(t)$ 为由 a 点移至 b 点的电荷量,单位为库仑(C);$w(t)$ 为移动电荷 $q(t)$ 电场力所做的功,单位为焦耳(J)。电压 $u(t)$ 的单位是伏特,简称伏(V)。常用的电压单位还有千伏(kV)、毫伏(mV)和微伏(μV)。它们之间的换算关系是 $1\text{ kV}=10^3\text{ V}$,$1\text{ mV}=10^{-3}\text{ V}$,$1\text{ }\mu\text{V}=10^{-6}\text{ V}$。

电路中,规定两点之间由高电位指向低电位,即电位降的方向为电压的实际方向。电压的方向一般用正负极性表示,"+"表示高电位端,"−"表示低电位端,如图 1.2.2(a)所示;有时也用双下标来表示,如图 1.2.2(b)所示的 $u_{ab}(t)$ 表示 a 为正,b 为负,而 $u_{ba}(t)$ 则正好相反,有 $u_{ab}(t)=-u_{ba}(t)$。

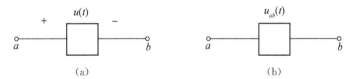

图 1.2.2 电压方向的表示方法

元件的电流或电压的参考方向均可以独立地任意指定。如果设定电流的参考方向是从电压正极性的一端流向负极性的一端,如图 1.2.3(a)所示,此时认为两者的参考方向一致,称为关联参考方向;而当设定电流的参考方向是从电压负极性的一端流向正极性的一端时,则称为非关联参考方向,如图 1.2.3(b)所示。为方便计算,在对电路进行分析时通常采用关联参考方向。

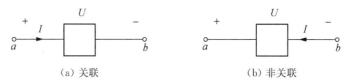

(a) 关联　　　　　　　　　(b) 非关联

图 1.2.3　关联和非关联参考方向

3) 功率

所谓功率,定义为单位时间吸收(或产生)的电能,用符号 $p(t)$ 表示,其数学表示式为

$$p(t)=\frac{\mathrm{d}w(t)}{\mathrm{d}t} \tag{1.2.3}$$

功率是表示元件消耗电能快慢的物理量。当电能一定时,时间越短,功率值就越大。通常一个用电器功率的大小数值上等于它在 1 s 内所消耗的电能。在国际单位制中,能量的单位是焦耳(J),时间的单位是秒(s),功率的单位是瓦特(W)。功率的常用单位还有毫瓦(mW)、千瓦(kW)和兆瓦(MW),其中 $1\text{ mW}=10^{-3}\text{ W}$,$1\text{ kW}=10^3\text{ W}$,$1\text{ MW}=10^6\text{ W}$。

根据电流和电压的定义公式

$$i(t)=\frac{\mathrm{d}q(t)}{\mathrm{d}t},\quad u(t)=\frac{\mathrm{d}w(t)}{\mathrm{d}q(t)}$$

当电压、电流为关联方向时,功率可以表示为

$$p(t)=\frac{\mathrm{d}w(t)}{\mathrm{d}t}=\frac{\mathrm{d}w(t)}{\mathrm{d}q(t)}\cdot\frac{\mathrm{d}q(t)}{\mathrm{d}t}=u(t)\cdot i(t) \tag{1.2.4}$$

式(1.2.4)表明,元件的功率等于该元件两端电压与流过元件的电流的乘积,即 $p(t)=u(t)i(t)$。而当电压、电流为非关联方向时,则 $p(t)=-u(t)i(t)$。若电压电流均为直流时,式(1.2.4)可以写为

$$P=UI \text{ 或 } P=-UI \tag{1.2.5}$$

当计算结果 $P>0$ 时,表明该元件吸收电能,元件在电路中的作用为负载,此时称为吸收功率;当 $P<0$ 时,表明该元件产生电能,元件在电路中起到类似电源的作用,此时称为产生功率。需要说明的是,元件是吸收功率还是产生功率,只与功率值的正负有关,而与元件电流电压方向为关联还是非关联无关。

1.2.3　电路基本元件

1) 电阻

电阻器是一个耗能元件,其主要物理特征是变电能为热能,电流经过电阻器时

会产生内能。电阻元件是从实际电阻器中抽象出来的理想模型,一般用符号 R 表示,单位是欧姆(Ω)。常用的电阻单位还有千欧($k\Omega$)和兆欧($M\Omega$)。其换算关系为 $1\ k\Omega=10^3\ \Omega,1\ M\Omega=10^6\ \Omega$。

电阻在电路中通常起分压、分流的作用。电阻元件的模型如图 1.2.4(a)所示。具有电阻特性的一些实际元件,其伏安特性曲线都有一定程度的非线性,但在一定的工作条件下,这些元件的伏安特性曲线可近似为直线,此类电阻为线性时不变电阻元件。所谓线性时不变电阻元件,是指电阻元件的伏安特性曲线是经过原点的一条直线,其斜率不随时间变化,如图 1.2.4(b)所示。

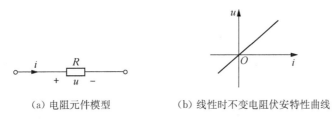

(a) 电阻元件模型　　　　(b) 线性时不变电阻伏安特性曲线

图 1.2.4　电阻元件

当电压和电流为关联参考方向时,线性时不变电阻元件的电压电流关系可以表示为

$$u = R \cdot i \tag{1.2.6}$$

式(1.2.6)称为欧姆定律。可以看出,线性电阻元件的伏安关系为正比例关系,其比例系数为电阻的阻值。欧姆定律说明当电阻一定时,流过电阻的瞬时电流与电阻两端的瞬时电压成正比。

当电压和电流参考方向为非关联时,线性时不变电阻元件的电压与电流关系为

$$u = -R \cdot i \tag{1.2.7}$$

有时还可以用电导来描述电阻的导电性能。电导在数值上等于电阻的倒数,符号是 G,即

$$G = \frac{1}{R} \tag{1.2.8}$$

电导的单位是西门子(S)。导体的电阻越小,电导就越大;反之,电阻越大,电导就越小。

因此式(1.2.7)和式(1.2.8)还可以写成式(1.2.9)的形式。

$$i = G \cdot u \text{ 或 } i = -G \cdot u \tag{1.2.9}$$

当电阻 $R \to \infty$ 或电导 $G=0$ 时，电阻的导电性能为零，即无论电阻两端电压值为多大，流过该电阻的电流恒为零，则称此时电阻为开路或断路；当电阻 $R=0$ 或者电导 $G \to \infty$ 时，无论流过该电阻的电流为何值，它的端电压恒为零，此时称电阻为短路。

当电压电流为关联参考方向时，在任意时刻电阻元件的功率为

$$p = ui = Ri^2 = \frac{u^2}{R} \tag{1.2.10}$$

而当电压电流为非关联参考方向时，在任意时刻电阻元件的功率为

$$p = -ui = Ri^2 = \frac{u^2}{R} \tag{1.2.11}$$

从式(1.2.10)和式(1.2.11)可以看出，电阻元件的功率始终是正值，也即任意时刻电阻元件都在吸收功率、消耗能量，因此电阻元件是耗能元件。

2) 理想电源

理想电源，是在一定条件下从实际电源抽象定义得到的一种理想模型。其中理想电压源是对外电路提供电压的实际电压源的抽象模型，理想电流源是对外电路提供电流的实际电流源的抽象模型。

(1) 理想电压源

理想电压源(简称电压源)，是从实际电源抽象出来的一种理想模型。它是一个二端元件，其两端电压保持常量 U_s 或按给定的时间函数 $u_s(t)$ 变化，与流过的电流无关。

理想电压源的模型如图 1.2.5(a)所示，图中"＋""－"号表示电压源电压的参考极性。$u_s(t)$ 为理想电压源的电压。若 $u_s(t)$ 是不随时间变化的常数，则该电压源称为直流电压源，也可用如图 1.2.5(b)所示的模型表示。

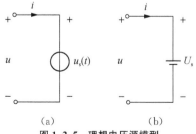

图 1.2.5 理想电压源模型

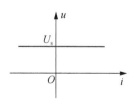

图 1.2.6 直流电压源伏安关系曲线

直流电压源的伏安关系曲线如图 1.2.6 所示。可以看出,电压源的端口电压与流过它的电流的大小、方向无关。电压源的电流由电压源和与它相连的外电路共同决定,大小和方向可为任意值。因此理想电压源的功率既可为正,也可为负,即电压源既可以吸收功率也可以产生功率。特殊地,当 $u_s(t)=0$ 时,则其伏安关系曲线为 u-i 平面上的电流轴,此时电压源相当于短路。

(2) 理想电流源

理想电流源(简称电流源),也是从实际电源抽象出来的一种模型。电流源能向外提供一定大小的 I_s 或按给定的时间函数 $i_s(t)$ 变化的电流,电流大小与其两端电压无关。电流源的模型如图 1.2.7 所示,其中图 1.2.7(a)为直流电流源,1.2.7(b)为时变电流源。

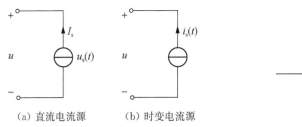

(a) 直流电流源　　(b) 时变电流源

图 1.2.7　理想电流源模型　　　　图 1.2.8　直流电流源伏安关系曲线

直流电流源的伏安关系曲线如图 1.2.8 所示。与电压源类似,电流源的电流与其两端的电压的大小、方向无关。电流源的电压由电流源的输出电流和与它相连的外电路共同决定,大小和方向可为任意值。因此理想电流源的功率也是正负均有可能,即电流源既可以吸收功率也可以产生功率。特殊地,当 $i_s(t)=0$ 时,则其伏安关系曲线为 u-i 平面上的电压轴,此时电流源相当于开路。

3) 受控源

受控源是指它的电压或电流受到同一电路中其他支路的相关变量控制。受控源是用于描述受到电路中某处支路电压或电流控制而产生电压或电流的一种模型。

受控源有两个控制端钮(又称输入端)和两个受控端钮(又称输出端)。根据其输出端所呈现的性能,受控源可分为受控电压源和受控电流源两类。根据控制量的不同,受控电压源又分为电压控制电压源(VCVS)与电流控制电压源(CCVS);受控电流源又分为电压控制电流源(VCCS)与电流控制电流源(CCCS)。这四种受控源的模型如图 1.2.9 所示。

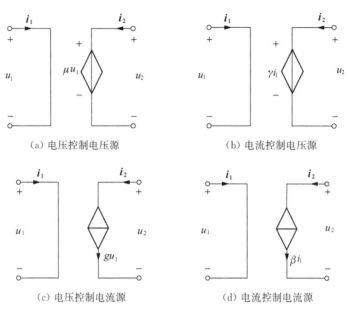

图 1.2.9 受控源模型

图 1.2.9(a)为电压控制电压源中,输出端的电压只取决于输入端电压,与输入端的支路电流无关,所以控制支路可以看作开路。如果控制支路电压为 u_1,则输出端的电压就等于 μu_1,μ 是无量纲的控制系数。图 1.2.9(b)为电流控制电压源,其输出支路中电压受到输入支路电流的控制,与输入支路的电压无关,所以输入端可以看作短路。该模型图中输出电压为 γi_1,γ 为控制系数,单位为 Ω。图 1.2.9(c)电压控制电流源,输出端的电流只取决于输入端电压,输出电流为 gu_1,g 为控制系数,其单位为 S(西门子)。图 1.2.9(d)为电流控制电流源,输出电流受到输入端电流的控制,大小为 βi_1,β 是控制系数,无量纲。

1.2.4 基尔霍夫定律

基尔霍夫定律是电路中电压和电流所遵循的基本规律,是分析和计算电路的基础。该定律在 1845 年由德国物理学家 G. R. 基尔霍夫提出,包括基尔霍夫电流定律(Kirchhoff's Current Law,KCL)和基尔霍夫电压定律(Kirchhoff's Voltage Law,KVL)。基尔霍夫定律与构成电路的元件性质无关,仅与电路的连接方式有关。因此,基尔霍夫定律既可以用于直流电路的分析,也可以用于交流电路的分析,还可以用于含有电子元件的非线性电路的分析。

1) 基尔霍夫电流定律

基尔霍夫电流定律(KCL)是描述电路中任一节点所连接的各支路电流之间的

相互约束关系。KCL 指出:对电路中的任一节点,在任一瞬间,流出或流入该节点电流的代数和为零。即

$$\sum_{k=1}^{m} i_k(t) = 0 \qquad (1.2.12)$$

式中,m 为连接到节点的支路总数,$i_k(t)$ 表示第 k 条支路电流。当电流为直流时,式(1.2.12)可改写为

$$\sum_{k=1}^{m} I_k = 0 \qquad (1.2.13)$$

式(1.2.12)和式(1.2.13)称为电路的基尔霍夫电流方程,简称为 KCL 方程。基尔霍夫电流定律是电荷守恒定律和电流连续性在集总参数电路中任一节点处的具体反映。所谓电荷守恒,即电荷既不能创造,也不能消失,只能从一个物体转移到另一个物体,或者从物体的一部分转移到另一部分,在转移的过程中,电荷的总量不变。基于这条定律,对集总参数电路中某一支路的横截面来说,流入横截面多少电荷就会从该横截面流出多少电荷,dq/dt 在一条支路上应处处相等,这就是电流的连续性。

KCL 方程的另一种描述为:在集总参数电路中,任意时刻流出任一节点的电流之和等于流入该节点的电流之和。即

$$\sum i_{流入} = \sum i_{流出} \qquad (1.2.14)$$

2) 基尔霍夫电压定律

基尔霍夫电压定律(KVL)是描述电路中组成任一回路的各支路(或各元件)电压之间的约束关系。KVL 指出:对电路中的任一回路,在任一瞬间,沿回路绕行方向,各段电压的代数和为零。即

$$\sum_{k=1}^{m} u_k(t) = 0 \qquad (1.2.15)$$

式中,m 为该回路中电压的总个数,$u_k(t)$ 表示第 k 个电压。当电压为直流电压时,式(1.2.15)可改写为

$$\sum_{k=1}^{m} U_k = 0 \qquad (1.2.16)$$

式(1.2.15)和式(1.2.16)称为电路的基尔霍夫电压方程,简称为 KVL 方程。基尔霍夫电压定律反映了集总参数电路遵从能量守恒定律,它反映了保守场中做功与

路径无关的物理本质。KVL适用于任意时刻、任意激励源情况的一切集总参数电路中的回路,对回路中各元件的性质、种类并不加限制。

基尔霍夫电压定律的另一种描述为:在集总参数电路中,沿任一回路绕行一周,电压升的代数和等于电压降的代数和。即

$$\sum u_{升} = \sum u_{降} \quad (1.2.17)$$

1.2.5 电路方程分析法

电路分析的主要任务是根据给定的电路结构和参数,求解支路或元件的电压和电流。由前面分析可知,元件特性约束和网络拓扑约束是分析电路的基本依据。依据这两类约束关系,可以建立起电路中不同变量的联系。因此,电路分析的基本思路是选择一组适当的电路变量,一般为电压或电流,根据两类约束建立电路方程进行求解。对于线性电阻电路,其方程是一组线性代数方程,因此这类电路分析法称为方程分析法。

1) 支路电流法

支路电流法是以支路电流变量为未知量,利用基尔霍夫定律和欧姆定律所决定的两类约束关系,建立数目足够且相互独立的方程组,解出各支路电流,进而再根据电路有关的基本概念求解电路其他响应的一种电路分析计算方法。

若电路中含有 n 个节点,b 条支路,采用支路电流法分析时,一般先列写出 $n-1$ 个独立节点的 KCL 方程,然后选择 $b-(n-1)$ 条支路列写 KVL 方程,组成 b 个方程,从而求解出 b 个支路电流。

如图 1.2.10 所示的电路中,共有 4 个节点,6 条支路。设各支路电流的参考方向如图 1.2.10 所示。以 a、b、c 三个节点为例,列写出的 KCL 方程为

$$\begin{cases} I_1 + I_2 + I_6 = 0 \\ I_3 + I_5 = I_2 \\ I_1 + I_3 = I_4 \end{cases} \quad (1.2.18)$$

为解出 6 个未知量,还需再列写 3 个 KCL 方程。为保证方程的独立性,一般选择网孔作为列方程的回路。如图 1.2.10 中,可以分别列写 $acba$、$abda$、$bcdb$ 三个回路的方程,为

$$\begin{cases} I_1 R_1 - I_2 R_2 - I_3 R_3 = 0 \\ I_2 R_2 + I_5 R_4 = U_0 \\ I_3 R_3 + I_4 R_5 - I_5 R_4 = 0 \end{cases} \quad (1.2.19)$$

联立式(1.2.18)和式(1.2.19),代入参数值,即可解出各条支路电流,结合欧姆定律,可得到电路中任意元件、任意两点间的电压值。

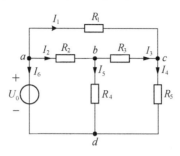

图 1.2.10 支路电流法分析

2) 网孔电流法

在一个平面电路里,由于网孔是由若干条支路构成的闭合回路,所以网孔个数必定少于支路个数。所谓网孔电流,是一种沿着网孔边界流动的假想的电流。

运用网孔电流分析电路时只需列写 KVL 方程。对于有 n 个节点,b 条支路的电路,其独立的 KVL 方程个数为 $b-n+1$ 个。以网孔电流为变量列写 $b-n+1$ 个网孔的 KVL 方程,联立求解可得网孔电流。

根据网孔电流列写 KVL 方程的一般形式为

$$\begin{cases} R_{aa}I_a+R_{ab}I_b+R_{ac}I_c=U_a \\ R_{bb}I_b+R_{ba}I_a+R_{bc}I_c=U_b \\ R_{cc}I_c+R_{ca}I_a+R_{cb}I_b=U_c \end{cases} \quad (1.2.20)$$

式中,R_{ii} 为网孔 i 的自电阻,R_{ij} 为网孔 i 与网孔 j 的互电阻,U_i 为网孔 i 中电源电压升的和。因此网孔方程的通式也可以表示为

自电阻×本网孔电流 + $\sum$ 互电阻×相邻网孔电流 = 本网孔电源电压升的代数和

因此,网孔电流分析法的一般步骤为:

(1) 设网孔电流参考方向,通常同取顺时针或逆时针方向,绕行方向与参考方向一致;

(2) 列网孔电压方程组,联立求解,解出网孔电流;

(3) 由网孔电流求电路其他待求量。

3) 节点电压法

节点电压,指的是以电路中某一节点为参考点,其余节点到参考点的电压降。以节点电压为变量,列写独立节点的 KCL 方程,先求得节点电压从而计算其他响

应的方法,就称为节点电压法。

根据节点电压列写 KCL 方程的一般形式为

$$\begin{cases} G_{aa}U_a - G_{ab}U_b - G_{ac}U_c = I_a \\ G_{bb}U_b - G_{ba}U_a - G_{bc}U_c = I_b \\ G_{cc}U_c - G_{ca}U_a - G_{cb}U_b = I_c \end{cases} \quad (1.2.21)$$

其中,G_{ii} 为节点 i 的自电导,G_{ij} 为节点 i 与节点 j 的互电导,I_i 为流向节点 i 的电源电流的和。因此节点方程的通式也可以表示为

自电导×本节点电压 $-\sum$ 互电导×相邻节点电压=流入本节点电源电流和

因此,节点电压分析法的一般步骤为:

(1) 选择参考节点,设参考节点的电压为 0,确定其余节点的电压变量;
(2) 列写节点电流方程组,联立求解,解出节点电压;
(3) 由节点电压求电路其他待求量。

1.2.6 电路的等效变换

对电路进行分析和计算时,有时可以把电路中某一部分简化,即用一个较为简单的电路来替代原电路,这种方法称为电路的等效变换。电路等效变换的条件是相互代换的两部分电路具有相同的电压电流关系。电路等效的对象是电路未变化部分中的电流、电压,对电路进行等效变换是为了简化电路,方便分析求解结果。

1) 电阻的串联、并联等效

(1) 电阻的串联

多个电阻首尾依次相连的形式称为电阻的串联。

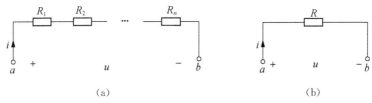

图 1.2.11 电阻串联

如图 1.2.11(a)中,n 个电阻串联。根据 KVL,可得端口电压为

$$u = iR_1 + iR_2 + \cdots + iR_n = i(R_1 + R_2 + \cdots + R_n)$$

令 $R_1 + R_2 + \cdots + R_n = R$,则有

$$u = iR$$

因此图 1.2.11(a)的 n 个电阻串联,可用图 1.2.11(b)的电阻来表示,即串联电阻的计算公式为

$$R=R_1+R_2+\cdots+R_n \quad (1.2.22)$$

其中任一电阻 R_i 上的电压为

$$u_i=\frac{R_i}{R_1+R_2+\cdots+R_n}u \quad (1.2.23)$$

式(1.2.23)称为分压公式。可以看出,串联时每个电阻上的电压与其阻值成正比,电阻越大,分得的电压越大。

(2) 电阻的并联

多个电阻首尾分别连接在一起的形式称为电阻的并联。

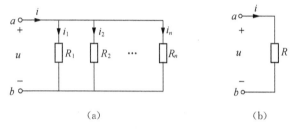

图 1.2.12 电阻并联

如图 1.2.12 所示,n 个电阻并联,可表示为 $R_1//R_2//\cdots//R_n$。根据 KCL,有

$$i=i_1+i_2+\cdots+i_n$$

根据电阻元件的伏安关系,可得

$$i=\frac{u}{R_1}+\frac{u}{R_2}+\cdots+\frac{u}{R_n}=u\left(\frac{1}{R_1}+\frac{1}{R_2}+\cdots+\frac{1}{R_n}\right) \quad (1.2.24)$$

令 $\frac{1}{R_1}+\frac{1}{R_2}+\cdots+\frac{1}{R_n}=\frac{1}{R}$,则有

$$i=\frac{u}{R}$$

因此图 1.2.12(a)的 n 个电阻并联,可用图 1.2.12(b)的电阻来表示,即并联电阻的计算公式为

$$\frac{1}{R}=\frac{1}{R_1}+\frac{1}{R_2}+\cdots+\frac{1}{R_n} \quad (1.2.25)$$

式(1.2.25)也可用电导来表示,为

$$G=G_1+G_2+\cdots+G_n \qquad (1.2.26)$$

其中任一电导 G_i 上的电流为

$$i_i=\frac{G_i}{G_1+G_2+\cdots+G_n}i \qquad (1.2.27)$$

式(1.2.27)称为分流公式。可以看出,并联时每个电阻上的电流与其阻值成反比,阻值越大,分得的电流越小。简单来说,当两个电阻 R_1 和 R_2 并联时,并联总电阻

$$R=\frac{R_1R_2}{R_1+R_2} \qquad (1.2.28)$$

流过电阻 R_1 和 R_2 的电流分别为

$$i_1=\frac{R_2}{R_1+R_2}i, \quad i_2=\frac{R_1}{R_1+R_2}i \qquad (1.2.29)$$

2) 理想电源的串联、并联等效

(1) 理想电压源的串联

如图 1.2.13(a)所示,当 n 个理想电压源串联时,可以用如图 1.2.13(b)所示的一个电压源等效,且该电压源的电压等于该串联支路所有电压源电压的代数和,即

$$u_s=u_1+u_2+\cdots+u_n=\sum_{i=1}^n u_i \qquad (1.2.30)$$

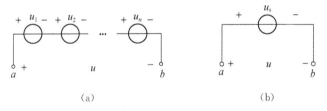

图 1.2.13 理想电压源串联等效

(2) 理想电流源的并联

如图 1.2.14(a)所示,当 n 个理想电流源并联时,可以用如图 1.2.14(b)所示的一个电流源等效,且该电流源的电流等于该并联支路所有电流源电流的代数和,即

$$i_s = i_1 + i_2 + \cdots + i_n = \sum_{k=1}^{n} i_k \tag{1.2.31}$$

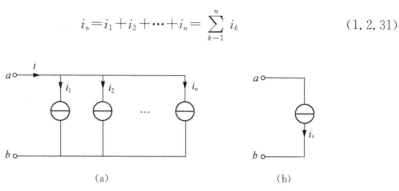

图 1.2.14　理想电流源并联等效

（3）理想电压源与元件并联

任意电路元件与理想电压源 u_s 并联等效，根据 KVL 可以知道，此时均可将其等效为理想电压源 u_s，如图 1.2.15 所示。

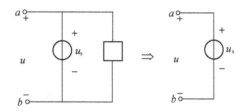

图 1.2.15　理想电压源与元件并联

需要注意的是，电压大小不一样的理想电压源不可以并联。

（4）理想电流源与元件串联

任意电路元件与理想电流源 i_s 串联等效，根据 KCL 定律可以知道，此时均可将其等效为理想电流源 i_s，如图 1.2.16 所示。

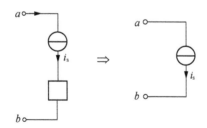

图 1.2.16　理想电流源与元件串联

同样，电流大小不一样的理想电流源不可以串联。

(5) 实际电源模型及其等效

在现实中理想电源是不存在的,实际电源内部含有一定的内阻,电源自身存在能量消耗。实际电压源可以看成是理想电压源 u_s 串联上内阻 R_0,其模型如图 1.2.17 所示,对应的端口伏安关系为

$$u = u_s - iR_0 \tag{1.2.32}$$

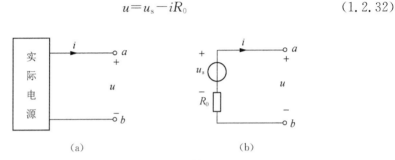

图 1.2.17 实际电源模型

从图中可以看出,当 ab 端口断开时,端口处的开路电压 u_{oc} 就等于电源电压,即 $u_{oc} = u_s$。当 ab 端口短路时,其电流 $i = \dfrac{u_s}{R_0}$,称此时的电流为短路电流,通常用 i_{sc} 表示。

实际电流源可以看成是理想电流源 i_{sc} 并联上内阻 R_0,其模型如图 1.2.18 所示,对应的端口伏安关系为

$$i = i_{sc} - \dfrac{u}{R_0} \tag{1.2.33}$$

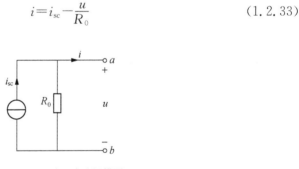

图 1.2.18 实际电流源模型

根据等效的定义可以看出,图 1.2.17(b) 和图 1.2.18 互为等效电路。也就是说,电压源串联电阻的组合与电流源并联电阻的组合具有相同的伏安关系,两种模型可以相互转换,如图 1.2.19 所示,这种转换称为电源模型互换。

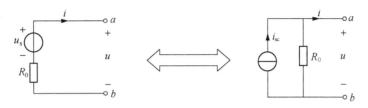

图 1.2.19 电源互换模型

在转换时要注意 u_s 和 i_{sc} 的参考方向,电流源电流从电压源的正极流出,并且电压源电压和电流源电流之间满足

$$u_s = i_{sc} R_0$$

通常将与电阻串联的电压源称为有伴电压源,与电阻并联的电流源称为有伴电流源,单独的理想电压源或理想电流源称为无伴电源。

3) 含受控源电路的等效

分析含受控源的电路时,可根据等效的定义,通过求取电路端口的电压电流关系来求得等效电路,这种方法称为端口伏安关系法。

1.2.7 等效电源定理

等效电源定理包含戴维南定理和诺顿定理,说明的是如何将一个线性有源二端电路等效成一个简单模型。戴维南定理是将线性有源二端网络等效为电压源和电阻的串联组合;诺顿定理是将线性有源二端网络等效为电流源和电阻的并联组合。

1) 戴维南定理

戴维南定理指出:任意一个线性有源一端口网络,对外电路来说,可以用一个理想电压源和一个电阻的串联组合来等效。此理想电压源的电压等于端口的开路电压,电阻等于端口的全部独立电源置零后的等效电阻。设有二端网络如图 1.2.20(a) 所示,根据戴维南定理,它可用如图 1.2.20(b) 所示电路来等效。当端口用戴维南等效电路置换后,端口以外的电路(有时称为外电路)中的电压、电流均保持不变。

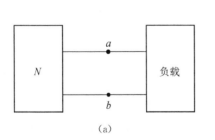
(a)

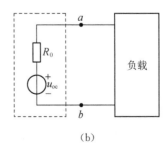
(b)

图 1.2.20 戴维南等效

开路电压 u_{oc} 的计算方法为:将负载支路断开,设 u_{oc} 的参考方向如图 1.2.21 所示,根据电路连接结构结合基尔霍夫定律计算端电压 u_{oc}。

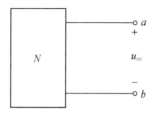

图 1.2.21　电路开路电压

计算电路等效内阻 R_0 时常用的方法有:

(1) 若电路中不含有受控源时,可将二端网络内所有独立源置零(电压源短路,电流源开路),利用电阻的串并联关系计算该无源二端网络的等效电阻。

(2) 当电路中含有受控源时,可令二端网络内所有独立源置零,保留受控源。这时的二端电路用 N_0 表示,在 N_0 两端外加电压源 u,可求端口上的电流 i,如图 1.2.22(a)所示;或在 N_0 两端外加电流源 i,求端口上的电压 u,如图 1.2.22(b)所示。这种方法称为外加激励法。

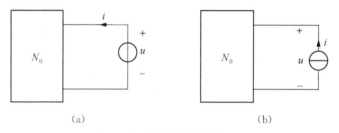

图 1.2.22　外加电源法求内阻 R_0

此时 N_0 两端子间等效电阻

$$R_0 = \frac{u}{i} \tag{1.2.34}$$

在分析电路时,可根据电路的具体结构,合理选择内阻的计算方法。

2) 诺顿定理

诺顿定理指出:任意一个有源线性一端口网络,对外电路来说,可以用一个理想电流源和一个电阻来等效。其中理想电流源的数值为有源二端电路的端口短路时的电流 i_{sc},并联的内阻等于 N 内部所有独立源为零时电路的等效内阻 R_0。设有源二端网络如图 1.2.23(a)所示,根据诺顿定理,它可用如图 1.2.23(b)所示电路来等效。

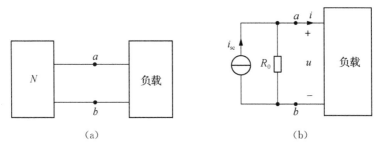

图 1.2.23 诺顿等效

短路电流 i_{sc} 的计算方法为:将负载支路断开,用导线连接端口。设电流 i_{sc} 的参考方向如图 1.2.24 所示,根据电路连接结构结合基尔霍夫定律可计算得到短路电流 i_{sc}。

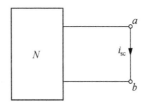

图 1.2.24 电路短路电流

电路等效内阻的计算方法与戴维南等效相同。实际上根据电源模型互换法,可知同一个二端网络既可以用戴维南定理等效,也可以用诺顿定理等效,如图 1.2.25所示。两种等效形式之间存在有

$$u_{oc}=R_0 i_{sc} \quad \text{或} \quad i_{sc}=\frac{u_{oc}}{R_0} \tag{1.2.35}$$

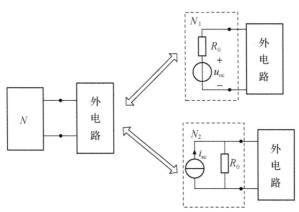

图 1.2.25 等效电源定理

因此,二端网络的等效内阻还有另一种计算方法,称之为开路短路法,即分别求得有源二端网络的开路电压 u_{oc} 和短路电流 i_{sc},则等效电阻 $R_0 = \dfrac{u_{oc}}{i_{sc}}$。需要注意的是,求解 u_{oc} 和 i_{sc} 时,N 网络内的所有独立源均应保留。

1.2.8 最大功率传输定理

实际中许多电子设备所用的电源,无论是直流稳压源,还是信号发生器,其内部结构都是相当复杂的,但它们在向外供电时都引出两个端口接到负载,因此可以将它们看成是一个有源二端电路。当所接负载不同时,二端电路传输给负载的功率也就不同。在电路分析中,常常讨论有源二端网络连接负载后,通过改变负载的阻值使负载从有源二端网络获得最大功率的问题。处理此类问题时,通常应用戴维南定理或诺顿定理将该二端网络进行等效化简,如图 1.2.26 所示。

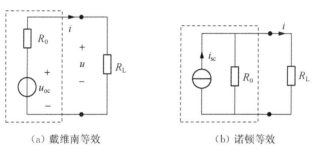

(a) 戴维南等效 (b) 诺顿等效

图 1.2.26 二端网络等效

为了能从给定的二端网络获得最大功率,负载电阻 R_L 应等于二端网络等效内阻 R_0,这称为最大功率传输定理。

若用诺顿等效电路化简电路,如图 1.2.26(b)所示,则得负载 R_L 获得最大功率为

$$P_{max} = \left(\dfrac{i_{sc}}{2}\right)^2 R_L = \dfrac{1}{4} i_{sc}^2 R_L = \dfrac{1}{4} i_{sc}^2 R_0 \qquad (1.2.36)$$

由以上分析可知,求解负载的最大功率传输问题的关键,是求二端网络的戴维南等效电路或诺顿等效电路。

1.2.9 齐次定理和叠加定理

由于理想元件具有线性特性,由这些线性元件组成的电路模型也相应地具有线性特性,包括齐次性和叠加性。这两个特性为分析激励和响应的关系提供了理论依据,因此线性电路分析中齐次定理和叠加定理是两个很重要的分析工具。

1) 齐次定理

齐次定理指出,当一个激励源作用于线性电路时,其任意支路的响应(电压或电流)与该激励源成正比。

2) 叠加定理

齐次定理只适用于一个激励源作用的电路,当电路中有多个激励源共同作用时,可以利用叠加定理。叠加定理指的是,多个激励源共同作用引起的响应等于各个激励源单独作用(其他独立源置零)所引起响应的代数和。

叠加定理在线性电路的分析中起着重要的作用,它是分析线性电路的基础。应用叠加定理计算和分析电路时,可将电源分成几组,按组计算以后再叠加。

当电路中存在受控源时,叠加定理仍然适用。受控源的作用反映在回路电流或节点电压方程中的自阻和互阻或自导和互导中,所以任意处的电流或电压仍可按照各独立电源作用时在该处产生的电流或电压进行叠加计算。需要注意的是,应用叠加定理分析含有受控源的电路,在进行各分电路计算时,应把受控源保留在各分电路之中。

使用叠加定理时应注意以下几点:

(1) 叠加定理适用于线性电路,不适用于非线性电路。

(2) 某含有受控源的有源线性电路,叠加定理也适用,但受控源不单独作用。在独立源单独作用时,受控源应保留,其数值随每一个独立源单独作用时控制量数值的变化而变化。

(3) 叠加时各分电路中的电压和电流的参考方向可以取为与原电路中的相同。取代数和时,应注意各分量前的"+""−"号。

(4) 叠加定理只适用于计算电压和电流,功率不能按叠加的方法计算。这是因为功率是电压和电流的乘积,与激励不成线性关系。

1.3 习题解答

1-1 题 1-1 图(a)、(b)中,(1) u、i 的参考方向是否关联?(2) ui 乘积表示什么功率?(3) 如果在图(a)中 $u>0$,$i<0$,图(b)中 $u>0$,$i>0$,元件实际是发出功率还是吸收功率?

题 1-1 图

解:(1) 因题 1-1(a)图中的 u、i 参考方向为同向,所以为关联的参考方向,而题 1-1(b)图中的 u、i 参考方向为异向,所以为非关联的参考方向。

(2) 题 1-1(a)图中的 u、i 参考方向为关联的,所以 $P=ui$,而题 1-1(b)图中的 u、i 参考方向为非关联的,所以 $P=-ui$。

(3) 题 1-1(a)图中的 $u>0$,$i<0$,所以 $P=ui<0$,元件实际发出功率;而题 1-1 图(b)中的 $u>0$,$i>0$,所以 $P=ui>0$,元件实际吸收功率。

1-2 已知元件电流、电压参考方向如题 1-2 图所示。
(1) 当 $i=1$ A,$u=4$ V 时,求元件吸收的功率。
(2) 当 $i=2$ mA,$u=-5$ V 时,求元件吸收的功率。
(3) 当 $u=-200$ V,元件吸收的功率为 12 kW 时,求电流 i。

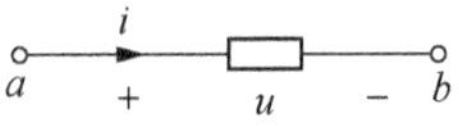

题 1-2 图

解:因题 1-2 图中的 u、i 为关联的参考方向,所以 $P=ui$。

(1) 因 $i=1$ A,$u=4$ V,所以 $P=ui=1\times 4=4$ W。

(2) 因 $i=2$ mA,$u=-5$ V,所以 $P=ui=2\times(-5)=-10$ mW。

(3) 因 $u=-200$ V,$P=12$ kW $=12\ 000$ W,所以 $i=\dfrac{P}{u}=12\ 000\div(-200)=-60$ A。

1-3 题 1-3 图所示电路中,已知 $I_1=3$ A,$I_2=-2$ A,$I_3=1$ A,各点电压分别为 $U_a=8$ V,$U_b=6$ V,$U_c=-3$ V,$U_d=-9$ V。求元件 1、3、5 上所吸收的功率。

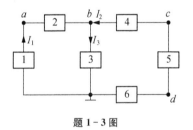

题 1-3 图

解:由题 1-3 图电路中电流和各点电压的参考方向可得,
$P_1=-U_aI_1=-8\times 3=-24$ W;
$P_3=U_bI_3=6\times 1=6$ W;
$P_5=u_{dc}I_2=(U_d-U_c)I_2=[-9-(-3)]\times(-2)=12$ W。

1-4 题 1-4 图所示电路中,求电路中各电源的功率。

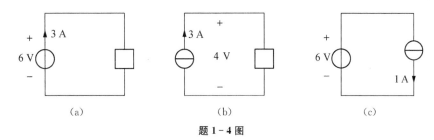

题 1-4 图

解：由题 1-4 图(a)电路中电压源电流和电压为非关联参考方向可得，功率 $P_a=-3\times6=-18$ W。

由题 1-4 图(b)电路中电流源电流和电压为非关联参考方向可得，功率 $P_b=-3\times4=-12$ W。

由题 1-4 图(c)电路中电压源电流和电压为非关联参考方向，电流源电流和电压为关联参考方向可得，功率 $P_{\text{US}}=-6\times1=-6$ W，$P_{\text{IS}}=6\times1=6$ W。

1-5 电路如题 1-5 图所示，求端口电压 u_{ab}。

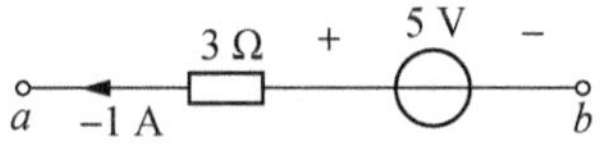

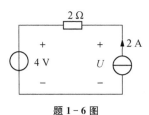

题 1-5 图

解：由题 1-5 图电路中电压和电流的参考方向，根据 KVL，得

$$u_{ab}=u_R+u_s=-1\times3+5=2\ \text{V}$$

1-6 电路如题 1-6 图所示，求电压 U。

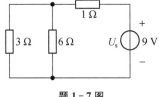

题 1-6 图

解：由题 1-6 图电路中电压和电流的参考方向，根据 KVL，得

$$U=u_R+u_s=2\times2+4=8\ \text{V}$$

1-7 电路如题 1-7 图所示，求电压源的功率 P。

题 1-7 图

解：由题 1-7 图的拓扑结构，可得电路的等效电阻 $R=3//6+1=3\ \Omega$，设电压源的电流参考方向与其关联，则根据电阻的伏安关系，可得

$$i=\frac{-u_s}{R}=\frac{-9}{3}=-3\ \text{A}$$

所以，$P=u_s i=-3\times 9=-27\ \text{W}$。

1-8 题 1-8 图所示电路，已知 $U=28\ \text{V}$，求电阻 R。

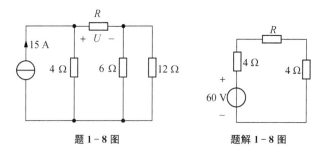

题 1-8 图　　　　　题解 1-8 图

解：由题 1-8 图的电路，可得等效电路如题解 1-8 图所示。由等效电路中串联电阻的分压关系，得

$$U=\frac{R}{4+R+4}\times 60=28\ \text{V}$$

所以，$R=7\ \Omega$。

1-9 求题 1-9 图所示电路中的电压 U。

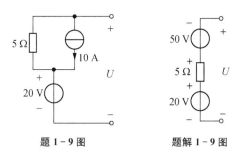

题 1-9 图　　　　　题解 1-9 图

解：由题 1-9 图的电路，可得等效电路如题解 1-9 图所示。由 KVL，得 $U=-50+20=-30\ \text{V}$。

1-10 求题 1-10 图(a)、(b)所示各电路中的电压 U。

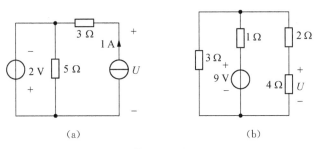

题 1-10 图

解：设题 1-10 图(a)电路中各电阻的电压及参考方向如题解 1-10 图(a)所示。

由 KVL，得 $U-U_1+U_2=0$，则 $U=U_1-U_2=3\times1-2=1$ V。

设题 1-10 图(b)电路的等效电路如题解 1-10 图(b)所示。

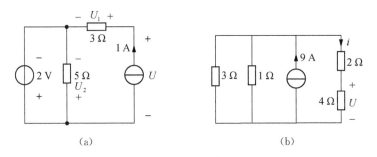

题解 1-10 图

由并联电阻的分流关系，得 $i=9\times\dfrac{3//1}{3//1+6}=1$ A，则 $U=4i=4\times1=4$ V。

1-11 题 1-11 图所示电路，已知电压 $U_1=14$ V，求 U_s。

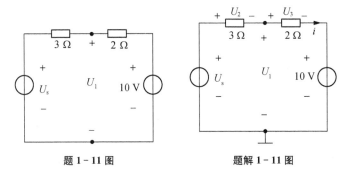

题 1-11 图　　　　题解 1-11 图

解：设题 1-11 图电路中各电阻的电压和电流，以及参考节点如题解 1-11 图所示。

由电阻的伏安关系,得 $i=\dfrac{U_3}{2}=\dfrac{U_1-10}{2}=\dfrac{14-10}{2}=2$ A。

由广义的 KVL,得 $U_s=U_1+U_2=14+3\times2=20$ V。

1-12 求解题 1-12 图所示电路中的电压 u。

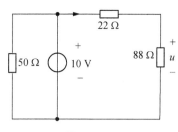

题 1-12 图

解：如题 1-12 图电路所示的电压和电流的参考方向。

根据串联电阻的分压关系,得 $u=10\times\dfrac{88}{22+88}=8$ V。

1-13 题 1-13 图所示电路,求支路电流 I_1、I_2、I_3。

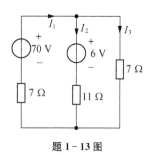

题 1-13 图

解：如题 1-13 图电路所示的电压和电流的参考方向。

根据支路电流法,可得

KCL 方程 $\qquad\qquad I_1+I_2=I_3$

KVL 方程 $\qquad\begin{cases}-70+6-11I_2+7I_1=0\\ 7I_3+11I_2-6=0\end{cases}$

方程联立,解得

$$I_1=6 \text{ A}, \quad I_2=-2 \text{ A}, \quad I_3=4 \text{ A}$$

1-14 题 1-14 图所示电路,求电流 I_1、I_2、I_3。

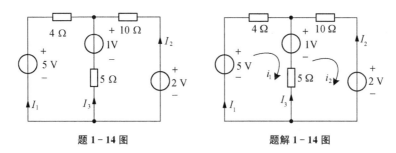

题 1-14 图　　　　　　　题解 1-14 图

解： 设两个网孔电流为 i_1、i_2，参考方向分别如题解 1-14 图所示，列写两个网孔的 KVL 方程为

左边网孔　　　　　　　　$9i_1 - 5i_2 = 4$

右边网孔　　　　　　　　$15i_2 - 5i_1 = -1$

上述方程联立，解得

$$i_1 = 0.5 \text{ A}, \quad i_2 = 0.1 \text{ A}$$

待求电流

$$I_1 = i_1 = 0.5 \text{ A}, \quad I_2 = -i_2 = -0.1 \text{ A}, \quad I_3 = i_2 - i_1 = 0.4 \text{ A}$$

1-15 题 1-15 图所示电路，试列出该电路的网孔方程（不必求解）。

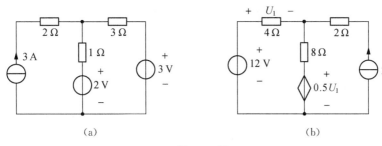

题 1-15 图

解： 设两个网孔电流为 i_1、i_2，参考方向分别如题解 1-15 图(a)所示，列写两个网孔的 KVL 方程为

左边网孔　　　　　　　　$i_1 = 3$

右边网孔　　　　　　　　$4i_2 - i_1 = -1$

设两个网孔电流为 i_1、i_2，参考方向分别如题解 1-15 图(b)所示，列写两个网孔的 KVL 方程为

左边网孔　　　　　　　　$12i_1 - 8i_2 = -0.5U_1 + 12$

右边网孔　　　　　　　　$i_2 = -2$

辅助方程 $\qquad U_1 = 4i_1$

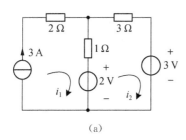
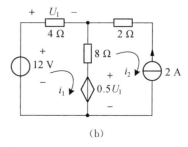

题解 1-15 图

1-16 用网孔电流法求题 1-16 图所示电路的电流 i_1 和 i_2。

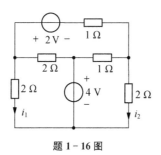
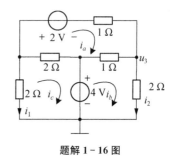

题 1-16 图　　　　　　　　题解 1-16 图

解：设三个网孔电流为 i_a、i_b、i_c，参考方向分别如题解 1-16 图所示，列写三个网孔的 KVL 方程为

$$\begin{cases} 4i_a - i_b - 2i_c = -2 \\ 3i_b - i_a = -4 \\ 4i_c - 2i_a = 4 \end{cases}$$

上述方程联立解得

$$i_a = -1 \text{ A}, \quad i_b = 1 \text{ A}, \quad i_c = -1.5 \text{ A}$$

待求电流

$$i_1 = -i_c = 1.5 \text{ A}, \quad i_2 = i_b = 1 \text{ A}$$

1-17 分别采用网孔法和节点法分析题 1-17 图所示电路，列出网孔电流方程组和节点电压方程组。

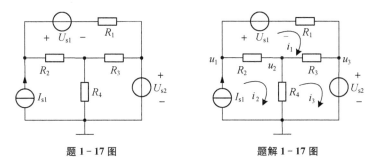

题 1-17 图　　　　　　　题解 1-17 图

解：设三个网孔电流为 i_1、i_2、i_3，参考方向分别如题解 1-17 图所示，列写三个网孔的 KVL 方程为

$$\begin{cases} (R_1+R_2+R_3)i_1 - R_2 i_2 - R_3 i_3 = -U_{s1} \\ (R_3+R_4)i_3 - R_4 i_2 - R_3 i_3 = -U_{s2} \\ i_2 = I_{s1} \end{cases}$$

设题 1-17 图电路的节点电压为 u_1、u_2、u_3 如题解 1-17 图所示，列写三节点的 KCL 方程为

$$\begin{cases} \left(\dfrac{1}{R_1}+\dfrac{1}{R_2}\right)u_1 - \dfrac{u_2}{R_2} - \dfrac{u_3}{R_3} = I_{s1} - \dfrac{u_{s1}}{R_1} \\ \left(\dfrac{1}{R_2}+\dfrac{1}{R_3}+\dfrac{1}{R_4}\right)u_2 - \dfrac{u_1}{R_2} - \dfrac{u_3}{R_3} = 0 \\ u_3 = u_{s2} \end{cases}$$

1-18　求题 1-18 图所示电路中的电流 I。

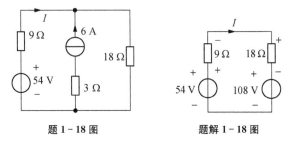

题 1-18 图　　　　　　　题解 1-18 图

解：根据电流源等效，可得题 1-18 图电路的等效电路图如题解 1-18 图所示。

由 KVL，可得

$$(9+18)I + 108 - 54 = 0$$

解得

$$I = -2 \text{ A}$$

1-19 求题 1-19 图中各电路的等效电阻 R_{ab}。

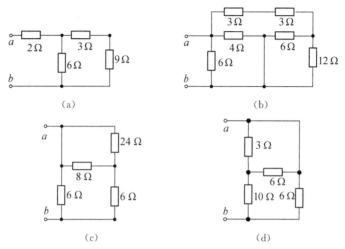

题 1-19 图

解：由题 1-19 图(a)所示的电路，根据电阻的串并联关系，得

$$R_{ab} = (3+9)//6+2 = 6 \text{ }\Omega$$

按"缩节点，画等效图"的方法，可画出题 1-19 图(b)、(c)和(d)所示电路的等效图分别如题解 1-19 图(a)、(b)和(c)所示，根据电阻的串并联关系，得三个电路的等效电阻分别为

$$R_{ab} = (6//12+6)//6//4 \approx 1.9 \text{ }\Omega$$

$$R_{ab} = (24//8+6)//6 = 4 \text{ }\Omega$$

$$R_{ab} = (6//3+10)//6 = 4 \text{ }\Omega$$

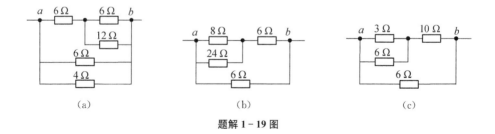

题解 1-19 图

1-20 求题 1-20 图中所示各电路的最简等效电路。

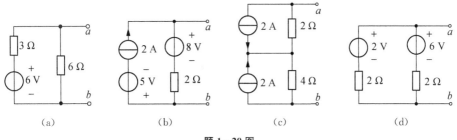

题 1-20 图

解：对题 1-20 图(a)利用电源互换等效方法，可以得到题解 1-20 图(a)所示的模型；根据电阻并联，得到最简等效电路如题解 1-20 图(b)所示电路。

对题 1-20 图(b)利用电流源等效和电源互换等效方法，可以得到题解 1-20 图(c)所示的模型；根据电流源等效，得到最简等效电路如题解 1-20 图(d)所示电路。

对题 1-20 图(c)利用电流源互换等效方法，可以得到题解 1-20 图(e)所示的模型；根据电压源互换等效法，得到最简等效电路如题解 1-20 图(f)所示电路。

对题 1-20 图(d)利用电压源互换等效方法，可以得到题解 1-20 图(g)所示的模型；根据电流源等效和电阻等效，得到最简等效电路如题解 1-20 图(h)所示电路。

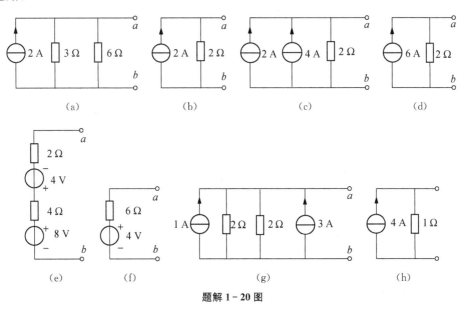

题解 1-20 图

1-21 电路如题 1-21 图所示,求 ab 端等效电阻。

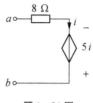

题 1-21 图

解:电路中各元件电压和电流的参考方向如题 1-21 图所示,根据 KVL,可得

$$u_{ab}=8i-5i=3i$$

解得 ab 端等效内阻为

$$R_{ab}=\frac{u_{ab}}{i}=3\ \Omega$$

1-22 如题 1-22 图所示电路,负载 R_L 的阻值可以调节,求:

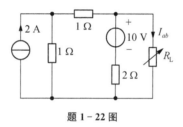

题 1-22 图

(1) $R_L=1\ \Omega$ 时的电流 I_{ab};
(2) $R_L=2\ \Omega$ 时的电流 I_{ab}。

解:根据有伴电源互换等效和电阻等效,可得题 1-22 图电路的等效电路如题解 1-22 图所示。

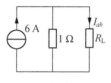

题解 1-22 图

(1) $R_L=1\ \Omega$ 时,根据并联电阻分流,可得电流

$$I_{ab}=\frac{6\times 1}{1+1}=3\ \text{A}$$

(2) $R_L=2\ \Omega$ 时,根据并联电阻分流,可得电流

$$I_{ab}=\frac{6\times 1}{1+2}=2\ \text{A}$$

1-23 求题 1-23 图中各电路在 ab 端口的戴维南等效电路。

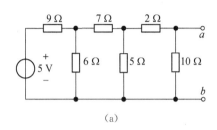
(a)

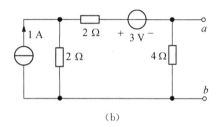
(b)

题 1-23 图

解: 将题 1-23 图(a)电路的电压源置零,即电压源短路,可得其等效内阻

$$R_a=[(9//6+7)//5+2]//10\approx 3.51\ \Omega$$

假设电流 $i'=1$ A 时,如题解 1-23 图(a),根据电阻分流和分压关系,可得电压源

$$u'_s=120\ \text{V}$$

而实际电压源

$$u_s=5\ \text{V}$$

根据电阻电路的齐次性,可得实际电流

$$i=\frac{1\times u_s}{u'_s}=\frac{5}{120}=\frac{1}{24}\ \text{A}$$

根据诺顿等效定理,得开路电压

$$u_{oc}=10i=10\times \frac{1}{24}=\frac{5}{12}\ \text{V}$$

综上所述,得题 1-23 图(a)电路 ab 端口的戴维南等效电路如题解 1-23 图(b)所示。

利用电源等效互换法,以及电阻等效法,可得题 1-23 图(b)电路 ab 端口的戴维南等效电路如题解 1-23 图(c)所示。

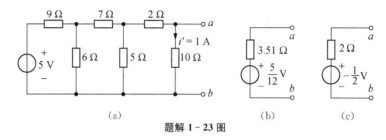

题解 1-23 图

1-24 题 1-24 图所示电路中,求各电路 ab 端的戴维南等效电路或诺顿等效电路。

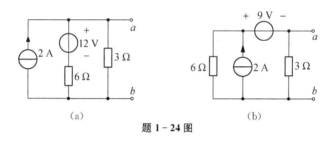

题 1-24 图

解:(1) 求解题 1-24 图(a):

利用电源等效互换法,将电压源等效为电流源模型,可得题 1-24 图(a)电路的等效电路如题解 1-24 图(a)所示,再利用独立电流源和电阻并联等效,可得题 1-24 图(a)电路 ab 端口的诺顿等效电路如题解 1-24 图(b)所示。

(2) 求解题 1-24 图(b):

利用电源等效互换法,将电流源等效为电压源模型,可得题 1-24 图(b)电路的等效电路如题解 1-24 图(c)所示,再利用电源等效互换法和电阻并联等效,可得题 1-24 图(b)电路 ab 端口的诺顿等效电路如题解 1-24 图(d)所示。

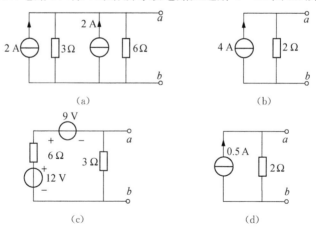

题解 1-24 图

1-25 题1-25图所示电路中,负载R_L阻值可调,则R_L等于多大时可获得最大功率？最大功率P_{Lmax}是多少？

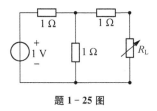

题1-25图

解：将题1-25图电路中负载R_L断路,如题解1-25图(a)所示,可得负载开路电压

$$u_{oc}=\frac{1}{1+1}=0.5 \text{ V}$$

将题解1-25图(a)电路的电压源置零,如题解1-25图(b)所示,可得其等效内阻

$$R_0=1//1+1=1.5 \text{ Ω}$$

根据最大功率传输定理,得

$$R_L=R_0=1.5 \text{ Ω}$$

$$P_{Lmax}=\frac{1}{4}\frac{u_{oc}^2}{R_L}=\frac{1}{4}\times\frac{(0.5)^2}{1.5}=\frac{1}{24} \text{ W}$$

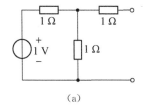
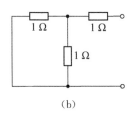

(a)   (b)

题解1-25图

1-26 题1-26图所示电路中,可调负载电阻P_L为何值时能获得最大功率？其最大功率是多少？

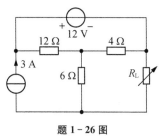

题1-26图

解：将题1-26图电路中负载R_L断路，并假设网孔电流i，如题解1-26图(a)所示，根据网孔电流法，得KVL方程

$$16i-3\times12=-12$$

解得

$$i=\frac{3}{2}\text{ A}$$

根据KVL，可得

$$u_{oc}=4\times\frac{3}{2}+6\times3=24\text{ V}$$

将题解1-26图(a)电路的电压源置零，如题解1-26图(b)所示，可得其等效内阻

$$R_0=12//4+6=9\text{ }\Omega$$

根据最大功率传输定理，得

$$R_L=R_0=9\text{ }\Omega$$

$$P_{Lmax}=\frac{1}{4}\frac{u_{oc}^2}{R_L}=\frac{1}{4}\times\frac{(24)^2}{9}=16\text{ W}$$

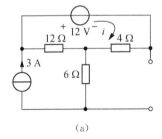
(a)

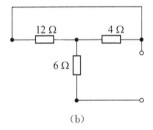
(b)

题解1-26图

1-27 (1) 求题1-27图所示电路ab端的戴维南等效电路或诺顿等效电路；
(2) 当ab端接可调负载电阻R_L为何值时才能得到最大功率？其最大功率是多少？

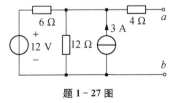

题1-27图

解：(1) 利用电源等效互换法，将题 1-27 电路中电压源等效为电流源模型，可得等效电路如题解 1-27 图(a)所示，再利用独立电流源等效和电阻等效，可得题 1-27 图电路 ab 端口的戴维南等效电路如题解 1-27 图(b)所示。

(2) 根据最大功率传输定理，得

$$R_L = R_0 = 8 \ \Omega$$

$$P_{L\max} = \frac{1}{4}\frac{u_{oc}^2}{R_L} = \frac{1}{4} \times \frac{(20)^2}{8} = 12.5 \ W$$

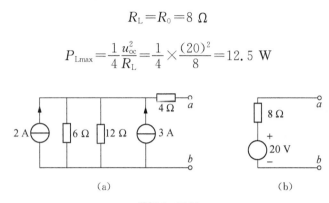

题解 1-27 图

1-28 题 1-28 图所示电路，N 为不含独立源的线性电阻电路。已知：当 $u_s = 12 \ V, i_s = 4 \ A$ 时，$u = 0$；当 $u_s = -12 \ V, i_s = -2 \ A$ 时，$u = -1 \ V$，求当 $u_s = 9 \ V, i_s = -1 \ A$ 时的电压 u。

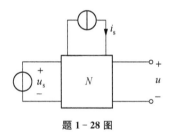

题 1-28 图

解：根据题目条件，可将激励源分为 2 组，分别为电流源 i_s 和电压源 u_s。根据齐次定理，可设电流源单独作用时产生的响应为 αi_s；电压源单独作用时产生的响应为 βu_s。

由叠加定理，可知 $$u = \alpha i_s + \beta u_s$$

代入已知条件，有

$$\begin{cases} 4\alpha + 12\beta = 0 \\ -2\alpha - 12\beta = -1 \end{cases}$$

解得 $\alpha = -0.5, \beta = \dfrac{1}{6}$。

故当 $u_s = 9$ V, $i_s = -1$ A 时,
$$u = -0.5i_s + \frac{1}{6}u_s = 2 \text{ V}$$

1-29 题 1-29 图所示电路中,当电压源 $U_s = 18$ V, $I_s = 2$ A 时,测得 ab 端开路电压 $U = 0$;当 $U_s = 18$ V, $I_s = 0$ 时,$U = -6$ V。试求:

(1) 当 $U_s = 30$ V, $I_s = 4$ A 时,U 是多少?

(2) 当 $U_s = 30$ V, $I_s = 4$ A 时,测得 a、b 端短路电流 1 A。在 a、b 端接 $R = 2$ Ω 的电阻时,通过电阻 R 的电流是多少?

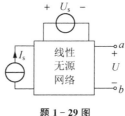

题 1-29 图

解:根据题目条件,可将激励源分为 2 组,分别为电流源 I_s 和电压源 U_s。根据齐次定理,可设电流源单独作用时产生的响应为 αI_s;电压源单独作用时产生的响应为 βU_s。

由叠加定理,可知 $U = \alpha I_s + \beta U_s$

代入已知条件,有

$$\begin{cases} 2\alpha + 18\beta = 0 \\ 18\beta = -6 \end{cases}$$

解得 $\alpha = 3$,$\beta = -\frac{1}{3}$。

(1) 当 $U_s = 30$ V, $I_s = 4$ A 时,
$$U = 3I_s - \frac{1}{3}U_s = 2 \text{ V}$$

(2) 因 $U_s = 30$ V, $I_s = 4$ A 时,开路电压
$$U = 3I_s - \frac{1}{3}U_s = 2 \text{ V}$$

又因短路电流为 1 A,可得此线性无源网络的内阻
$$R_0 = \frac{U}{I_{sc}} = 2 \text{ Ω}$$

在 a、b 端接 $R=2\ \Omega$ 的电阻时,通过电阻 R 的电流

$$I=\frac{U}{R_0+R}=\frac{1}{2}\ \text{A}$$

1-30 题 1-30 图所示电路,试用叠加定理求电流 i。

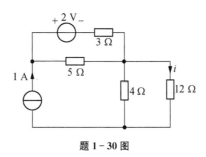

题 1-30 图

解:将题 1-30 图中电路的电流源置零,并假设网孔电流 i' 和 i_1 如题解 1-30 图(a)所示。

根据网孔电流法,得 KVL 方程

$$\begin{cases} 8i_1=-2 \\ 16i'=0 \end{cases}$$

解得

$$i'=0,\quad i_1=-\frac{1}{4}\ \text{A}$$

若将题 1-30 图中电路的电压源置零,如题解 1-30 图(b)所示,根据电流源等效可进一步将电路等效如题解 1-30 图(c)所示。

根据并联电阻分流关系,得

$$i''=1\times\frac{4}{4+12}=\frac{1}{4}\ \text{A}$$

根据叠加定理,可得电流

$$i=i'+i''=\frac{1}{4}\ \text{A}$$

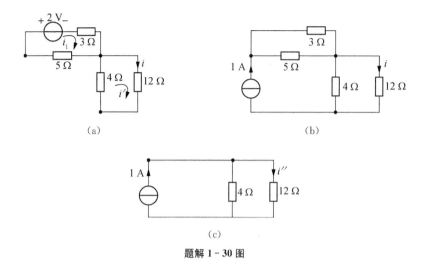

题解 1-30 图

2 一阶直流动态电路分析

2.1 本章知识结构

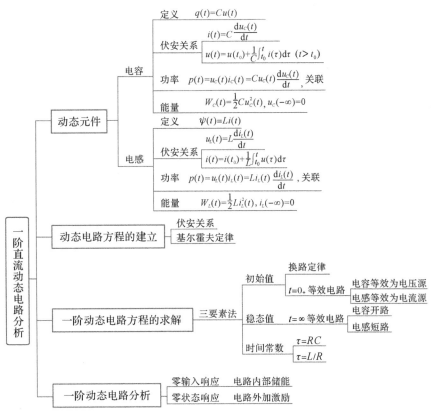

图 2.1.1 本章知识结构图

2.2 基本概念、重点与难点

2.2.1 动态元件

1) 电容

电容器是最常用的储存电场能量的器件。电容元件是电容器的理想化模型，反映的是电路中电场能量储存的物理现象。一个二端元件，如果在任意时刻 t，其电荷 $q(t)$ 与电压 $u(t)$ 之间的关系能用 q-u 平面上的曲线描述，就称该二端元件为电容元件。电容是表示电容元件的电路参数，用符号 C 表示，模型如图 2.2.1(a) 所示。若电容的 q-u 曲线是通过原点的一条直线，且不随时间变化，如图 2.2.1(b) 所示，则称为线性时不变电容，这条曲线称为电容的库伏特性曲线。一般质量良好的实际电容，在一定的工作条件下，其性能很接近于理想电容，因此，在本书中不加以说明的情况下，分析的都是线性时不变电容。

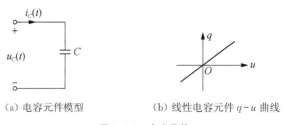

(a) 电容元件模型　　(b) 线性电容元件 q-u 曲线

图 2.2.1　电容元件

线性时不变理想电容所存储的电荷量 $q(t)$ 与其两端电压 $u(t)$ 的关系可以表示为

$$q(t) = Cu(t) \tag{2.2.1}$$

式(2.2.1)称为电容的库伏关系式。式中 C 称为电容元件的电容量，单位为法拉，简称法(F)。通常法这个单位太大，常用的单位为微法(μF)和皮法(pF)，有 $1\,\mu\text{F}=10^{-6}\,\text{F}$，$1\,\text{pF}=10^{-12}\,\text{F}$。

当交变电压 $u_C(t)$ 加到电容 C 上时，与形成的电容电流 $i_C(t)$，在图 2.2.1(a) 所示参考方向下，有如下关系

$$i_C(t) = C\frac{\mathrm{d}u_C(t)}{\mathrm{d}t} \tag{2.2.2}$$

式(2.2.2)说明，线性电容元件在 t 时刻的电流 $i_C(t)$ 只决定于 t 时刻的电容电压

$u_C(t)$ 的变化率,电压 $u_C(t)$ 变化越快,电流 $i_C(t)$ 就越大。若 $u_C(t)$ 为恒定值即直流时,$i_C(t)=0$,电容相当于开路。

对式(2.2.2)从 $-\infty$ 到 t 进行积分,可得

$$u_C(t)=\frac{1}{C}\int_{-\infty}^{t} i_C(\xi)\mathrm{d}\xi \qquad (2.2.3)$$

式(2.2.3)说明,电容在某一时刻的电压,等于从负无穷到该时刻电容电流的积分,也就意味着 t 时刻的电容电压是由 t 时刻之前电容发生的全部变化情况所决定的。因此可以看出,电容具有"记忆性",所以也称电容元件为记忆元件。从式(2.2.2)式(2.2.3)可以看出,电容元件的电流和电压之间的关系为微分、积分关系,所以也称电容为动态元件。

式(2.2.3)可改写为

$$u_C(t)=\frac{1}{C}\int_{-\infty}^{0_-} i_C(\xi)\mathrm{d}\xi+\frac{1}{C}\int_{0_-}^{t} i_C(\xi)\mathrm{d}\xi=u_C(0_-)+\frac{1}{C}\int_{0_-}^{t} i_C(\xi)\mathrm{d}\xi \qquad (2.2.4)$$

式中,$u_C(0_-)=\frac{1}{C}\int_{-\infty}^{0_-} i_C(\xi)\mathrm{d}\xi$ 是在 $t=0_-$ 时刻,电容上已经储存的电压,称为电容的初始电压。

在电压和电流关联参考方向下,电容元件的瞬时功率为

$$p(t)=u_C(t)i_C(t)=Cu_C(t)\frac{\mathrm{d}u_C(t)}{\mathrm{d}t} \qquad (2.2.5)$$

电容的储能为

$$w_C(t)=\int_{-\infty}^{t} p(\tau)\mathrm{d}\tau=C\int_{-\infty}^{t} u_C(\tau)\frac{\mathrm{d}u_C(\tau)}{\mathrm{d}\tau}\mathrm{d}\tau=\frac{1}{2}Cu_C^2(t)-\frac{1}{2}Cu_C^2(-\infty)$$

$$(2.2.6)$$

当 $u_C(-\infty)=0$ 时,则电容的储能为

$$w_C(t)=\frac{1}{2}Cu_C^2(t) \qquad (2.2.7)$$

式(2.2.7)表明,电容的储能只与该时刻的电容两端的电压有关,电容电压反映了电容的储能状态,因此称电容两端电压为电容的状态变量。

2) 电感

电感元件是电感线圈的理想化模型,它反映了电路中磁场能量储存的物理现象。若一个二端元件,在任意时刻 t,其磁链 $\psi(t)$ 与电流 $i(t)$ 之间的关系能用 ψ-i 平面上的韦安关系曲线描述,则称该二端元件为电感元件。电感是表示电感元件

的电路参数,用符号 L 表示,模型如图 2.2.2(a)所示。若 $\psi-i$ 曲线是通过原点的一条直线,且不随时间变化,如图 2.2.2(b)所示,则称该元件为线性时不变电感。

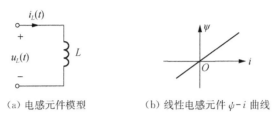

(a) 电感元件模型　　　(b) 线性电感元件 $\psi-i$ 曲线

图 2.2.2　电感元件

当电感中的电流随时间变化时,磁场也随时间变化,从而在线圈两端产生感应电压。在图 2.2.2(a)所示的电压电流关联参考方向下,得伏安关系为

$$u_L(t) = L \frac{\mathrm{d}i_L(t)}{\mathrm{d}t} \tag{2.2.8}$$

由式(2.2.8)可以看出,电感电压与电感电流的变化率成正比。电流 $i_L(t)$ 变化越快,电压 $u_L(t)$ 就越大。若 $i_L(t)$ 为恒定值即直流时,$u_L(t)=0$,电感相当于短路。式中 L 称为电感元件的电感量,单位为亨利,简称亨(H)。

式(2.2.8)还可以写成积分的形式,有

$$i_L(t) = \frac{1}{L} \int_{-\infty}^{t} u_L(\tau) \mathrm{d}\tau \tag{2.2.9}$$

式(2.2.9)说明,电感在某一时刻的电流,等于从负无穷到该时刻电感电压的积分,也就意味着 t 时刻的电感电流是由 t 时刻之前电感发生的全部变化情况所决定的。因此,电感也具有"记忆性",所以也称为记忆元件。从式(2.2.8)和式(2.2.9)可以看出,电感元件的电流和电压之间的关系为微分、积分关系,所以电感也是动态元件。

与电容分析类似,式(2.2.9)可改写为

$$i_L(t) = \frac{1}{L} \int_{-\infty}^{0_-} u_L(\xi)\mathrm{d}\xi + \frac{1}{L} \int_{0_-}^{t} u_L(\xi)\mathrm{d}\xi = i_L(0_-) + \frac{1}{L} \int_{0_-}^{t} u_L(\xi)\mathrm{d}\xi$$

$$\tag{2.2.10}$$

式中,$i_L(0_-) = \frac{1}{L} \int_{-\infty}^{0_-} u_L(\xi)\mathrm{d}\xi$ 是在 $t=0_-$ 时刻,电感上已经储存的电流,也称为电感的初始电流。

在电压和电流关联参考方向下,电感元件的瞬时功率为

$$p(t) = u_L(t) i_L(t) = L i_L(t) \frac{d i_L(t)}{dt} \qquad (2.2.11)$$

电感的储能为

$$w_L(t) = \int_{-\infty}^{t} p(\tau) d\tau = L \int_{-\infty}^{t} i_L(\tau) \frac{d i_L(\tau)}{d\tau} d\tau = \frac{1}{2} L i_L^2(t) - \frac{1}{2} L i_L^2(-\infty) \qquad (2.2.12)$$

当 $i_L(-\infty) = 0$ 时,则电容的储能为

$$w_L(t) = \frac{1}{2} L i_L^2(t) \qquad (2.2.13)$$

式(2.2.13)表明,电感的储能只与该时刻的流过电感的电流有关,电流反映了电感的储能状态,因此称电流为电感的状态变量。

2.2.2 动态电路方程建立和求解

建立电路数学模型的根本依据是两类约束,包括元件特性约束和网络拓扑约束。其中元件特性约束是动态元件的伏安关系,网络拓扑约束是根据元件连接关系而建立的 KCL 和 KVL 方程。由于电容和电感元件的伏安关系为微积分关系,所以动态电路的数学模型为以电流、电压为变量的微分或积分方程,一般可统一表示为微分方程。如果电路中含有 n 个独立动态元件,则电路称为 n 阶动态电路,其数学模型为 n 阶微分方程。

1) 典型一阶 RC 电路方程

典型的一阶 RC 动态电路如图 2.2.3 所示。

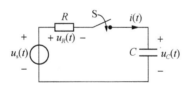

图 2.2.3 一阶 RC 动态电路

以电容电压 $u_C(t)$ 为变量。当 $t=0$ 时开关闭合,则 $t>0$ 时,根据 KVL,可列得方程为

$$u_R(t) + u_C(t) = u_s(t)$$

代入元件的伏安关系 $u_R(t) = R i(t), i(t) = C \dfrac{d u_C(t)}{dt}$,得到以 $u_C(t)$ 为变量的一阶微分方程为

$$RC\frac{du_C(t)}{dt}+u_C(t)=u_s(t) \qquad (2.2.14)$$

整理可得一阶 RC 电路方程

$$\frac{du_C(t)}{dt}+\frac{1}{RC}u_C(t)=\frac{1}{RC}u_s(t) \qquad (2.2.15)$$

2) 典型一阶 *RL* 电路方程

典型的一阶 *RL* 动态电路是如图 2.2.4 所示。

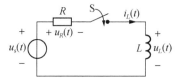

图 2.2.4 一阶 *RL* 动态电路

以电感电流 $i_L(t)$ 为变量。当 $t=0$ 时开关闭合,则 $t>0$ 时,根据 KVL,可列得方程为

$$u_R(t)+u_L(t)=u_s(t)$$

代入元件伏安关系 $u_R(t)=Ri_L(t), u_L(t)=L\frac{di_L(t)}{dt}$,得以 $i_L(t)$ 为变量的一阶微分方程为

$$L\frac{di_L(t)}{dt}+Ri_L(t)=u_s(t) \qquad (2.2.16)$$

可进一步整理为

$$\frac{di_L(t)}{dt}+\frac{R}{L}i_L(t)=\frac{1}{L}u_s(t) \qquad (2.2.17)$$

3) 动态电路的响应求解

对比式(2.2.15)和式(2.2.17)可见,当电路中只含有一个独立的动态元件时,系统的数学模型都是一阶微分方程。如果用 $f(t)$ 表示激励源,即电路中的电压源或电流源,用 $y(t)$ 表示响应,即电路中待求的电压或电流变量,则可得出一阶动态电路方程的一般形式为

$$\frac{dy(t)}{dt}+\frac{1}{\tau}y(t)=bf(t) \qquad (2.2.18)$$

其中,若是一阶 RC 电路,$\tau=RC$;若是一阶 RL 电路,$\tau=L/R$。

根据数学分析可知,微分方程(2.2.18)的完全解 $y(t)$ 可由齐次解 $y_h(t)$ 和特解 $y_p(t)$ 两部分组成,即

$$y(t)=y_h(t)+y_p(t) \qquad (2.2.19)$$

通过一阶常系数微分方程的求解,当电路中的激励为直流电源,即当 $i_s(t)=K$ 或 $u_s(t)=K$ 时,得一阶动态电路的全响应为

$$y(t)=y_h(t)+y_p(t)=Ae^{-\frac{t}{\tau}}+y_p(t) \qquad (2.2.20)$$

2.2.3 一阶直流动态电路三要素法

式(2.2.20)为一阶动态电路在任意激励下产生响应的计算公式,当外加激励为直流电源,则该电路称为一阶直流动态电路。此时响应中的特解也是常数,设 $y_p(t)=K$,代入式(2.2.20)可得

$$y(t)=y_p(t)+[y(0_+)-y_p(0_+)]e^{-\frac{t}{\tau}}=K+[y(0_+)-K]e^{-\frac{t}{\tau}} \qquad (2.2.21)$$

式(2.2.21)中 $[y(0_+)-K]e^{-\frac{t}{\tau}}$ 是随着时间 t 增加而衰减的函数,当 $t\to\infty$ 时,此项取值趋向于 0,因此可以得到

$$\lim_{t\to\infty}y(t)=K$$

即

$$K=y(\infty) \qquad (2.2.22)$$

代入式(2.2.21),可得一阶直流动态电路的响应为

$$y(t)=y(\infty)+[y(0_+)-y(\infty)]e^{-\frac{t}{\tau}}, \quad t>0 \qquad (2.2.23)$$

其中 $y(0_+)$ 为换路后响应 $y(t)$ 的初始值;$y(\infty)$ 为换路后电路达到稳态时响应的稳态值;τ 为时间常数,单位是秒。

因此,从式(2.2.23)中可以看出,对于一阶直流动态电路,只要获得响应的初始值 $y(0_+)$、响应的稳态值 $y(\infty)$ 和时间常数 τ,即可确定响应 $y(t)$。因此利用式(2.2.23)求解一阶直流动态电路响应的方法称为三要素法。

1) 电路初始值的分析

设 $t=0$ 时电路发生换路,一般在 0_+ 时刻的值称为初始值。

对于电容的状态变量 $u_C(t)$ 和电感的状态变量 $i_L(t)$,根据换路定律,可得

$$u_C(0_+) = u_C(0_-) \quad (2.2.24)$$

$$i_L(0_+) = i_L(0_-) \quad (2.2.25)$$

非状态变量的初始值在换路的瞬间会发生跃变,所以非状态变量的初始值需要根据换路后 0_+ 时刻的等效电路,借助状态变量的初始值来计算。所谓 0_+ 时刻的等效电路,是指在 $t=0_+$ 时刻,用电压为 $u_C(0_+)$ 的电压源代替电容,用电流为 $i_L(0_+)$ 的电流源代替电感,将原动态电路等效为直流电阻电路,然后再运用直流电阻电路中的分析方法,确定电路中任意变量的初始值。

2) 电路稳态值的分析

稳态值是指动态电路换路后,经过一段过渡过程,电路达到新的稳定状态后待求变量的值,通常指响应在无穷时刻的值 $y(\infty)$。

当激励为直流时,稳定状态下,电容可以看作开路,电感可以看作短路。此时电路中无动态元件,因此可以利用直流电阻电路的方法来求取其稳态值。

3) 时间常数的分析

时间常数 τ 反映了电路过渡过程变化的快慢。τ 值越大,过渡过程越慢;τ 值越小,过渡过程越快。时间常数 τ 的单位是秒。当 $\tau \to \infty$ 时,电路达到稳态。

对于 RC 电路,时间常数 $\tau = RC$,对于 RL 电路,$\tau = L/R$。需要注意,这里的 R 是令电路中所有独立源为零时,动态元件两端以外的等效电阻。

4) 三要素法的应用

采用三要素法分析电路的基本步骤为:

(1) 确定换路后待求响应的初始值 $y(0_+)$;

(2) 确定换路后响应的稳态值 $y(\infty)$;

(3) 确定时间常数 τ 值;

(4) 代入公式求响应,$y(t) = y(\infty) + [y(0_+) - y(\infty)]e^{-\frac{t}{\tau}}, \quad t > 0$。

2.2.4 一阶直流动态电路的零输入和零状态响应

由于动态电路中动态元件具有储能特性,实际上电路中的响应由两部分因素决定:一部分是外加的激励,即电压源、电流源;另一部分是电路中各动态元件的初始储能。也就是说动态电路的响应不仅与激励有关,还与电路的初始储能有关。因此根据响应产生的原因,可以把响应分解为零输入响应和零状态响应。

1) 零输入响应

通常将电路中激励为零时,只由元件的初始储能作用所产生的响应称为零输入响应,一般记为 $y_{zi}(t)$。

通常电路在 $t=0$ 时换路，一阶动态电路的零输入响应为

$$y_{zi}(t)=y_{zi}(0_+)e^{-\frac{t}{\tau}} \tag{2.2.26}$$

其中，对于 RC 电路，$\tau=RC$；对于 RL 电路，$\tau=L/R$。从式(2.2.26)可以看出，求解一阶动态电路零输入响应的关键是需要确定初始值 $y_{zi}(0_+)$ 及电路的 τ 值。

2) 零状态响应

通常将电路中动态元件初始储能为零时，仅由激励源作用所产生响应称为零状态响应，一般记为 $y_{zs}(t)$。

通常电路在 $t=0$ 时换路，电容电压的零状态响应为

$$u_C(t)=u_C(\infty)(1-e^{-\frac{t}{\tau}}) \tag{2.2.27}$$

电感电流的零状态响应为

$$i_L(t)=i_L(\infty)(1-e^{-\frac{t}{\tau}}) \tag{2.2.28}$$

动态电路中非状态变量的零状态响应求解，不可套用式(2.2.27)和式(2.2.28)，建议采用以下思路求解，先求出状态变量的零状态响应，然后再根据电路的两类约束关系建立其他变量与状态变量的关系。

2.3 习题解答

2-1 某电容 $C=2$ F，设电流、电压参考方向如题 2-1 图所示，已知电容端电压 $u=2(1-e^{-t})$ V，$t\geqslant 0$。求 $t\geqslant 0$ 时的电流 i，并画出 u、i 的波形。

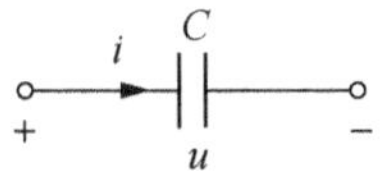

题 2-1 图

解：由题 2-1 图所示电容电压和电流的参考方向为关联的，根据电容的伏安关系得

$$i=C\frac{du}{dt}=2\times 2(2-e^{-2t})'=4e^{-t} \text{ A}, \quad t>0$$

进而可得 u、i 的波形如题解 2-1 图所示。

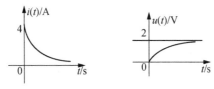

题解 2-1 图

2-2 某电感 $L=0.5$ H,设电流、电压参考方向如题 2-2 图所示,已知 $t \geqslant 0$ 时流过电感的电流 $i(t)=3(1-\mathrm{e}^{-2t})$ A。求 $t \geqslant 0$ 时电感的端电压 $u(t)$,并画出其波形。

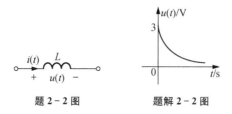

题 2-2 图　　　题解 2-2 图

解：由题 2-2 图所示电感电压和电流的参考方向为关联的,根据电感的伏安关系得

$$u(t)=L\frac{\mathrm{d}i(t)}{\mathrm{d}t}=0.5\times 3(1-\mathrm{e}^{-2t})'=3\mathrm{e}^{-2t}(\mathrm{V}),\quad t>0$$

进而可得电感的端电压 $u(t)$ 的波形如题解 2-2 图所示。

2-3 已知电容器两端电压 $u_C(t)$ 波形如题 2-3 图所示,画出电流 $i_C(t)$ 的波形。

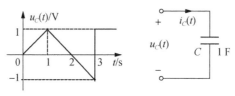

题 2-3 图

解：由题 2-3 图所示电容电压和电流的参考方向为关联的,根据电容的伏安关系得

$$i_C(t)=C\frac{\mathrm{d}u_C(t)}{\mathrm{d}t}$$

对电压 $u_C(t)$ 波形求导,得到电流 $i_C(t)$ 的波形如题解 2-3 图所示。

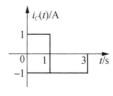

题解 2-3 图

2-4 已知某电感 $L=2$ H,其电流电压为关联参考方向。当流过该电感的电流 $i(t)=3\mathrm{e}^{-2t}$ A,求 $t \geqslant 0$ 时的其两端电压 $u(t)$,并计算电感的最大储能。

解： 已知电感电压和电流的参考方向为关联的，根据电感的伏安关系得

$$u(t)=L\frac{\mathrm{d}i(t)}{\mathrm{d}t}=2\times 3(\mathrm{e}^{-2t})'=-12\mathrm{e}^{-2t}(\mathrm{V}),\quad t>0$$

进而可得电感的储能

$$w(t)=\int_{-\infty}^{t}p(\tau)\mathrm{d}\tau=\int_{-\infty}^{t}u(\tau)i(\tau)\mathrm{d}\tau$$

$$=\int_{-\infty}^{t}2\times(-12\mathrm{e}^{-2\tau})\times 3\mathrm{e}^{-2\tau}\mathrm{d}\tau=18\mathrm{e}^{-4\tau}\Big|_{-\infty}^{t},\quad t\geqslant 0$$

由此可得

$$w(t)=18\mathrm{e}^{-4\tau}\Big|_{0}^{t}=18\mathrm{e}^{-4t}-18$$

所以 $t=0$ 时，取得最大值，此时的最大储能为

$$w(0)=0\text{ J}$$

2-5 如题 2-5 图所示电路，已知 $i_L(t)=\mathrm{e}^{-2t}$ A，求端口电压 $u_{ab}(t)$。

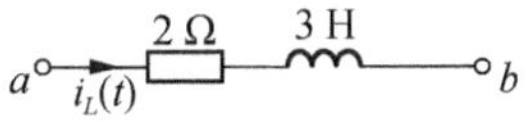

题 2-5 图

解： 由题 2-5 图所示电压和电流的参考方向，根据基尔霍夫电压定律和伏安关系，得

$$u_{ab}(t)=u_L(t)+u_R(t)=i_L(t)R+L\frac{\mathrm{d}i_L(t)}{\mathrm{d}t}=2\mathrm{e}^{-2t}-6\mathrm{e}^{-2t}=-4\mathrm{e}^{-2t}\text{ V}$$

2-6 如题 2-6 图所示电路，已知电容两端电压 $u_C(t)=1-2\mathrm{e}^{-3t}$ V，求 $t\geqslant 0$ 时的电压 $u(t)$。

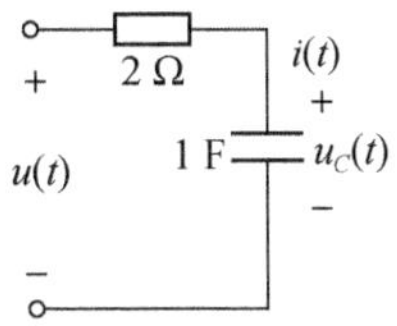

题 2-6 图

解： 由题 2-6 图所示电压和电流的参考方向，根据基尔霍夫电压定律和伏安关系，得

$$u(t) = u_C(t) + u_R(t) = u_C(t) + C\frac{du_C(t)}{dt}R$$
$$= 1 - 2e^{-3t} + 12e^{-3t} = 1 + 10e^{-3t} \text{ V}, \quad t \geq 0$$

2-7 电路如题 2-7 图所示，求：
(1) 图(a)中 ab 端的等效电感；
(2) 图(b)中 ab 端的等效电容。

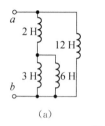
(a)
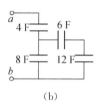
(b)

题 2-7 图

解：(1) 由题 2-7 图(a)所示电路，根据电感的串并联关系，得等效电感
$$L_a = (3//6 + 2)//12 = 3 \text{ H}$$

(2) 由题 2-7 图(b)所示电路，根据电容的串并联关系，得等效电容
$$C_b = (12//6 + 8)//4 = 3 \text{ F}$$

2-8 已知电路模型如题 2-8 图所示，激励为电压源 $u_s(t)$。
(1) 若响应为 $u_L(t)$，列写输入/输出的微分方程。
(2) 若响应为 $i(t)$，列写输入/输出的微分方程。

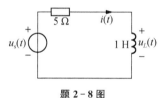

题 2-8 图

解：(1) 由题 2-8 图所示电路各元件电压电流的参考方向，根据元件的伏安关系，得 KVL 方程
$$u_s(t) = u_L(t) + u_R(t)$$
$$u_s(t) = \frac{1}{L}\int_{-\infty}^{t} u_L(\tau)d\tau \cdot R + u_L(t)$$

方程两边同时求导，得
$$u_s'(t) = 5u_L(t) + u_L'(t)$$

(2) 由题 2-8 图所示电路各元件电压电流的参考方向，根据元件的伏安关系，

得 KVL 方程

$$u_s(t) = u_L(t) + u_R(t)$$

$$u_s(t) = L\frac{di(t)}{dt} + Ri(t) = \frac{di(t)}{dt} + 5i(t)$$

2-9 如题 2-9 图所示电路原已处于稳态，在 $t=0$ 时开关 S 断开，求初始值 $i_L(0_+)$ 和 $u_L(0_+)$。

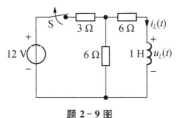

题 2-9 图

解：在 $t=0$ 时开关 S 断开，电路源已处于稳态，即电感短路，可得题 2-9 图所示电路在 $t=0_-$ 时，其等效电路如题解 2-9 图(a)所示，可求得

$$i_L(0_+) = i_L(0_-) = \frac{12}{3+3} \times \frac{1}{2} = 1 \text{ A}$$

在 $t=0$ 时开关 S 断开，可得题 2-9 图所示电路在 $t=0_+$ 时，其等效电路如题解 2-9 图(b)所示，根据 KVL，可求得

$$u_L(0_+) = i_L(0_+) \times (6+6) = 12(\text{V})$$

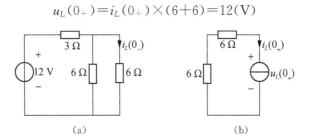

题解 2-9 图

2-10 如题 2-10 图所示电路，$t<0$ 时开关断开，电路已处于稳态。$t=0$ 时开关闭合，求 $i_C(0_+)$ 和 $i_R(0_+)$。

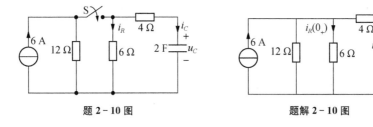

题 2-10 图　　　　　　题解 2-10 图

解：由题 2-10 图所示电路，$t<0$ 时开关断开，电流源没有接入电路，电路已处于稳态，得

$$u_C(0_+)=u_C(0_-)=0$$

在 $t=0$ 时开关 S 闭合，可得题 2-10 图所示电路在 $t=0_+$ 时，其等效电路如题解 2-10 图所示，根据电阻并联分流，可求得

$$i_C(0_+)=6\times\frac{12//6}{12//6+4}=3 \text{ A}$$

2-11 已知 $t>0$ 时，一阶 RL 电路如题 2-11 图所示，求电路的时间常数 τ。

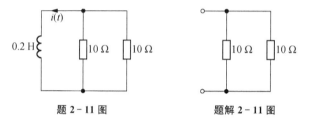

题 2-11 图　　　　题解 2-11 图

解：由题 2-11 图所示电路，电感断开后，电路的等效内阻为两电阻并联，如题解 2-11 图所示，得

$$R_0=10//10=5 \text{ }\Omega$$

根据一阶 RL 电路的时间常数，得

$$\tau=\frac{L}{R}=\frac{0.2}{5}=\frac{1}{25} \text{ s}$$

2-12 电路如题 2-12 图所示，$t=0$ 时开关闭合，求换路后时间常数 τ。

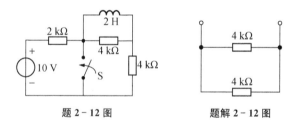

题 2-12 图　　　　题解 2-12 图

解：由题 2-12 图所示电路，$t=0$ 时开关闭合，电感断开后，等效电路如题解 2-12 图所示，得

$$R_0=4//4=2 \text{ k}\Omega$$

根据一阶 RL 电路的时间常数，得

$$\tau = \frac{L}{R} = \frac{2}{2 \times 10^3} = 10^{-3} \text{ s}$$

2-13 电路如题 2-13 图所示，$t<0$ 时开关断开，电路已处于稳态。$t=0$ 时开关闭合，求 $t>0$ 时的电压 $u_C(t)$。

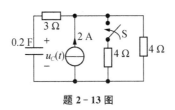

题 2-13 图

解：(1) $u_C(0_+)$ 求解

如题 2-13 图所示电路，$t<0$ 时开关断开，电路已处于稳态，得 $t=0_-$ 时的等效电路如题解 2-13 图(a)所示，根据换路定律，得

$$u_C(0_+) = u_C(0_-) = 2 \times 4 = 8 \text{ V}$$

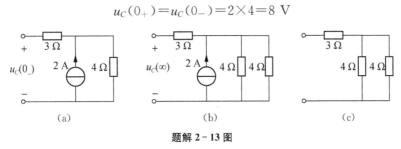

题解 2-13 图

(2) $u_C(\infty)$ 求解

如题 2-13 图所示电路，$t=0$ 时开关闭合，得 $t=\infty$ 时的等效电路如题解 2-13 图(b)所示，可得

$$u_C(\infty) = 2 \times (4 // 4) = 4 \text{ V}$$

(3) τ 求解

如题 2-13 图所示电路，$t=0$ 时开关闭合，将电容断开，电流源置零，得 $t>0$ 时的等效电路如题解 2-13 图(c)所示，可得等效内阻

$$R_0 = 3 + 4 // 4 = 5 \text{ Ω}$$

所以，得时间常数

$$\tau = R_0 C = 5 \times 0.2 = 1 \text{ s}$$

利用三要素法，可得

$$u_C(t) = u_C(\infty) + [u_C(0_+) - u_C(\infty)] e^{-\frac{t}{\tau}} = 4 + 4e^{-t} \text{ V}, \quad t>0$$

2-14 如题 2-14 图所示电路,在 $t<0$ 时已稳定。$t=0$ 时开关 S 由位置 1 切换至位置 2,求 $t>0$ 时的电压 $u_C(t)$。

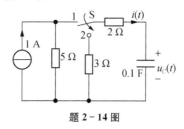

题 2-14 图

解:(1) $u_C(0_+)$ 求解

由题 2-14 图所示电路,在 $t<0$ 时已稳定。$t=0$ 时开关 S 由位置 1 切换至位置 2,$t=0_-$ 时的等效电路如题解 2-14 图(a)所示,利用换路定律,可得

$$u_C(0_+)=u_C(0_-)=1\times 5=5 \text{ V}$$

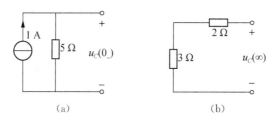

题解 2-14 图

(2) $u_C(\infty)$ 求解

如题 2-14 图所示电路,$t=0$ 时开关 S 由位置 1 切换至位置 2,得 $t=\infty$ 时的等效电路如题解 2-14 图(b)所示,可得

$$u_C(\infty)=0 \text{ V}$$

(3) τ 求解

如题 2-14 图所示电路,$t=0$ 时开关 S 由位置 1 切换至位置 2,将电容断开,得 $t>0$ 时的等效电路如题解 2-14 图(b)所示,可得等效内阻

$$R_0=3+2=5 \text{ }\Omega$$

所以,得时间常数

$$\tau=R_0C=5\times 0.1=0.5 \text{ s}$$

利用三要素法,可得

$$u_C(t)=u_C(\infty)+[u_C(0_+)-u_C(\infty)]e^{-\frac{t}{\tau}}=5e^{-2t} \text{ V}, \quad t>0$$

2-15 如题2-15图所示电路，$t<0$ 时电路处于稳态。$t=0$ 时开关 S 打开，求 $t>0$ 时的电压 $u_R(t)$ 和电流 $i(t)$。

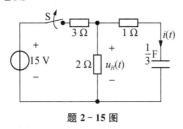

题 2-15 图

解：(1) $u_C(0_+)$ 求解

如题2-15图所示电路，在 $t<0$ 时已稳定。$t=0$ 时开关 S 打开，$t=0_-$ 时的等效电路如题解2-15图(a)所示，利用换路定律，可得

$$u_C(0_+)=u_C(0_-)=\frac{15\times 2}{3+2}=6\text{ V}$$

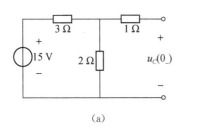   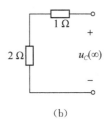

(a)   (b)

题解 2-15 图

(2) $u_C(\infty)$ 求解

如题2-15图所示电路，$t=0$ 时开关 S 打开，得 $t=\infty$ 时的等效电路如题解2-15图(b)所示，可得

$$u_C(\infty)=0\text{ V}$$

(3) τ 求解

如题2-15图所示电路，$t=0$ 时开关打开，将电容断开，得 $t>0$ 时的等效电路如题解2-15图(b)所示，可得等效内阻

$$R_0=1+2=3\text{ }\Omega$$

所以，得时间常数

$$\tau=R_0C=3\times\frac{1}{3}=1\text{ s}$$

利用三要素法，可得

$$u_C(t)=u_C(\infty)+[u_C(0_+)-u_C(\infty)]e^{-\frac{t}{\tau}}=6e^{-t} \text{ V}, \quad t>0$$

2-16 如题 2-16 图所示电路，$t<0$ 时电路已达稳态。$t=0$ 时开关 S 由位置 "1" 切换至位置 "2"，求换路后的电流 $i_L(t)$ 和电压 $u_L(t)$。

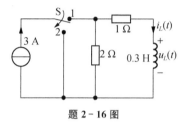

题 2-16 图

解：(1) $i_L(0_+)$ 求解

如题 2-16 图所示电路，在 $t<0$ 时已稳定。$t=0_-$ 时的等效电路如题解 2-16 图(a)所示，利用换路定律，可得

$$i_L(0_+)=i_L(0_-)=\frac{3\times 2}{1+2}=2 \text{ A}$$

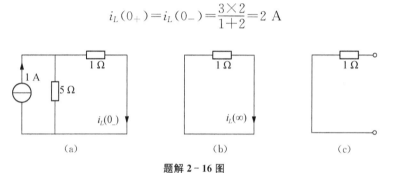

题解 2-16 图

(2) $i_L(\infty)$ 求解

如题 2-16 图所示电路，$t=0$ 时开关 S 由位置 "1" 切换至位置 "2"，得 $t=\infty$ 时的等效电路如题解 2-16 图(b)所示，可得

$$i_L(\infty)=0 \text{ A}$$

(3) τ 求解

如题 2-16 图所示电路，$t=0$ 时开关 S 由位置 "1" 切换至位置 "2"，将电感断开，得 $t>0$ 时的等效电路如题解 2-16 图(c)所示，可得等效内阻

$$R_0=1 \text{ Ω}$$

所以，得时间常数

$$\tau=\frac{L}{R_0}=0.3 \text{ s}$$

利用三要素法,可得
$$i_L(t)=i_L(\infty)+[i_L(0_+)-i_L(\infty)]e^{-\frac{t}{\tau}}=2e^{-\frac{10}{3}t}A, \quad t>0$$
根据电感的伏安关系,可得
$$u_L(t)=L\frac{di_L(t)}{dt}=0.3(2e^{-\frac{10}{3}t})'=-2e^{-\frac{10}{3}t}\ V, \quad t>0$$

2-17 如题 2-17 图所示电路,$t<0$ 时电路已达稳态。$t=0$ 时开关 S 由位置"1"切换至位置"2",求换路后的电压 $u_C(t)$ 和电流 $i_C(t)$。

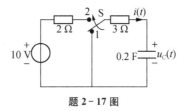

题 2-17 图

解:(1) $u_C(0_+)$ 求解

如题 2-17 图所示电路,在 $t<0$ 时电路已达稳态。$t=0$ 时开关 S 由位置"1"切换至位置"2",$t=0_-$ 时的等效电路如题解 2-17 图(a)所示,利用换路定律,可得
$$u_C(0_+)=u_C(0_-)=0\ V$$

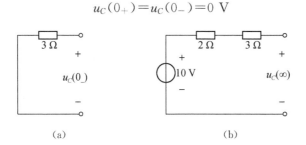

题解 2-17 图

(2) $u_C(\infty)$ 求解

如题 2-17 图所示电路,$t=0$ 时开关 S 由位置"1"切换至位置"2",得 $t=\infty$ 时的等效电路如题解 2-75 图(b)所示,可得
$$u_C(\infty)=10\ V$$

(3) τ 求解

如题 2-17 图所示电路,$t=0$ 时开关 S 由位置"1"切换至位置"2",将电容断开,得 $t>0$ 时的等效电路如题解 2-17 图(b)所示,可得等效内阻
$$R_0=3+2=5\ \Omega$$

所以,可得时间常数
$$\tau = R_0 C = 5 \times 0.2 = 1 \text{ s}$$

利用三要素法,可得
$$u_C(t) = u_C(\infty) + [u_C(0_+) - u_C(\infty)] e^{-\frac{t}{\tau}} = 10 - 10 e^{-t} \text{ V}, \quad t > 0$$

根据电容的伏安关系,可得
$$i_C(t) = C \frac{d u_C(t)}{dt} = 0.2 (10 - 10 e^{-t})' = 2 e^{-t} \text{ A}, \quad t > 0$$

2-18 如题 2-18 图所示电路,$t=0$ 时开关断开,断开前电路已处于稳态,求 $t>0$ 时的电流 $i_L(t)$ 的零输入响应。

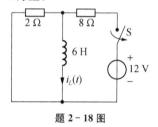

题 2-18 图

解:(1) $i_L(0_+)$ 求解

如题 2-18 图所示电路,在 $t<0$ 时已稳定。$t=0_-$ 时的等效电路如题解 2-18 图(a)所示,利用换路定律,可得
$$i_L(0_+) = i_L(0_-) = \frac{12}{8} = \frac{3}{2} \text{ A}$$

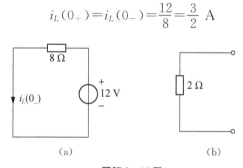

题解 2-18 图

(2) τ 求解

如题 2-18 图所示电路,$t=0$ 时开关断开,将电感断开,得 $t>0$ 时的等效电路如题解 2-18 图(b)所示,可得等效内阻
$$R_0 = 2 \text{ } \Omega$$

所以,可得时间常数

$$\tau = \frac{L}{R_0} = 3 \text{ s}$$

利用三要素法，可得零输入响应

$$i_{Lzi}(t) = i_L(0_+) e^{-\frac{t}{\tau}} = \frac{3}{2} e^{-\frac{1}{3}t} \text{ A}, \quad t > 0$$

2-19 如题 2-19 图所示电路，$t<0$ 开关 S 置于位置"2"，并且已达稳态。$t=0$ 时，开关 S 由位置"2"切换至位置"1"，求换路后的电流 $i_L(t)$ 和电压 $u_R(t)$。

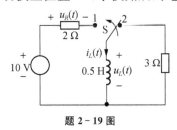

题 2-19 图

解：(1) $i_L(0_+)$ 求解

如题 2-19 图所示电路，$t<0$ 开关 S 置于位置"2"，并且已达稳态。$t=0_-$ 时的等效电路如题解 2-19 图(a)所示，利用换路定律，可得

$$i_L(0_+) = i_L(0_-) = 0 \text{ A}$$

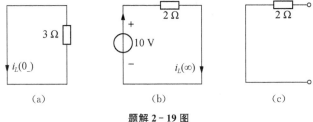

题解 2-19 图

(2) $i_L(\infty)$ 求解

如题 2-19 图所示电路，$t=0$ 时，开关 S 由位置"2"切换至位置"1"，得 $t=\infty$ 时的等效电路如题解 2-19 图(b)所示，可得

$$i_L(\infty) = \frac{10}{2} = 5 \text{ A}$$

(3) τ 求解

如题 2-19 图所示电路，$t=0$ 时，开关 S 由位置"2"切换至位置"1"，将电感断开，得 $t>0$ 时的等效电路如题解 2-19 图(c)所示，可得等效内阻

$$R_0 = 2 \text{ Ω}$$

所以,得时间常数

$$\tau = \frac{L}{R_0} = \frac{0.5}{2} = \frac{1}{4} \text{ s}$$

利用三要素法,可得

$$i_L(t) = i_L(\infty) + [i_L(0_+) - i_L(\infty)]e^{-\frac{t}{\tau}} = 5 - 5e^{-4t}(\text{A}), \quad t > 0$$

因串联回路电流相等,可得

$$i_R(t) = i_L(t)$$

根据电阻的伏安关系,可得

$$u_R(t) = i_R(t)R = 10 - 10e^{-4t} \text{ V}, \quad t > 0$$

2-20 如题2-20图所示电路,$t=0$时开关打开,打开前电路已处于稳态,求$t>0$时的电流$i_L(t)$的零输入响应、零状态响应和全响应。

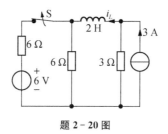

题 2-20 图

解:(1) $i_L(0_+)$求解

如题2-20图所示电路,$t=0$时开关打开,并且已达稳态。$t=0_-$时的等效电路如题解2-20图(a)所示,利用换路定律,可得

$$i_L(0_+) = i_L(0_-) = \frac{9-3}{9} = \frac{2}{3} \text{ A}$$

(2) $i_L(\infty)$求解

如题2-20图所示电路,$t=0$时开关打开,得$t=\infty$时的等效电路如题解2-20图(b)所示,根据电源互换等效可进一步等效为如题解2-20图(c)所示电路,可得

$$i_L(\infty) = \frac{3 \times 3}{6+3} = 1 \text{ A}$$

(3) τ求解

如题2-20图所示电路,$t=0$时开关打开,将电感断开,得$t>0$时的等效电路如题解2-20图(d)所示,可得等效内阻

$$R_0 = 6+3 = 9 \ \Omega$$

所以,可得时间常数

$$\tau = \frac{L}{R_0} = \frac{2}{9} \ \text{s}$$

利用三要素法,可得

$$i_{Lzi}(t) = i_L(0_+)e^{-\frac{t}{\tau}} = \frac{2}{3}e^{-\frac{9}{2}t} \ \text{A}, \quad t>0$$

$$i_{Lzs}(t) = i_L(\infty) + (1-e^{-\frac{t}{\tau}}) = 1-e^{-\frac{9}{2}t} \ \text{A}, \quad t>0$$

$$i_L(t) = i_{Lzi}(t) + i_{Lzs}(t) = 1-\frac{1}{3}e^{-\frac{9}{2}t} \ \text{A}, \quad t>0$$

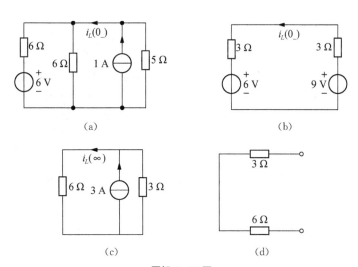

题解 2-20 图

3 连续时间信号与系统的时域分析

3.1 本章知识结构

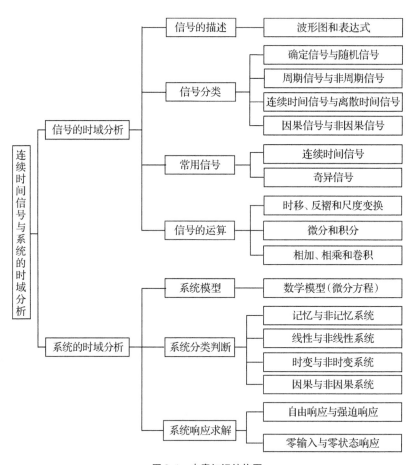

图 3.1 本章知识结构图

3.2 知识要点

3.2.1 信号及其分类

1) 信号的常用描述方式

信号的常用描述方式有表达式、波形图。

2) 信号的分类

(1) 确定信号和随机信号

确定信号：如果在自变量的取值范围，给定一个自变量就有确定函数值的信号，也称为规则信号。

随机信号：信号值具有不可预知的不确定性，只知道取某个值的概率，例如噪声信号。

(2) 周期信号与非周期信号

周期信号：按一定时间间隔重复，且无始无终的信号。表达式可以写为 $f(t) = f(t \pm nT)$，其中 $n = 1, 2, \cdots$，满足此关系式的最小值 T 称为信号的周期。

非周期信号：不具周期重复性规律的信号。

(3) 连续时间信号与离散时间信号

连续时间信号：自变量 t 取值是连续的（除有限个间断点外）信号。

离散时间信号：只在某些离散的时间点上有定义，在其他时间上没有定义的信号。

(4) 因果信号与非因果信号

因果信号：如果当 $t < 0$ 时，$f(t) = 0$ 的信号。

非因果信号：如果当 $t < 0$ 时，$f(t) \neq 0$ 的信号。

3.2.2 典型连续时间信号

1) 常用连续时间信号

(1) 正弦信号

表达式为 $f(t) = A_m \sin(\omega t + \theta)$，其中 A_m 为振幅，ω 为角频率，θ 为初相位。

(2) 实指数信号

表达式为 $f(t) = k e^{at}$，a 为实数。

(3) 复指数信号

表达式为 $f(t) = k e^{st}$，其中 $s = \sigma + j\omega$ 为复数。

(4) 抽样信号

表达式为

$$\mathrm{Sa}(t) = \frac{\sin t}{t}$$

2) 奇异信号

(1) 单位阶跃信号

定义

$$\varepsilon(t) = \begin{cases} 1, & t>0 \\ 0, & t<0 \end{cases}$$

注意：阶跃信号在 $t=0$ 时有跳变点，函数值未定义。

阶跃信号一个重要的作用是可描述其他信号的存在范围。

(2) 单位冲激信号

定义

$$\delta(t) = \begin{cases} \infty, & t=0 \\ 0, & t\neq 0 \end{cases}$$

$$\int_{-\infty}^{\infty} \delta(t)\mathrm{d}t = 1$$

(2) 性质

① 偶函数：$\delta(t) = \delta(-t)$

② 筛选性：$\delta(t-t_0)f(t) = f(t_0)\delta(t-t_0)$，$\int_{-\infty}^{+\infty} f(t)\delta(t-t_0)\mathrm{d}t = f(t_0)$

③ 尺度变换：$\delta(at) = \frac{1}{|a|}\delta(t)$

3.2.3 信号的基本运算

1) 信号的时移、反褶和尺度变换

(1) 信号时移：$f(t+t_0)$ 为信号 $f(t)$ 的时移。

当 $t_0>0$ 时，$f(t+t_0)$ 为 $f(t)$ 左移；当 $t_0<0$ 时，$f(t+t_0)$ 为 $f(t)$ 左移。

(2) 信号反褶：$f(-t)$ 为信号 $f(t)$ 的反褶，其波形为 $f(t)$ 以 $t=0$ 为轴反褶过来。

(3) 信号尺度变换：$f(at)$ 为信号 $f(t)$ 的尺度变换。

当 $a>1$ 时，$f(at)$ 将 $f(t)$ 的波形压缩；当 $0<a<1$ 时，$f(at)$ 将 $f(t)$ 的波形扩展。

(4) 信号的复合运算

当涉及多种运算的综合时，通常需要先分析具体涉及哪些运算，再按照一定的顺序，分步画出各运算对应的信号波形，直至得到最终复合运算的结果。

例如已知 $f(t)$ 的波形,画 $f(4-3t)$ 的波形时,就需要将时移、反褶和尺度变换结合使用。

由于 $f(-3t+2)=f\left[-3\left(t-\dfrac{2}{3}\right)\right]$,所以可以按照如下次序分步进行

$$f(t) \xrightarrow{\text{尺度变换}} f(3t) \xrightarrow{\text{反褶}} f(-3t) \xrightarrow{\text{时移}} f\left[-3\left(t-\dfrac{2}{3}\right)\right]=f(-3t+2)$$

多种运算的次序可以调整,也可以按照反褶→尺度变换→时移的次序来进行,结果完全一致。需要注意的是,分步求具体运算对应的波形时,每种运算都是针对自变量 t 来进行的。

2) 信号的微分和积分

(1) 信号微分:对信号 $f(t)$ 的求导运算,即 $\dfrac{\mathrm{d}f(t)}{\mathrm{d}t}$。

(2) 信号积分:对信号 $f(t)$ 的积分运算,即 $\displaystyle\int_{-\infty}^{t} f(\tau)\mathrm{d}\tau$。

单位冲激信号与单位阶跃信号互为微积分关系,即

$$\delta(t)=\dfrac{\mathrm{d}\varepsilon(t)}{\mathrm{d}t}, \varepsilon(t)=\int_{-\infty}^{t}\delta(t)\mathrm{d}t$$

3) 信号的相加和相乘

(1) 信号相加:两信号的相加等于两相加信号在同一时刻值相加,即

$$f(t)=f_1(t)+f_2(t)$$

(2) 信号相乘:两信号的相乘等于两相乘信号在同一时刻值相乘,即

$$f(t)=f_1(t)\times f_2(t)$$

4) 信号的卷积积分

(1) 定义

$$f(t)=f_1(t)*f_2(t)=\int_{-\infty}^{+\infty}f_1(\tau)f_2(t-\tau)\mathrm{d}\tau=\int_{-\infty}^{+\infty}f_1(t-\tau)f_2(\tau)\mathrm{d}\tau$$

常用结论:$f(t)=f(t)*\delta(t)$

(2) 卷积的性质

① 交换律:$f_1(t)*f_2(t)=f_2(t)*f_1(t)$

② 结合律:$[f_1(t)*f_2(t)]*f_3(t)=f_1(t)*[f_2(t)*f_3(t)]$

③ 分配律：$[f_1(t)+f_2(t)]*f_3(t)=f_1(t)*f_3(t)+f_2(t)*f_3(t)$

④ 时移性：$f_1(t-t_1)*f_2(t-t_2)=f_1(t)*f_2(t-t_1-t_2)=f_1(t-t_1-t_2)*f_2(t)$

常用结论：$f(t)*\delta(t-t_1)=f(t-t_1)*\delta(t)$

⑤ 微分性：$\dfrac{\mathrm{d}[f_1(t)*f_2(t)]}{\mathrm{d}t}=\dfrac{\mathrm{d}f_1(t)}{\mathrm{d}t}*f_2(t)=f_1(t)*\dfrac{\mathrm{d}f_2(t)}{\mathrm{d}t}$

⑥ 积分性：$\displaystyle\int_{-\infty}^{t}[f_1(\tau)*f_2(\tau)]\mathrm{d}\tau=f_1(t)*\int_{-\infty}^{t}f_2(\tau)\mathrm{d}\tau=\int_{-\infty}^{t}f_1(\tau)\mathrm{d}\tau*f_2(t)$

结合微分性质和积分性质，也可得

$$f_1(t)*f_2(t)=\int_{-\infty}^{t}f_1(\tau)\mathrm{d}\tau*\dfrac{\mathrm{d}f_2(t)}{\mathrm{d}t}=\dfrac{\mathrm{d}f_1(t)}{\mathrm{d}t}*\int_{-\infty}^{t}f_2(\tau)\mathrm{d}\tau$$

常用结论：$f(t)*\varepsilon(t)=\displaystyle\int_{-\infty}^{t}f(\tau)\mathrm{d}\tau*\delta(t)=\int_{-\infty}^{t}f(\tau)\mathrm{d}\tau$

(3) 卷积的计算

① 利用定义式

根据卷积的定义式，对其中一个函数表达式中 t 用 τ 代替，另一个函数表达式中 t 用 $t-\tau$ 代替，再相乘积分。

② 图解法

具体步骤如下：

A. 换元：将两个信号的自变量由 t 变为 τ，得到 $f_1(\tau)$ 和 $f_2(\tau)$ 的波形。

B. 反褶：将 $f_2(\tau)$ 的波形反褶得到 $f_2(-\tau)$ 的波形。

C. 移位：对 $f_2(-\tau)$ 波形右移 t 个单位，得到 $f_2(t-\tau)$ 的波形。

D. 计算积分值：将 $f_1(\tau)$ 和 $f_2(t-\tau)$ 相乘，乘积曲线下的面积即为两信号在 t 时刻的卷积值。

由于 t 的不同，相乘的两个函数和积分值会不同，要根据 t 的变化重复步骤 C 到 D，故两个函数卷积之后仍是时间 t 的函数。

③ 利用卷积的性质

可利用卷积的微积分性质，将其中一个函数求导，以得到 $\delta(t)$ 或其时移的形式，同时对另一个函数积分，再利用 $\delta(t)$ 函数卷积的性质来简化卷积计算。

3.2.4 系统及其分类

1) 系统模型

(1) 系统数学模型是系统物理特性的数学抽象，以数学表达式来表征系统特性。

(2) 建立系统模型的方法：输入-输出描述法和状态变量描述法。

2) 系统的分类

(1) 无记忆系统与记忆系统

无记忆系统：系统的输出仅取决于同时刻的输入，也称为即时系统。

记忆系统：系统的输出不仅取决于同时刻的输入，而且与其过去的工作状态有关，也称为动态系统。

无记忆系统的数学模型通常为代数方程，记忆系统的数学模型通常为微分方程。

(2) 线性系统与非线性系统

线性系统：同时满足齐次性和叠加性的系统。

① 齐次性

若 $f(t) \to y(t)$，则 $kf(t) \to ky(t)$，k 为常数。

② 叠加性

若 $f_1(t) \to y_1(t)$，$f_2(t) \to y_2(t)$，则 $f_1(t) + f_2(t) \to y_1(t) + y_2(t)$。

非线性系统：不满足齐次性或叠加性的系统。

(3) 时变系统与时不变系统

时变系统：系统参数随时间变化的系统。

时不变系统：系统参数不随时间变化的系统，即在相同初始状态下，系统的响应与激励加入的时刻无关，可表示为：

若 $f(t) \to y(t)$，则 $f(t-t_0) \to y(t-t_0)$。

(4) 因果系统与非因果系统

因果系统：任意时刻系统的响应仅与该时刻以及该时刻以前的激励有关，而与该时刻以后的激励无关，即系统的响应不会发生在激励加入之前。

非因果系统：响应可能出现在激励之前的系统。

3) 线性时不变系统的特性

同时满足线性和时不变性的系统，称为线性时不变系统，简写为 LTI 系统。

(1) 线性和时不变特性。

(2) 微积分特性

若 $f(t) \to y(t)$，则 $\dfrac{\mathrm{d}f(t)}{\mathrm{d}t} \to \dfrac{\mathrm{d}y(t)}{\mathrm{d}t}$，$\int_0^t f(\tau)\mathrm{d}\tau \to \int_0^t y(\tau)\mathrm{d}\tau$。

(3) 分解性

线性时不变系统的全响应可以分解为零输入响应和零状态响应，而且零输入响应和零状态响应分别具有线性。

零输入线性:系统的零输入响应对于各初始状态呈线性。
零状态线性:系统的零状态响应对于各激励信号呈线性。

3.2.5 LTI连续时间系统的响应

1) LTI连续时间系统的数学模型

描述线性时不变系统激励 $f(t)$ 和响应 $y(t)$ 关系的方程是常系数线性微分方程,即:

$$a_n \frac{d^n y(t)}{dt^n} + a_{n-1} \frac{d^{n-1} y(t)}{dt^{n-1}} + \cdots + a_1 \frac{dy(t)}{dt} + a_0 y(t)$$
$$= b_m \frac{d^m f(t)}{dt^m} + b_{m-1} \frac{d^{m-1} f(t)}{dt^{m-1}} + \cdots b_1 \frac{df(t)}{dt} + b_0 f(t)$$

微分方程的建立,可根据求解的具体实际问题抽象而得。

2) 系统状态

通常把激励加入系统的时刻认为是 $t=0$,待求系统响应区间为 $t>0$,所以把系统在 0_- 时刻的状态称为起始状态,把系统在 0_+ 时刻的状态称为初始状态。由于 0 时刻激励的加入或系统模型可能改变,系统的 0_- 状态和 0_+ 状态可能会不一致。

求解系统响应时,初始条件应该使用 0_+ 状态。如果系统状态没有跳变,有时也可以使用 0_- 状态。

3) 用经典法求解系统响应

经典法是利用高等数学求解微分方程的方法,在给定激励信号函数形式和系统初始状态的条件下,通过齐次解和特解来求解微分方程。

(1) 齐次解

齐次解是系统微分方程所对应的齐次方程的通解,也称为自由响应。

求解方法:根据特征方程,找出特征根(也称为系统的自然频率),即可写出齐次解的形式。

(2) 特解

特解是非齐次微分方程对应的一个特定的解,也称为强迫响应。

求解方法:根据微分方程等式右边的激励项形式设定特解的形式,代入原方程即可求出特解。

(3) 完全解(全响应)

系统全响应=自由响应+强迫响应。根据齐次解形式和特解,获得完全解的形式,再根据初始条件 $y(0_+)$ 求出齐次解的系数,即获得系统的全响应。

4) 用双零法求解系统响应

从物理产生原因出发,系统的响应可看作由系统初始储能产生的零输入响应 $y_{zi}(t)$ 和由激励产生的零状态响应 $y_{zs}(t)$ 之和。

(1) 零输入响应的求解

求解方法:由于激励为零,所以零输入响应是求解齐次方程,在获得零输入响应形式的基础上,再代入系统的零输入初始条件 $y_{zi}(0_+)$,求得待定系数,即获得零输入响应。

(2) 零状态响应的求解——卷积积分法

① 冲激响应 $h(t)$

系统冲激响应 $h(t)$ 是单位冲激信号 $\delta(t)$ 作用下系统的零状态响应。

$h(t)$ 的求解方法:冲激函数匹配法。

② 阶跃响应 $g(t)$

系统阶跃响应 $g(t)$ 是单位阶跃信号 $\varepsilon(t)$ 作用下系统的零状态响应。

单位阶跃响应与单位冲激响应互为微积分关系,即

$$g(t)=\int_{-\infty}^{t}h(\tau)\mathrm{d}\tau,\quad h(t)=\frac{\mathrm{d}g(t)}{\mathrm{d}t}$$

③ 零状态响应

一般激励作用于系统所产生的零状态响应为单位冲激响应和激励信号的卷积,即

$$r_{zs}(t)=h(t)*e(t)$$

3.3 习题解答

3-1 已知信号 $f_1(t)$ 和 $f_2(t)$ 的波形如题 3.1 图所示,请写出它们的数学表达式。

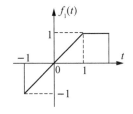
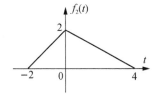

题 3-1 图

解：信号 $f_1(t)$ 在区间 $(-1,1)$ 的表达式为 t，在区间 $(1,2)$ 的值为 1，故有
$$f_1(t)=t[\varepsilon(t+1)-\varepsilon(t-1)]+[\varepsilon(t-1)-\varepsilon(t-2)]$$

信号 $f_2(t)$ 在区间 $(-2,0)$ 的表达式为 $t+2$，在区间 $(0,4)$ 的表达式为 $-\frac{1}{2}t+2$，故有

$$f_2(t)=(t+2)[\varepsilon(t+2)-\varepsilon(t)]+\left(-\frac{1}{2}t+2\right)[\varepsilon(t)-\varepsilon(t-4)]$$

3-2 画出下列信号的波形图。

(1) $f_1(t)=2\sin\pi t[\varepsilon(t)-\varepsilon(t-4)]$；

(2) $f_2(t)=t[\varepsilon(t)-\varepsilon(t-2)]+2\varepsilon(t-2)$。

解：(1) 信号 $f_1(t)$ 是存在于 0～4 时刻的正弦信号，振幅为 2，周期 $T=\frac{2\pi}{\omega}=\frac{2\pi}{\pi}=2$，故其波形如题解 3-2 图(a)所示。

(2) 信号 $f_2(t)$ 由两端折线组成，0～2 时刻是过原点且斜率为 1 的直线，当 $t>2$ 时为常数 2，故其波形如题解 3-2 图(b)所示。

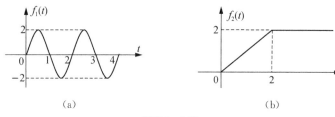

题解 3-2 图

3-3 计算下列积分值。

(1) $\int_0^3 \sin\left(t-\frac{\pi}{4}\right)\delta\left(t-\frac{\pi}{2}\right)dt$；

(2) $\int_{-\infty}^{\infty} \sin^2 t\,\delta\left(t-\frac{\pi}{6}\right)dt$；

(3) $\int_{-\infty}^{\infty} 2\delta(t)\frac{\sin 2t}{t}dt$；

(4) $\int_{-\infty}^{\infty} e^{-2t}\varepsilon(t)\delta(t-2)dt$；

(5) $\int_{-\infty}^{t} e^{-2\tau}\delta(\tau)d\tau$；

(6) $\int_{-7}^{-1} (t^6+3t+4)\delta(t-8)dt$。

解： (1) $\int_0^3 \sin\left(t-\frac{\pi}{4}\right)\delta\left(t-\frac{\pi}{2}\right)\mathrm{d}t = \sin\left(\frac{\pi}{2}-\frac{\pi}{4}\right) = \frac{\sqrt{2}}{2}$；

(2) $\int_{-\infty}^{\infty} \sin^2 t \,\delta\left(t-\frac{\pi}{6}\right)\mathrm{d}t = \left[\sin\frac{\pi}{6}\right]^2 = \frac{1}{4}$；

(3) $\int_{-\infty}^{\infty} 2\delta(t)\frac{\sin 2t}{t}\mathrm{d}t = \int_{-\infty}^{\infty} 4\mathrm{Sa}(2t)\delta(t)\mathrm{d}t = 4\mathrm{Sa}(0) = 4$；

(4) $\int_{-\infty}^{\infty} \mathrm{e}^{-2t}\varepsilon(t)\delta(t-2)\mathrm{d}t = \mathrm{e}^{-4}$；

(5) $\int_{-\infty}^{t} \mathrm{e}^{-2\tau}\delta(\tau)\mathrm{d}t = \int_{-\infty}^{t} \delta(\tau)\mathrm{d}t = \varepsilon(t)$；

(6) 在积分区间$[-7,-1]$内 $\delta(t-8)=0$，故 $\int_{-7}^{-1}(t^6+3t+4)\delta(t-8)\mathrm{d}t = 0$。

3-4 已知信号 $f(t)$ 的波形如题 3-4 图所示。

(1) 画出 $f(2t+1)$ 的波形；

(2) 画出 $\dfrac{\mathrm{d}f(t)}{\mathrm{d}t}$ 的波形，并写出其表达式。

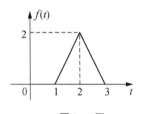

题 3-4 图

解： (1) $f(2t+1) = f\left[2\left(t+\frac{1}{2}\right)\right]$，所以可以按照先压缩 $\frac{1}{2}$ 得到 $f(2t)$，再左移 $\frac{1}{2}$ 的顺序进行波形运算，如题解 3-4 图(a)所示。

(2) 按照信号微分的运算规则，直线的导数是其斜率值，故 $\dfrac{\mathrm{d}f(t)}{\mathrm{d}t}$ 的波形如题解 3-4 图(b)所示。

对应的表示式为

$$\frac{\mathrm{d}f(t)}{\mathrm{d}t} = 2[\varepsilon(t-1)-\varepsilon(t-2)] - 2[\varepsilon(t-2)-\varepsilon(t-3)]$$
$$= 2\varepsilon(t-1) - 4\varepsilon(t-2) + 2\varepsilon(t-3)$$

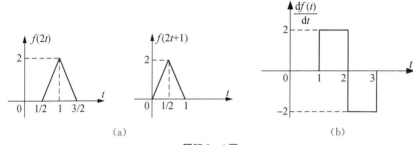

题解 3-4 图

3-5 已知信号 $f(t)$ 的波形如题 3-5 图所示。

(1) 画出 $f_1(t)=\int_{-\infty}^{t}f(\tau)\mathrm{d}\tau$ 的波形,并写出 $f_1(t)$ 表达式;

(2) 画出 $f_2(t)=f(-2t+2)$ 的波形。

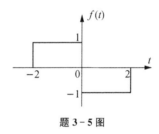

题 3-5 图

解: (1) $f_1(t)$ 为 $f(t)$ 的积分,其波形如题解 3-5 图(a)所示。对应的表达式为

$$f_1(t)=(t+2)[\varepsilon(t+2)-\varepsilon(t)]+(2-t)[\varepsilon(t)-\varepsilon(t-2)]$$

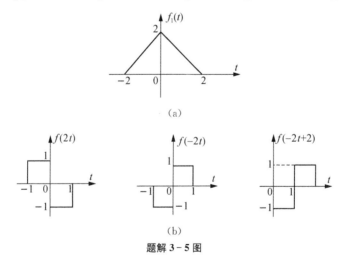

题解 3-5 图

(2) $f_2(t)=f(-2t+2)=f[-2(t-1)]$,因此可以按照先尺度变换,再反褶,

最后时移的顺序进行，即

$$f(t) \xrightarrow{\text{尺度变换}} f(2t) \xrightarrow{\text{反褶}} f(-2t) \xrightarrow{\text{时移}} f[-2(t-1)] = f(-2t+2)$$

波形运算过程如题解 3-5 图(b)所示。

3-6 已知信号 $f(t)$ 波形如题 3-6 图所示。

(1) 写出 $f(t)$ 的函数表达式；

(2) 画出 $f_1(t) = \dfrac{\mathrm{d}f(t-1)}{\mathrm{d}t}$ 的波形，并写出 $f_1(t)$ 的函数表达式。

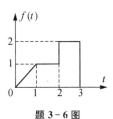

题 3-6 图

解：(1) 信号 $f(t)$ 的表达式为

$$f(t) = t[\varepsilon(t) - \varepsilon(t-1)] + [\varepsilon(t-1) - \varepsilon(t-2)] + 2[\varepsilon(t-2) - \varepsilon(t-3)]$$
$$= t\varepsilon(t) + (1-t)\varepsilon(t-1) + \varepsilon(t-2) - 2\varepsilon(t-3)$$

(2) 信号 $f(t-1)$ 的波形如题解 3-6 图(a)所示，故 $f_1(t)$ 的波形如题解 3-6 图(b)所示。

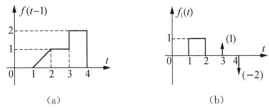

题解 3-6 图

3-7 已知电容元件及其两端电压 $u_C(t)$ 的波形如题 3-7 图所示。

(1) 写出 $u_C(t)$ 的函数表达式；

(2) 画出电流 $i_C(t)$ 的波形。

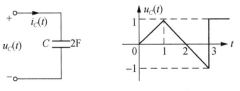

题 3-7 图

解：(1) $u_C(t) = t[\varepsilon(t) - \varepsilon(t-1)] + (2-t)[\varepsilon(t-1) - \varepsilon(t-3)] + \varepsilon(t-3)$

(2) $i_C(t) = C\dfrac{du_C(t)}{dt} = 2\dfrac{du_C(t)}{dt}$,故其波形如题解 3-7 图所示。

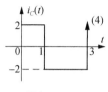

题解 3-7 图

3-8 信号 $f_1(t)$ 和 $f_2(t)$ 的波形如题 3-8 图所示,画出 $f_1(t)+f_2(t)$ 和 $f_1(t) \times f_2(t)$ 的波形。

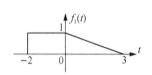 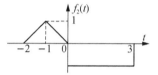

题 3-8 图

解:两信号相加是对应时刻的信号值相加,两信号相乘是对应时刻的信号值相乘,故 $f_1(t)+f_2(t)$ 和 $f_1(t) \times f_2(t)$ 的波形分别如题解 3-8 图(a)和图(b)所示。

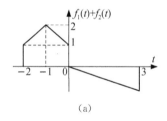 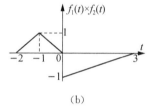

(a) （b)

题解 3-8 图

3-9 计算下列两函数的卷积。

(1) $f_1(t)=\varepsilon(t)$, $f_2(t)=\varepsilon(t)$;

(2) $f_1(t)=t\varepsilon(t)$, $f_2(t)=\delta(t-1)$;

(3) $f_1(t)=e^{-2t}\varepsilon(t)$, $f_2(t)=\delta'(t)$;

(4) $f_1(t)=e^{-2t}\varepsilon(t)$, $f_2(t)=\varepsilon(t)$;

(5) $f_1(t)=e^{-2t}\varepsilon(t)$, $f_2(t)=e^{-4t}\varepsilon(t)$。

解:(1) 利用卷积积分的定义,可得

$$\varepsilon(t)*\varepsilon(t) = \int_{-\infty}^{+\infty}\varepsilon(\tau)\varepsilon(t-\tau)d\tau = \int_0^t 1 d\tau \varepsilon(t) = t\varepsilon(t)$$

(2) 利用卷积的时移性质,可得

$$t\varepsilon(t)*\delta(t-1)=(t-1)\varepsilon(t-1)$$

(3) 利用卷积的微分性质，可得

$$e^{-2t}\varepsilon(t)*\delta'(t)=[e^{-2t}\varepsilon(t)]'*\delta(t)=[e^{-2t}\varepsilon(t)]'=\delta(t)-2e^{-2t}\varepsilon(t)$$

(4) 利用卷积的微积分性质，可得

$$e^{-2t}\varepsilon(t)*\varepsilon(t)=\int_{-\infty}^{t}e^{-2\tau}\varepsilon(\tau)d\tau*\varepsilon'(t)=\int_{-\infty}^{t}e^{-2\tau}\varepsilon(\tau)d\tau*\delta(t)$$

$$=\int_{-\infty}^{t}e^{-2\tau}\varepsilon(\tau)d\tau=\int_{0}^{t}e^{-2\tau}d\tau\varepsilon(t)$$

$$=\int_{0}^{t}e^{-2\tau}d\tau\varepsilon(t)=\frac{1}{2}(1-e^{-2t})\varepsilon(t)$$

(5) 利用卷积积分的定义，可得

$$e^{-2t}\varepsilon(t)*e^{-4t}\varepsilon(t)=\int_{-\infty}^{t}e^{-2\tau}\varepsilon(\tau)e^{-4(t-\tau)}\varepsilon(t-\tau)d\tau=e^{-4t}\int_{-\infty}^{t}e^{-2\tau}\varepsilon(\tau)\varepsilon(t-\tau)d\tau$$

$$=e^{-4t}\int_{0}^{t}e^{2\tau}d\tau\varepsilon(t)=\frac{1}{2}e^{-4t}(e^{2t}-1)\varepsilon(t)$$

$$=\frac{1}{2}(e^{-2t}-e^{-4t})\varepsilon(t)$$

3-10 已知信号 $f_1(t)$ 和 $f_2(t)$ 的波形如题 3-10 图所示，画出 $f(t)=f_1(t)*f_2(t)$ 的波形。

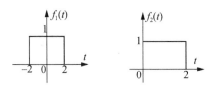

题 3-10 图

解：根据卷积的微积分性质，可知

$$f_1(t)*f_2(t)=\int_{-\infty}^{t}f_1(\tau)d\tau*f_2'(t)$$

设 $f_3(t)=\int_{-\infty}^{t}f_1(\tau)d\tau$，则 $f_3(t)$ 和 $f_2'(t)$ 的波形如题解 3-10 图(a)和图(b)所示。故有

$$f(t)=f_1(t)*f_2(t)=f_3(t)*[\delta(t)-\delta(t-2)]=f_3(t)-f_3(t-2)$$

$f_3(t-2)$ 是 $f_3(t)$ 右移 2 个单位，其波形如题解 3-10 图(c)所示，故卷积结果 $f(t)$

的波形如题解 3-10 图(d)所示。

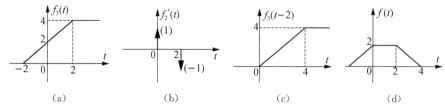

题解 3-10 图

3-11 已知信号 $f_1(t)$ 的波形如题 3-11 图所示,信号 $f_2(t)=\delta(t+2)+2\delta(t)+2\delta(t-2)$,画出 $f(t)=f_1(t)*f_2(t)$ 的波形。

题 3-11 图

解: $f_1(t)*f_2(t)=f_1(t)*[\delta(t+2)+2\delta(t)+2\delta(t-2)]$
$=f_1(t+2)+2f_1(t)+2f_1(t-2)$

$f_1(t+2)$、$2f_1(t)$ 和 $2f_1(t-2)$ 的波形如题解 3-11 图(a)、图(b)和图(c)所示,故卷积结果 $f(t)$ 的波形如题解 3-11 图(d)所示。

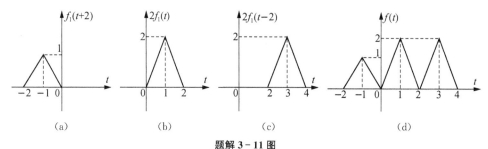

题解 3-11 图

3-12 如题 3-12 图所示电路,已知激励为电流源 $i_s(t)$。
(1) 以 $u_R(t)$ 为响应,写出描述系统输入输出关系的数学模型;
(2) 以 $i_C(t)$ 为响应,写出描述系统输入输出关系的数学模型。

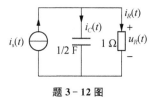

题 3-12 图

解：（1）根据电路结构，列写 KCL 方程，可得

$$i_C(t)+i_R(t)=i_s(t)$$

根据元件的伏安关系，可知

$$i_C(t)=C\frac{du_R(t)}{dt}=\frac{1}{2}\frac{du_R(t)}{dt},\ i_R(t)=\frac{u_R(t)}{R}=u_R(t)$$

故有

$$\frac{1}{2}\frac{du_R(t)}{dt}+u_R(t)=i_s(t)$$

整理可得

$$\frac{du_R(t)}{dt}+2u_R(t)=2i_s(t)$$

（2）根据电路结构，电阻两端的电压和电容两端电压相等，故有

$$u_R(t)=\frac{1}{C}\int_{-\infty}^{t}i_C(\tau)d\tau,\ i_R(t)=\frac{1}{C}\int_{-\infty}^{t}i_C(\tau)d\tau$$

列写 KCL 方程，则有

$$i_C(t)+\frac{1}{C}\int_{-\infty}^{t}i_C(\tau)d\tau=i_s(t)$$

等式两边同时求导，整理可得

$$\frac{di_C(t)}{dt}+2i_C(t)=\frac{di_s(t)}{dt}$$

$$\frac{di(t)}{dt}+i(t)=\frac{1}{4}u_s(t)$$

3-13 某 *RLC* 并联电路如题 3-13 图所示，其中激励为电流源 $i_s(t)$，响应为电容两端电压 $u_C(t)$。写出描述该系统输入输出关系的数学模型。

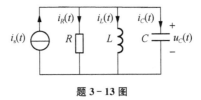

题 3-13 图

解： 根据电路结构，列写 KCL 方程，可得

$$i_R(t)+i_L(t)+i_C(t)=i_s(t)$$

由于电阻、电容和电感并联,其电压相等,结合元件的伏安关系,可得

$$i_R(t)=\frac{u_C(t)}{R}, \quad i_C(t)=C\frac{du_C(t)}{dt}, \quad i_L(t)=\frac{1}{L}\int_{-\infty}^{t}u_C(\tau)d\tau$$

整理可得

$$\frac{d^2 u_C(t)}{dt^2}+\frac{1}{RC}\frac{du_C(t)}{dt}+\frac{1}{LC}u_C(t)=\frac{1}{C}\frac{di_s(t)}{dt}$$

3-14 判断下列系统是否具有线性和时不变性,其中 $f(t)$ 和 $y(t)$ 分别代表系统的激励和响应。

(1) $y(t)=tf^2(t)$;　　　　(2) $y(t)=f(2t)$;

(3) $y(t)=\cos t[f(t)]$;　　(4) $y(t)=\int_{-\infty}^{t}f(\tau)d\tau$。

解:(1) 系统的作用是对激励信号平方并乘以 t,即

$$f(t)\rightarrow tf^2(t)=y(t)$$

当激励放大 k 倍时,有

$$kf(t)\rightarrow t[kf(t)]^2=tk^2f^2(t)\neq ky(t)$$

所以该系统不具有齐次性,为非线性系统。

当激励延时 t_0 时,有

$$f(t-t_0)\rightarrow tf^2(t-t_0)\neq y(t-t_0)$$

所以该系统不具有时不变性,为时变系统。

(2) 系统的作用是对激励信号压缩 $\frac{1}{2}$,即

$$f(t)\rightarrow f(2t)=y(t)$$

假设两个激励 $f_1(t)$ 和 $f_2(t)$ 作用于系统,产生的响应分别为 $y_1(t)$ 和 $y_2(t)$,即

$$f_1(t)\rightarrow f_1(2t)=y_1(t), \quad f_2(t)\rightarrow f_2(2t)=y_2(t)$$

则当激励 $k_1 f_1(t)+k_2 f_2(t)$ 作用于系统时,

$$k_1 f_1(t)+k_2 f_2(t)\rightarrow k_1 f_1(2t)+k_2 f_2(2t)=k_1 y_1(t)+k_2 y_2(t)$$

所以该系统同时具有齐次性和叠加性,为线性系统。

当激励延时 t_0 时,有

$$f(t-t_0) \rightarrow f^2(2t-t_0)$$

而 $y(t-t_0)=f^2[2(t-t_0)]$，所以该系统不具有时不变性，为时变系统。

（3）系统的作用是对激励信号乘以余弦信号，即

$$f(t) \rightarrow \cos t \cdot f(t) = y(t)$$

假设两个激励 $f_1(t)$ 和 $f_2(t)$ 作用于系统，产生的响应分别为 $y_1(t)$ 和 $y_2(t)$，即

$$f_1(t) \rightarrow \cos t \cdot f_1(t) = y_1(t), \quad f_2(t) \rightarrow \cos t \cdot f_2(t) = y_2(t)$$

则当激励 $k_1 f_1(t)+k_2 f_2(t)$ 作用于系统时，

$$k_1 f_1(t)+k_2 f_2(t) \rightarrow \cos t \cdot [k_1 f_1(t)+k_2 f_2(t)] = k_1 y_1(t)+k_2 y_2(t)$$

所以该系统同时具有齐次性和叠加性，为线性系统。

当激励延时 t_0 时，有

$$f(t-t_0) \rightarrow \cos t \cdot f(t-t_0) \neq y(t-t_0)$$

所以该系统不具有时不变性，为时变系统。

（4）系统的作用是对激励信号进行积分，即

$$f(t) \rightarrow \int_{-\infty}^{t} f(\tau) d\tau = y(t)$$

假设两个激励 $f_1(t)$ 和 $f_2(t)$ 作用于系统，产生的响应分别为 $y_1(t)$ 和 $y_2(t)$，即

$$f_1(t) \rightarrow \int_{-\infty}^{t} f_1(\tau) d\tau = y_1(t), \quad f_2(t) \rightarrow \int_{-\infty}^{t} f_2(\tau) d\tau = y_2(t)$$

则当激励 $k_1 f_1(t)+k_2 f_2(t)$ 作用于系统时，

$$k_1 f_1(t)+k_2 f_2(t) \rightarrow \int_{-\infty}^{t} [k_1 f_1(\tau)+k_2 f_1(\tau)] d\tau$$
$$= k_1 \int_{-\infty}^{t} f_1(\tau) d\tau + \int_{-\infty}^{t} f_2(\tau) d\tau = k_1 y_1(t)+k_2 y_2(t)$$

所以该系统同时具有齐次性和叠加性，为线性系统。

当激励延时 t_0 时，有

$$f(t-t_0) \rightarrow \int_{-\infty}^{t} f(\tau-t_0) d\tau$$

令 $x = \tau - t_0$，则

$$\int_{-\infty}^{t} f(\tau-t_0) d\tau = \int_{-\infty}^{t-t_0} f(x) dx = y(t-t_0)$$

所以该系统为时不变系统。

3-15 某无初始储能的线性时不变系统,激励 $f_1(t)$ 与响应 $y_1(t)$ 分别如题 3-15 图(a)与图(b)所示。当激励为题 3-15 图(c)所示信号 $f_2(t)$ 时,画出响应 $y_2(t)$ 的波形。

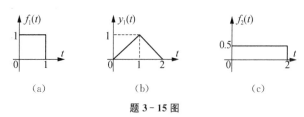

题 3-15 图

解:从波形图可以看出 $f_2(t)=\dfrac{1}{2}[f_1(t)+f_1(t-1)]$。根据线性时不变系统的特性,可得

$$y_2(t)=\dfrac{1}{2}[y_1(t)+y_1(t-1)]$$

所以信号 $y_2(t)$ 的波形如题解 3-15 图所示。

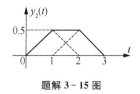

题解 3-15 图

3-16 已知一线性时不变系统,在相同初始条件下,当激励为 $f(t)$ 时,其响应为 $y_1(t)=\sin(2t)\varepsilon(t)$;当激励为 $2f(t)$ 时,其响应为 $y_2(t)=3\sin(2t)\varepsilon(t)$。

(1) 若初始条件不变,求当激励为 $f(t-2)$ 时的响应 $y_3(t)$;

(2) 若初始条件增大 1 倍,求当激励为 $3f(t)$ 时的响应 $y_4(t)$。

解:对于线性时不变系统,其全响应可以分解为零输入响应和零状态响应,故设系统的零输入响应为 $y_{zi}(t)$,激励为 $f(t)$ 时的零状态响应为 $y_{zs}(t)$。根据已知条件,可得

$$y_1(t)=y_{zi}(t)+y_{zs}(t)=\sin(2t)\varepsilon(t)$$

$$y_2(t)=y_{zi}(t)+2y_{zs}(t)=3\sin(2t)\varepsilon(t)$$

故有

$$y_{zs}(t)=y_2(t)-y_1(t)=2\sin(2t)\varepsilon(t),\ y_{zi}(t)=y_1(t)-y_{zs}(t)=-\sin(2t)\varepsilon(t)$$

(1) 初始条件不变，则零输入响应不变，故激励为 $f(t-2)$ 时系统响应为

$$y_3(t)=y_{zi}(t)+y_{zs}(t-2)=-\sin(2t)\varepsilon(t)+2\sin(2t-4)\varepsilon(t-2)$$

(2) 初始条件增大 1 倍，则零输入响应增大 1 倍，故激励为 $3f(t)$ 时系统响应为

$$y_4(t)=2y_{zi}(t)+4y_{zs}(t)=-2\sin(2t)\varepsilon(t)+6\sin(2t)\varepsilon(t)=4\sin(2t)\varepsilon(t)$$

3-17 如题 3-17 图所示电路，$t<0$ 时开关处于闭合状态，电路已稳定。当 $t=0$ 时开关断开。求 $t>0$ 时的零输入响应 $u_C(t)$。

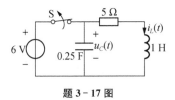

题 3-17 图

解： 当 $t<0$ 时开关处于闭合状态，且已稳定，故有

$$u_C(0_-)=6 \text{ V}, \quad i_L(0_-)=1.2 \text{ A}$$

当 $t=0$ 时开关断开，此时电路模型如题解 3-17 图所示，

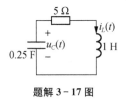

题解 3-17 图

列写 KVL 方程可得，

$$u_C(t)=\frac{di_L(t)}{dt}+5i_L(t)$$

根据元件的伏安关系，可知

$$i_L(t)=-\frac{1}{4}\frac{du_C(t)}{dt}$$

整理可得

$$\frac{d^2 u_C(t)}{dt^2}+5\frac{du_C(t)}{dt}+4u_C(t)=0$$

特征方程为 $\qquad \lambda^2+5\lambda+4=0$

特征根为 $\lambda_1=-1,\ \lambda_2=-4$

零输入响应为 $u_C(t)=A_1\mathrm{e}^{-t}+A_2\mathrm{e}^{-4t},\quad t>0$

在开关切换过程中，电容电压和电感电流不会跳变，所以有 $u_C(0_+)=u_C(0_-)=6\text{ V}$，$i_L(0_+)=i_L(0_-)=1.2\text{ A}$。根据电路结构，可知

$$\frac{1}{4}u_C{'}(0_+)=-i_L(0_+),\quad u_C{'}(0_+)=-4i_L(0_+)=-4.8\text{ A}$$

故有

$$\begin{cases}A_1+A_2=6\\-A_1-4A_2=-4.8\end{cases}$$

解得 $A_1=\dfrac{32}{5}$，$A_2=-\dfrac{2}{5}$，

故零输入响应为

$$u_C(t)=\left(\frac{32}{5}\mathrm{e}^{-t}-\frac{2}{5}\mathrm{e}^{-4t}\right)\varepsilon(t)$$

3-18 某二阶系统的数学模型为

$$\frac{\mathrm{d}^2}{\mathrm{d}t^2}y(t)+6\frac{\mathrm{d}}{\mathrm{d}t}y(t)+8y(t)=\frac{\mathrm{d}f(t)}{\mathrm{d}t}+2f(t)$$

其中 $f(t)$ 为激励，$y(t)$ 为响应。已知 $y(0_-)=1$，$y'(0_-)=1$，求 $t>0$ 时系统的零输入响应。

解：系统零输入响应与激励无关，故求解零输入响应的数学模型为

$$\frac{\mathrm{d}^2}{\mathrm{d}t^2}y(t)+6\frac{\mathrm{d}}{\mathrm{d}t}y(t)+8y(t)=0$$

特征方程为 $\lambda^2+6\lambda+8=0$

特征根为 $\lambda_1=-2,\lambda_2=-4$

零输入响应为 $y_{zi}(t)=A_1\mathrm{e}^{-2t}+A_2\mathrm{e}^{-4t},\quad t>0$

由于系统模型在 0 时刻没有发生变化，$y_{zi}(0_+)=y(0^-)=1$，$y_{zi}{'}(0_+)=y'(0^-)=1$，有

$$\begin{cases}A_1+A_2=1\\-2A_1-4A_2=1\end{cases}$$

解得 $A_1=\dfrac{5}{2}$，$A_2=-\dfrac{3}{2}$，

故零输入响应为 $y_{zi}(t)=\left(\dfrac{5}{2}e^{-2t}-\dfrac{3}{2}e^{-3t}\right)\varepsilon(t)$。

3-19 如题 3-19 图所示电路,若激励为 $i_s(t)$,响应为 $u_R(t)$,求单位冲激响应。

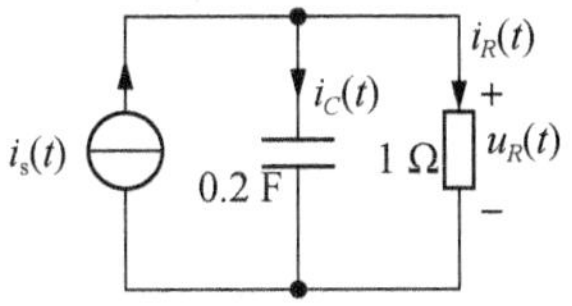

题 3-19 图

解:根据电路结构,列写 KCL 方程,可得
$$i_C(t)+i_R(t)=i_s(t)$$

根据元件的伏安关系,$i_C(t)=C\dfrac{\mathrm{d}u_R(t)}{\mathrm{d}t}=\dfrac{1}{5}\dfrac{\mathrm{d}u_R(t)}{\mathrm{d}t}$,$i_R(t)=\dfrac{u_R(t)}{R}=u_R(t)$,故有

$$\dfrac{\mathrm{d}u_R(t)}{\mathrm{d}t}+5u_R(t)=5i_s(t)$$

所以单位冲激响应的数学模型为

$$\dfrac{\mathrm{d}h(t)}{\mathrm{d}t}+5h(t)=5\delta(t)$$

对应的特征根为 $\lambda=-5$

所以单位冲激响应的形式为 $h(t)=Ae^{-5t}\varepsilon(t)$

将 $h(t)=Ae^{-5t}\varepsilon(t)$ 代入单位冲激响应的数学模型,可得

$$-5Ae^{-5t}\varepsilon(t)+A\delta(t)+5Ae^{-5t}\varepsilon(t)=5\delta(t)$$

解得 $A=5$,故单位冲激响应为 $h(t)=5e^{-5t}\varepsilon(t)$。

3-20 已知描述某系统的微分方程为 $\dfrac{\mathrm{d}y(t)}{\mathrm{d}t}+4y(t)=f(t)$,其中激励为 $f(t)$,响应为 $y(t)$。

(1) 求系统的单位冲激响应 $h(t)$;

(2) 若激励 $f(t)=e^{-3t}\varepsilon(t)$,求系统的零状态响应 $y_{zs}(t)$。

解:(1) 系统单位冲激响应的数学模型为

$$\dfrac{\mathrm{d}h(t)}{\mathrm{d}t}+4h(t)=\delta(t)$$

特征方程为 $\lambda+4=0$

特征根为 $\lambda = -4$

所以单位冲激响应的形式为 $h(t) = Ae^{-4t}\varepsilon(t)$

将 $h(t) = Ae^{-4t}\varepsilon(t)$ 代入单位冲激响应的数学模型,可得

$$-4Ae^{-4t}\varepsilon(t) + A\delta(t) + 4Ae^{-4t}\varepsilon(t) = \delta(t)$$

解得 $A=1$,故单位冲激响应为 $h(t) = e^{-4t}\varepsilon(t)$。

(2) 系统零状态响应是激励信号与单位冲激响应的卷积,故有

$$y_{zs}(t) = e(t) * h(t) = e^{-3t}\varepsilon(t) * e^{-4t}\varepsilon(t) = \int_{-\infty}^{+\infty} e^{-3\tau}\varepsilon(\tau) e^{-4(t-\tau)}\varepsilon(t-\tau) d\tau$$

$$= e^{-4t}\int_{0}^{t} e^{\tau} d\tau \varepsilon(t) = (e^{-3t} - e^{-4t})\varepsilon(t)$$

3-21 已知电路如题 3-21 图所示,其中 $R_1 = 2\ \Omega, R_2 = 2\ \Omega, C = 0.5\ F$。当激励 $u_s(t) = e^{-t}\varepsilon(t)$ 时,求电容电压 $u_C(t)$。

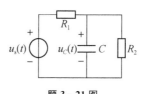

题 3-21 图

解:由于激励在 $t<0$ 时为零,系统没有初始储能,所以待求的响应为零状态响应。系统零状态响应是激励信号与单位冲激响应的卷积,即 $u_C(t) = u_s(t) * h(t)$,故可以先求系统的单位冲激响应。

根据电路结构,建立 KVL 方程,可得

$$R_1\left[C\frac{du_C(t)}{dt} + \frac{u_C(t)}{R_2}\right] = u_s(t)$$

代入参数值,并整理可得

$$\frac{du_C(t)}{dt} + u_C(t) = u_s(t)$$

故当激励为 $\delta(t)$ 时,求解电路单位冲激响应的数学模型为

$$\frac{dh(t)}{dt} + h(t) = \delta(t)$$

方程对应的特征根为 $\lambda = -1$

所以单位冲激响应的形式为 $h(t) = Ae^{-t}\varepsilon(t)$。

将 $h(t) = Ae^{-t}\varepsilon(t)$ 代入单位冲激响应的数学模型,可得

$$-Ae^{-t}\varepsilon(t)+A\delta(t)+Ae^{-t}\varepsilon(t)=\delta(t)$$

解得 $A=1$,故单位冲激响应为 $h(t)=e^{-t}\varepsilon(t)$。

所以系统零状态响应为

$$u_C(t)=e^{-t}\varepsilon(t)*e^{-t}\varepsilon(t)=\int_{-\infty}^{+\infty}e^{-\tau}\varepsilon(\tau)e^{-(t-\tau)}\varepsilon(t-\tau)d\tau$$
$$=e^{-t}\int_0^t 1d\tau\varepsilon(t)=te^{-t}\varepsilon(t)$$

3-22 某二阶系统的数学模型为

$$\frac{d^2}{dt^2}y(t)+5\frac{d}{dt}y(t)+6y(t)=2\frac{df(t)}{dt}$$

其中 $f(t)=\varepsilon(t)$ 为激励,$y(t)$ 为响应,求 $t>0$ 时系统的零状态响应。

解:系统零状态响应是激励信号与单位冲激响应的卷积,所以需要先求单位冲激响应。求单位冲激响应的数学模型为

$$\frac{d^2}{dt^2}h(t)+5\frac{d}{dt}h(t)+6h(t)=2\frac{d\delta(t)}{dt}$$

特征方程为 $\qquad\lambda^2+5\lambda+6=0$

特征根为 $\qquad\lambda_1=-2,\lambda_2=-3$

所以单位冲激响应的形式为 $h(t)=(A_1e^{-2t}+A_2e^{-3t})\varepsilon(t)$。

对 $h(t)$ 分别求一阶和二阶导数,可得

$$\frac{dh(t)}{dt}=-(2A_1e^{-2t}+3A_2e^{-3t})\varepsilon(t)+(A_1+A_2)\delta(t)$$

$$\frac{d^2h(t)}{dt^2}=(4A_1e^{-2t}+9A_2e^{-3t})\varepsilon(t)-(2A_1+3A_2)\delta(t)+(A_1+A_2)\delta'(t)$$

代入单位冲激响应的数学模型,整理可得

$$(3A_1+2A_2)\delta(t)+(A_1+A_2)\delta'(t)=2\delta'(t)$$

解得 $A_1=-4,A_2=6$,故单位冲激响应为 $h(t)=(-4e^{-2t}+6e^{-3t})\varepsilon(t)$。

所以系统的零状态响应为

$$y_{zs}(t)=h(t)*f(t)=(-4e^{-2t}+6e^{-3t})\varepsilon(t)*\varepsilon(t)$$
$$=\int_0^t(-4e^{-2\tau}+6e^{-3\tau})d\tau\varepsilon(t)$$
$$=(2e^{-2t}-2e^{-3t})\varepsilon(t)$$

3-23 已知电路结构如题 3-23 图所示,当 $t<0$ 时,开关 S 处于位置"1",且电路已稳定。当 $t=0$ 时,开关拨到位置"2"。已知 $e_1(t)=6$ V,$e_2(t)=e^{-2t}\varepsilon(t)$,$R=6\ \Omega$,$C=2$ F。求 $t>0$ 时电容电压 $u_C(t)$。

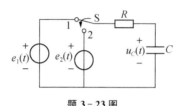

题 3-23 图

解:当 $t<0$ 时,开关 S 处于位置"1",且电路已稳定,所以 $u_C(0_-)=6$ V。

当 $t=0$ 时,开关拨到位置"2",此时电路中既有初始储能,又存在激励,所以待求的响应 $u_C(t)$ 为全响应。$t>0$ 时电路结构如题解 3-23 图所示。

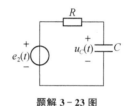

题解 3-23 图

根据电路结构列写 KVL 方程,可得

$$RC\frac{du_C(t)}{dt}+u_C(t)=e_2(t)$$

代入元件参数,可得

$$\frac{du_C(t)}{dt}+\frac{1}{12}u_C(t)=\frac{1}{12}e_2(t)$$

这里采用双零法求全响应,即将全响应分为零输入响应和零状态响应。

(1) 零输入响应

求零输入响应不考虑激励的作用,对应的数学模型为

$$\frac{du_{Czi}(t)}{dt}+\frac{1}{12}u_{Czi}(t)=0$$

齐次方程的特征根为 $\lambda=-\dfrac{1}{12}$

所以零输入响应的形式为 $u_{Czi}(t)=Ae^{-\frac{t}{12}}\varepsilon(t)$。

由于电容电压在"0"时刻没有跳变,有 $u_{Czi}(0_+)=u_C(0_-)=6$,解得 $A=6$。

所以零输入响应为 $u_{Czi}(t)=6\mathrm{e}^{-\frac{t}{12}}\varepsilon(t)$。

（2）零状态响应

零状态响应可采用激励卷积单位冲激响应，求解单位冲激响应的数学模型为

$$\frac{\mathrm{d}h(t)}{\mathrm{d}t}+\frac{1}{12}h(t)=\frac{1}{12}\delta(t)$$

所以单位冲激响应的形式为 $h(t)=A\mathrm{e}^{-\frac{t}{12}}\varepsilon(t)$。

代入上述数学模型，可得

$$-\frac{1}{12}A\mathrm{e}^{-\frac{t}{12}}\varepsilon(t)+A\delta(t)+\frac{1}{12}A\mathrm{e}^{-\frac{t}{12}}\varepsilon(t)=\frac{1}{12}\delta(t)$$

解得 $A=\frac{1}{12}$，所以单位冲激响应为 $h(t)=\frac{1}{12}\mathrm{e}^{-\frac{t}{12}}\varepsilon(t)$。

系统的零状态响应为

$$u_{Czs}(t)=e_2(t)*h(t)=\mathrm{e}^{-2t}\varepsilon(t)*\frac{1}{12}\mathrm{e}^{-\frac{t}{12}}\varepsilon(t)$$

$$=\frac{1}{12}\int_{-\infty}^{+\infty}\mathrm{e}^{-\frac{\tau}{12}}\varepsilon(\tau)\mathrm{e}^{-2(t-\tau)}\varepsilon(t-\tau)\mathrm{d}\tau$$

$$=\frac{1}{12}\mathrm{e}^{-2t}\int_0^t\mathrm{e}^{\frac{23\tau}{12}}\mathrm{d}\tau\varepsilon(t)=\frac{1}{23}(\mathrm{e}^{-\frac{t}{12}}-\mathrm{e}^{-2t})\varepsilon(t)$$

（3）全响应

$$u_C(t)=u_{Czi}(t)+u_{Czs}(t)=\left(\frac{139}{23}\mathrm{e}^{-\frac{t}{12}}-\frac{1}{23}\mathrm{e}^{-2t}\right)\varepsilon(t)$$

3-24 描述某 LTI 系统的微分方程为 $\frac{\mathrm{d}^2y(t)}{\mathrm{d}t^2}+5\frac{\mathrm{d}y(t)}{\mathrm{d}t}+6y(t)=2\frac{\mathrm{d}f(t)}{\mathrm{d}t}+8f(t)$，其中激励 $f(t)=\mathrm{e}^{-t}\varepsilon(t)$，初始状态为 $y(0_-)=0, y'(0_-)=2$。求系统的零输入响应 $y_{zi}(t)$、零状态响应 $y_{zs}(t)$ 和全响应 $y(t)$。

解：（1）求零输入响应

系统的齐次方程为

$$\frac{\mathrm{d}^2y(t)}{\mathrm{d}t^2}+5\frac{\mathrm{d}y(t)}{\mathrm{d}t}+6y(t)=0$$

特征方程为$\qquad\qquad\lambda^2+5\lambda+6=0$

特征根为$\qquad\qquad\lambda_1=-2, \lambda_2=-3$

零输入响应为$\qquad y_{zi}(t)=A_1\mathrm{e}^{-2t}+A_2\mathrm{e}^{-3t},\quad t>0$

由于系统模型在"0"时刻没有发生变化，$y_{zi}(0_+)=y(0_-)=0, y_{zi}{}'(0_+)=$

$y'(0_-)=2$,有

$$\begin{cases} A_1+A_2=0, \\ -2A_1-3A_2=2, \end{cases}$$

解得 $A_1=2, A_2=-2$。

故零输入响应为 $y_{zi}(t)=(2e^{-2t}-2e^{-3t})\varepsilon(t)$。

(2) 求零状态响应

系统零状态响应是激励信号与单位冲激响应的卷积,即 $y_{zs}(t)=e(t)*h(t)$。求解单位冲激响应所对应的数学模型为

$$\frac{d^2}{dt^2}h(t)+5\frac{d}{dt}h(t)+6h(t)=2\frac{d\delta(t)}{dt}+8\delta(t)$$

特征方程为 $\qquad \lambda^2+5\lambda+6=0$

特征根为 $\qquad \lambda_1=-2, \lambda_2=-3$

所以单位冲激响应的形式为 $h(t)=(A_1e^{-2t}+A_2e^{-3t})\varepsilon(t)$。

对 $h(t)$ 分别求一阶和二阶导数,可得

$$\frac{dh(t)}{dt}=-(2A_1e^{-2t}+3A_2e^{-3t})\varepsilon(t)+(A_1+A_2)\delta(t)$$

$$\frac{d^2h(t)}{dt^2}=(4A_1e^{-2t}+9A_2e^{-3t})\varepsilon(t)-(2A_1+3A_2)\delta(t)+(A_1+A_2)\delta'(t)$$

代入单位冲激响应的数学模型,整理可得

$$(3A_1+2A_2)\delta(t)+(A_1+A_2)\delta'(t)=2\delta'(t)+8\delta(t)$$

解得 $A_1=4, A_2=-2$,故单位冲激响应为 $h(t)=(4e^{-2t}-2e^{-3t})\varepsilon(t)$。

所以系统的零状态响应为

$$\begin{aligned} y_{zs}(t)&=h(t)*f(t)=(4e^{-2t}-2e^{-3t})\varepsilon(t)*e^{-t}\varepsilon(t) \\ &=\int_{-\infty}^{+\infty}(4e^{-2\tau}-2e^{-3\tau})\varepsilon(\tau)e^{-(t-\tau)}\varepsilon(t-\tau)d\tau \\ &=e^{-t}\int_0^t(4e^{-\tau}-2e^{-2\tau})d\tau\varepsilon(t) \\ &=(3e^{-t}-4e^{-2t}+e^{-3t})\varepsilon(t) \end{aligned}$$

(3) 求全响应

$$y(t)=y_{zi}(t)+y_{zs}(t)=(3e^{-t}-2e^{-2t}-e^{-3t})\varepsilon(t)$$

3-25 如题 3-25 图所示复合系统由若干子系统组成,各子系统的单位冲激

响应分别为 $h_1(t)=\varepsilon(t), h_2(t)=\delta(t-1), h_3(t)=-\delta(t)$,求该复合系统的单位冲激响应 $h(t)$。

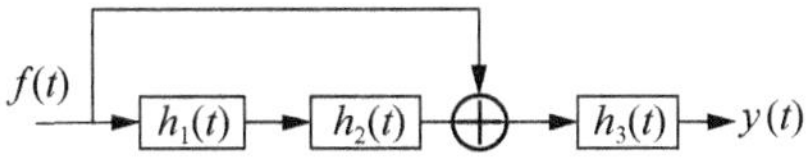

题 3-25 图

解：设激励信号 $f(t)=\delta(t)$，则 $y(t)=h(t)$,故有

$$h(t)=[\delta(t)+\delta(t)*h_1(t)*h_2(t)]*h_3(t)=[\delta(t)+h_1(t)*h_2(t)]*h_3(t)$$
$$=\delta(t)*h_3(t)+h_1(t)*h_2(t)*h_3(t)=h_3(t)+h_1(t)*h_2(t)*h_3(t)$$

代入 $h_1(t)=\varepsilon(t), h_2(t)=\delta(t-1), h_3(t)=-\delta(t)$,可得

$$h(t)=-\delta(t)-\varepsilon(t)*\delta(t-1)*\delta(t)=-\delta(t)-\varepsilon(t-1)$$

4 连续时间信号与系统的频域分析

4.1 本章知识结构

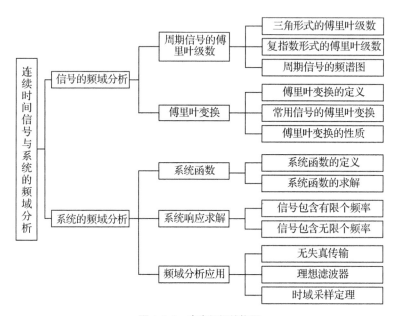

图 4.1.1 本章知识结构图

4.2 知识要点

4.2.1 周期信号的傅里叶级数

1）三角形式的傅里叶级数

周期信号若满足狄里赫利条件，可展开成三角形式的傅里叶级数，即

$$f(t)=a_0+a_1\cos\omega_1 t+b_1\sin\omega_1 t+\cdots+a_n\cos n\omega_1 t+b_n\sin n\omega_1 t+\cdots$$

$$=a_0+\sum_{n=1}^{\infty}(a_n\cos n\omega_1 t+b_n\sin n\omega_1 t)$$

$$=c_0+\sum_{n=1}^{\infty}c_n\cos(n\omega_1 t+\varphi_n)$$

式中 $\omega_1=\dfrac{2\pi}{T_1}$，$T_1$ 为周期信号的周期。各系数计算如下：

$$a_0=\frac{1}{T_1}\int_0^{T_1}f(t)\mathrm{d}t,\quad a_n=\frac{2}{T_1}\int_0^{T_1}f(t)\cos n\omega_1 t\mathrm{d}t,\quad b_n=\frac{2}{T_1}\int_0^{T_1}f(t)\sin n\omega_1 t\mathrm{d}t$$

$$c_0=a_0,\quad c_n=\sqrt{a_n^2+b_n^2},\quad \varphi_n=\arctan\left(\frac{-b_n}{a_n}\right)$$

重要结论：

(1) 周期信号 $f(t)$ 可以分解为直流和一些不同频率、不同幅度的正弦分量和余弦分量的叠加。这些正余弦分量的频率都为 ω_1 的整数倍，幅度可由上述的计算式来确定。

(2) 通常把 ω_1 称为基波频率，$c_1\cos(\omega_1+\varphi_1)$ 称为基波分量，$n\omega_1$ 称为 n 次谐波频率，$c_n\cos(n\omega_1+\varphi_n)$ 称为 n 次谐波分量，相位 $|\varphi_n|\leqslant\pi$。

2) 复指数形式的傅里叶级数

周期信号若满足狄里赫利条件，根据欧拉公式，可展开成复指数形式的傅里叶级数，即

$$f(t)=\sum_{n=-\infty}^{\infty}F_n\mathrm{e}^{jn\omega_1 t}$$

其中 $F_n=\dfrac{1}{T_1}\int_0^{T_1}f(t)\mathrm{e}^{-jn\omega_1 t}\mathrm{d}t$。

F_n 称为傅里叶级数的复系数，可以写为 $F_n=|F_n|\mathrm{e}^{j\varphi_n}$。

3) 复指数形式与三角形式系数之间的关系

$$F_0=c_0,\quad F_n=\frac{1}{2}(a_n-jb_n),\quad F_{-n}=\frac{1}{2}(a_n+jb_n)$$

$$|F_n|=|F_{-n}|=\frac{1}{2}\sqrt{a_n^2+b_n^2}=\frac{1}{2}c_n$$

$$\varphi_n=\arctan\left(\frac{-b_n}{a_n}\right),\quad \varphi_{-n}=-\varphi_n$$

$$F_n e^{jn\omega_1 t} + F_{-n} e^{-jn\omega_1 t} = c_n \cos(n\omega_1 t + \varphi_n)$$

4）周期信号的频谱

(1) 不同周期信号傅里叶级数的系数不同，知道级数的系数，就确定了周期信号，所以周期信号也可用傅里叶级数的系数来描述。

(2) 频谱图是用傅里叶级数的系数来描述周期信号的一种方法，它通过图形的方式来体现信号所包含频谱分量的振幅和相位。频谱图通常包括两幅图，分别为振幅谱和相位谱，振幅谱体现信号各频率分量的幅度和频率的关系，相位谱体现信号各频率分量的相位和频率的关系。

(3) 三角形式的振幅谱是 c_n-ω 的关系图，相位谱是 φ_n-ω 的关系图；指数形式的振幅谱是 $|F_n|$-ω 的关系图，相位谱是 φ_n-ω 的关系图。

注意点：

(1) 三角形式的频谱图是单边谱，只有 $\omega \geqslant 0$ 的频率成分，而复指数形式的频谱图为双边谱，$-\infty < \omega < \infty$。

(2) 由于 $|F_n| = |F_{-n}|$，$\varphi_n = -\varphi_{-n}$，所以复指数形式的振幅谱是偶对称的，相位谱是奇对称的。

(3) 复指数形式的双边频谱与三角形式的单边频谱相比，两者振幅谱的直流分量相同，其他分量的双边谱振幅是单边谱振幅幅度一半，两者的相位谱在 $\omega \geqslant 0$ 时相同。

5）周期矩形脉冲信号的频谱

设 $f(t)$ 是幅度为 E、周期为 T_1、脉宽为 τ 的周期矩形脉冲信号，则其傅里叶级数复系数为

$$F_n = \frac{E\tau}{T_1} \mathrm{Sa}\left(n\omega_1 \frac{\tau}{2}\right)$$

其频谱具有以下特点：

(1) 频谱图是离散的，谱线只在 $\omega = n\omega_1$ 取值，谱线间隔为 $\omega_1 = 2\pi/T_1$。随着周期 T_1 的增加，离散谱线间隔 ω_1 减小。

(2) 直流、基波及各次谐波分量的大小与脉冲幅度 E 及脉冲宽度 τ 成正比，与周期 T_1 成反比，各谐波幅度随 $\mathrm{Sa}\left(\dfrac{n\omega_1\tau}{2}\right)$ 的包络变化，第一个过零点坐标为 $\omega = 2\pi/\tau$。

(3) 频谱图中有无穷多根谱线，即包含无穷的频率分量，但总体趋势是幅度越来越小，主要能量集中在第一个零点之间。

通常一般周期信号的频谱具有离散性、谐波性和收敛性的特点。

6) 周期信号的平均功率

周期信号通常为功率信号,其平均功率为

$$P = \frac{1}{T_1}\int_0^{T_1} f^2(t)\mathrm{d}t = a_0^2 + \frac{1}{2}\sum_{n=1}^{\infty}(a_n^2+b_n^2) = a_0^2 + \frac{1}{2}\sum_{n=1}^{\infty}c_n^2 = \sum_{n=-\infty}^{\infty}|F_n|^2$$

上式说明,周期信号的平均功率等于直流和各谐波分量有效值的平方和,也意味着信号的时域能量等于频域能量。

4.2.2 傅里叶变换

1) 傅里叶变换与逆变换

(1) 傅里叶变换

定义:
$$F(\omega) = \mathscr{F}[f(t)] = \int_{-\infty}^{\infty} f(t)\mathrm{e}^{-j\omega t}\mathrm{d}t$$

$F(\omega)$ 称为非周期信号 $f(t)$ 的频谱密度函数,简称频谱函数,一般为复信号,可以写为模和辐角的形式,即 $F(\omega) = |F(\omega)|\mathrm{e}^{j\varphi(\omega)}$。

通常把 $|F(\omega)|$ 称为振幅谱函数,$\varphi(\omega)$ 称为相位谱函数;$|F(\omega)|$ 与 ω 的关系曲线称为振幅谱图,$\varphi(\omega)$ 与 ω 的关系曲线称为相位谱图。非周期信号的振幅谱是偶对称的,相位谱是奇对称的。

(2) 傅里叶逆变换

定义:
$$f(t) = \frac{1}{2\pi}\int_{-\infty}^{\infty} F(\omega)\mathrm{e}^{j\omega t}\mathrm{d}\omega$$

物理意义:非周期信号可以分解成许多不同频率分量的叠加,与周期信号不同的是,它包含了从零到无穷大的连续频率成分。

(3) 傅里叶变换的存在条件

信号 $f(t)$ 傅里叶变换存在的充分条件是无限区间内信号绝对可积,即

$$\int_{-\infty}^{\infty}|f(t)|\mathrm{d}t < \infty$$

2) 常用信号的傅里叶变换

(1) 因果指数信号

$$E\mathrm{e}^{-\alpha t}\varepsilon(t) \leftrightarrow \frac{E}{\alpha + \mathrm{j}\omega}, \quad \text{其中}\alpha\text{为正实数}$$

(2) 矩形脉冲信号(门函数)

$$E\left[\varepsilon\left(t+\frac{\tau}{2}\right)-\varepsilon\left(t-\frac{\tau}{2}\right)\right]=EG_\tau(t)\leftrightarrow E\tau\text{Sa}\left(\frac{\omega\tau}{2}\right)$$

(3) 单位冲激信号

$$\delta(t)\leftrightarrow 1$$

(4) 直流信号

$$1\leftrightarrow 2\pi\delta(\omega)$$

(5) 单位阶跃信号

$$\varepsilon(t)\leftrightarrow\pi\delta(\omega)+\frac{1}{j\omega}$$

注意：直流信号、单位阶跃信号由于不满足绝对可积的条件，不能由傅里叶变换的定义式直接求取。

4.2.3 傅里叶变换的性质和定理

1) 性质

(1) 线性

若 $f_i(t)\leftrightarrow F_i(\omega)$，$(i=1,2,3,\cdots,n)$，则 $\sum_{i=1}^{n}a_if_i(t)\leftrightarrow\sum_{i=1}^{n}a_iF_i(\omega)$

意义：复杂信号的频谱可以分解为简单信号频谱的叠加。

(2) 尺度变换特性

若 $f(t)\leftrightarrow F(\omega)$，则 $f(at)\leftrightarrow\frac{1}{|a|}F\left(\frac{\omega}{a}\right)$，其中 a 为非零实常数。

意义：信号持续时间与信号占有的频带宽度成反比。

(3) 时移特性

若 $f(t)\leftrightarrow F(\omega)$，则 $f(t\pm t_0)\leftrightarrow F(\omega)e^{\pm j\omega t_0}$

意义：信号在时域中的时移会导致频域产生相移。

注意：信号时移后，振幅谱保持不变。

(4) 频域特性

若 $f(t)\leftrightarrow F(\omega)$，则 $f(t)e^{\pm j\omega_0 t}\leftrightarrow F(\omega\mp\omega_0)$

有用的结论：

$$f(t)\cos\omega_0 t\leftrightarrow\frac{1}{2}[F(\omega+\omega_0)+F(\omega-\omega_0)]$$

$$f(t)\sin\omega_0 t \leftrightarrow \frac{\mathrm{j}}{2}[F(\omega+\omega_0)-F(\omega-\omega_0)]$$

意义:可应用于信号的频谱搬移,例如调制和解调。

(5) 时域微分特性

若 $f(t)\leftrightarrow F(\omega)$,则 $\dfrac{\mathrm{d}^n f(t)}{\mathrm{d}t^n}\leftrightarrow (\mathrm{j}\omega)^n F(\omega)$

意义:

① 时域微分将增强信号高频分量,削弱低频分量;

② 时域上的微分运算对应着频域上的代数运算,为微分方程的求解找到了一种新的方法。

(6) 时域积分特性

若 $f(t)\leftrightarrow F(\omega)$,则 $\int_{-\infty}^{t} f(\tau)\mathrm{d}\tau \leftrightarrow \pi F(0)\delta(\omega)+\dfrac{F(\omega)}{\mathrm{j}\omega}$

意义:时域积分将增强信号低频分量,削弱高频分量。

(7) 对称性

若 $f(t)\leftrightarrow F(\omega)$,则 $F(t)\leftrightarrow 2\pi f(-\omega)$

意义:信号的时域波形与其频谱图之间具有一定的对称性。

2) 定理

(1) 时域卷积定理

若 $f_1(t)\leftrightarrow F_1(\omega), f_2(t)\leftrightarrow F_2(\omega)$,则 $f_1(t)*f_2(t)\leftrightarrow F_1(\omega)F_2(\omega)$

典型应用: $y_{zs}(t)=f(t)*h(t)\leftrightarrow Y_{zs}(\omega)=F(\omega)H(\omega)$

意义:给出了一种计算系统零状态响应的方法。

(2) 频域卷积定理

若 $f_1(t)\leftrightarrow F_1(\omega), f_2(t)\leftrightarrow F_2(\omega)$,则 $f_1(t)\times f_2(t)\leftrightarrow \dfrac{1}{2\pi}[F_1(\omega)*F_2(\omega)]$

应用:采样信号的分析。

4.2.4 系统的频域分析

1) 系统函数的概念

设激励信号为 $f(t)$,系统单位冲激响应为 $h(t)$,零状态响应为 $y(t)$,且 $f(t)\leftrightarrow F(\omega), h(t)\leftrightarrow H(\omega), y(t)\leftrightarrow Y(\omega)$,则系统函数 $H(\omega)$ 可用以下两种方式来定义:

定义1:

$$H(\omega)=F[h(t)]$$

定义2：
$$H(\omega)=\frac{Y(\omega)}{F(\omega)}$$

注意：系统函数由系统本身决定，与激励无关。给定一个系统或电路，其系统函数就已确定。

2) 系统函数的作用
$$Y(\omega)=F(\omega)H(\omega)=|F(\omega)|e^{j\varphi_f(\omega)}\cdot|H(\omega)|e^{j\varphi_h(\omega)}$$
$$|Y(\omega)|=|F(\omega)|\cdot|H(\omega)|,\quad \varphi_y(\omega)=\varphi_f(\omega)+\varphi_h(\omega)$$

结论：当信号通过系统时，系统会对输入信号的各频率分量进行处理，改变它们的幅度和相位，幅度和相移具体改变多少，取决于系统函数在各频率点上的振幅和相位值。

3) 系统函数的求解

(1) 已知系统微分方程，求系统函数

LTI系统的数学模型为常系数线性微分方程，对于n阶线性时不变系统，其数学模型为

$$a_n\frac{d^n y(t)}{dt^n}+a_{n-1}\frac{d^{n-1}y(t)}{dt^{n-1}}+\cdots+a_1\frac{dy(t)}{dt}+a_0 y(t)$$
$$=b_m\frac{d^m f(t)}{dt^m}+b_{m-1}\frac{d^{m-1}f(t)}{dt^{m-1}}+\cdots+b_1\frac{df(t)}{dt}+b_0 f(t)$$

求取系统函数时，需要对微分方程两端同时进行傅里叶变换，以得到响应频谱函数与激励频谱函数的关系，再通过两者相除获得系统函数，即

$$H(\omega)=\frac{Y(\omega)}{F(\omega)}=\frac{b_m(j\omega)^m+b_{m-1}(j\omega)^{m-1}+\cdots+b_0}{a_n(j\omega)^n+a_{n-1}(j\omega)^{n-1}+\cdots+a_0}$$

(2) 已知电路模型，求系统函数

具体方法：先画出电路的频域模型，再求解系统函数。

电路频域模型是指将电路中的元件、激励和响应全部表示为频域形式。

① 电容的频域模型

无初始储能的电容元件，在关联参考方向下，其时域和频域伏安关系分别为

$$u_C(t)=\frac{1}{C}\int_{-\infty}^{t}i_C(\tau)d\tau,\quad U_C(\omega)=\frac{1}{j\omega C}I_C(\omega)$$

其时域和频域模型分别如图4.2.1(a)和图4.2.1(b)所示。

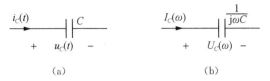

图 4.2.1 电容的时域和频域模型

② 电感的频域模型

无初始储能的电感元件,在关联参考方向下,其时域和频域伏安关系分别为

$$u_L(t)=L\frac{\mathrm{d}i_L(t)}{\mathrm{d}t}, \quad U_L(\omega)=\mathrm{j}\omega L I_L(\omega)$$

其时域和频域模型分别如图 4.2.2(a)和图 4.2.2(b)所示。

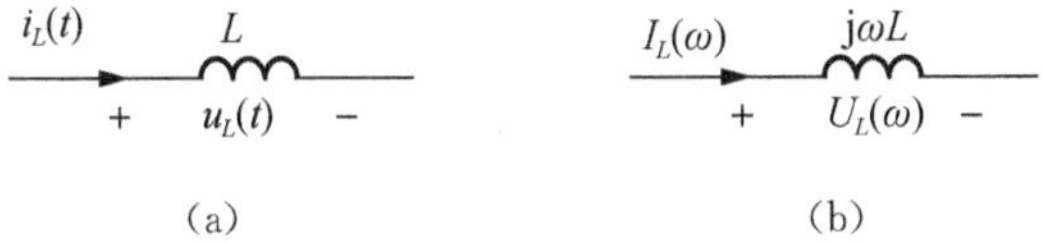

图 4.2.2 电感的时域和频域模型

③ 电阻的频域模型

在关联参考方向下,电阻元件的频域伏安关系为

$$u_R(t)=i_R(t)R, \quad U_R(\omega)=I_R(\omega)R$$

其时域和频域模型分别如图 4.2.3(a)和图 4.2.3(b)所示。

图 4.2.3 电阻的时域和频域模型

④ 频域 KVL 和 KCL 定律

$$\sum_m U_m(\omega)=0, \quad \sum_m I_m(\omega)=0$$

结合元件的频域模型和频域 KVL 和 KCL 定律,即可以画出电路的频域模型,建立电路系统的频域方程,从频域上来分析电路。

4) 系统的频域分析

采用频域分析法求解系统响应时,可根据激励特性的不同,采用不同的方法。

(1) 激励包含有限个频率分量

设激励信号为正弦信号 $f(t)=A\sin(\omega_0 t)$,系统函数为 $H(\omega)=|H(\omega)|e^{j\varphi(\omega)}$,则系统稳态响应为

$$y(t)=A|H(\omega_0)|\sin[\omega_0 t+\varphi(\omega_0)]$$

重要结论:

① 激励为正弦信号时,系统的稳态响应为同频率的正弦周期信号;

② 幅度放大 $|H(\omega_0)|$ 倍,相移 $\varphi(\omega_0)$。

③ 当激励包含多个频率成分时,可分别计算系统对每个频率分量的幅度加权和相移处理,再进行叠加。

(2) 激励为非周期信号

非周期信号的频谱是连续谱,不便分别求系统对每个频率分量的幅度加权和相移,通常求解包括以下步骤:

① 求得激励信号 $f(t)$ 的傅里叶变换 $F(\omega)$;

② 求得系统函数 $H(\omega)$;

③ 求系统响应的频域表示 $Y(\omega)=F(\omega)H(\omega)$;

④ 利用傅里叶逆变换,求系统响应 $y(t)=F^{-1}[Y(\omega)]$。

5) 无失真传输

(1) 无失真传输的概念

信号 $f(t)$ 通过系统后,输出信号 $y(t)$ 与输入信号相比,只有幅度大小和出现时间先后的不同,而波形形状不变,即

$$y(t)=Kf(t-t_0)$$

(2) 系统无失真传输的条件

时域条件: $h(t)=K\delta(t-t_0)$

频域条件: $H(\omega)=Ke^{-j\omega t_0}$

说明:系统满足无失真传输时,要求系统幅频特性为常数,对输入信号各频率分量的幅度放大同样倍数,系统相频特性 $\varphi(\omega)=-\omega t_0$,特性曲线为经过原点的直线,系统对各频率分量的相移与频率成正比。

(3) 幅度失真和相位失真

如果系统对输入信号各频率分量振幅放大倍数不同,就称为信号通过系统发生了幅度失真。

如果系统对输入信号各频率分量产生的相移与频率不成正比,就称信号通过系统时发生了相位失真。

6) 理想滤波器

滤波器是一种具有选取信号中所需频率分量,同时抑制不需要频率分量的系统或电路。将滤波器的某些特性理想化而定义滤波网络,就是所谓的"理想滤波器"。

(1) 理想低通滤波器的频率特性

$$H(\omega)=[\varepsilon(\omega+\omega_c)-\varepsilon(\omega-\omega_c)]e^{-j\omega t_0}$$

即

$$\begin{cases} |H(\omega)|=1, \\ \varphi(\omega)=-\omega t_0, \end{cases} |\omega|<\omega_c$$

其中 ω_c 称为截止频率。信号通过理想低通滤波器时,频率低于 ω_c 的分量无失真传输,频率高于 ω_c 的部分被完全滤除。

(2) 理想低通滤波器的冲激响应

理想低通滤波器的单位冲激响应为

$$h(t)=F^{-1}[H(\omega)]=\frac{\omega_c}{\pi} \cdot \text{Sa}[\omega_c(t-t_0)]$$

图 4.2.4 给出了单位冲激信号及其通过理想低通滤波器后的输出波形。

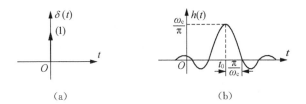

图 4.2.4 单位冲激信号及其输出波形

单位冲激信号通过理想低通滤波器之后,波形产生了失真。由于激励信号 $\delta(t)$ 在 $t=0$ 时出现,而单位冲激响应 $h(t)$ 在 $t<0$ 就已经存在,所以理想低通滤波器是一个物理不可实现的非因果系统。

4.2.5 时域采样定理

1) 时域采样

采样是指利用"采样器"从连续时间信号中抽取一系列离散样值的过程。通常采样也称为"抽样"或"取样"。

注意:采样后的信号 $f_s(t)$ 是由原信号连续时间信号 $f(t)$ 中抽取的样点构成

的,是离散时间信号。

采样信号 $f_s(t)$ 可看作是连续时间信号 $f(t)$ 与采样脉冲 $p(t)$ 的乘积,即 $f_s(t) = f(t) \times p(t)$。

2) 理想采样

理想采样时,采样脉冲为周期冲激序列,即

$$p(t) = \delta_{T_s}(t) = \sum_{n=-\infty}^{+\infty} \delta(t - nT_s)$$

此时理想采样信号的频谱为

$$F_s(\omega) = \frac{1}{T_s} \sum_{n=-\infty}^{\infty} F(\omega - n\omega_s)$$

结论:理想采样信号的频谱 $F_s(\omega)$ 是原信号频谱 $F(\omega)$ 的加权周期重复,重复周期为采样频率 ω_s,加权系数 $1/T_s$ 是一常数。

3) 时域采样定理

内容:如果 $f(t)$ 为带宽有限的连续信号,其频谱 $F(\omega)$ 的最高频率为 f_m,则以采样间隔 $T_s \leqslant 1/(2f_m)$ 对信号 $f(t)$ 进行等间隔采样,所得的采样信号 $f_s(t)$ 将包含原信号的全部信息,因而可利用 $f_s(t)$ 恢复原信号。

采样定理给出信号无失真恢复的条件,即 $f_s \geqslant 2f_m$。

4) 工程应用中需考虑的问题

(1) 工程实际信号通常时间有限、频带无限宽,此时直接对信号进行采样会造成频谱混叠,所以需要采用一个低通滤波器(通常称为抗混迭滤波器),以限制输入信号的频带范围。此时虽然避免了频谱混叠,但由于损失了高频成分,会带来信号的失真,所以只能在允许一定失真的情况下,近似恢复原始信号。

(2) 理想低通滤波器是物理不可实现的,实际滤波器总有一个过渡带。此时若采样频率等于信号最高频率 2 倍,通过滤波器得到的就不仅是原信号的频率成分,所以在实际工程应用中采样频率通常要大于信号最高频率的 2 倍,通常选择为信号最高频率的 3~6 倍。

4.3 习题解答

4-1 已知周期矩形信号 $f(t)$ 的波形如题 4-1 图所示,已知 $\tau = 0.5\ \mu s, T = 1\ \mu s, E = 1\ V$ 时,求直流分量 a_0 和基波频率 ω_1。

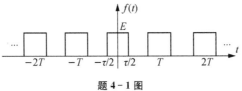

题 4-1 图

解：
$$a_0 = \frac{1}{T}\int_{-\frac{T}{2}}^{\frac{T}{2}} f(t)\,dt = \frac{1}{T}\int_{-\frac{\tau}{2}}^{\frac{\tau}{2}} E\,dt = \frac{E\tau}{T}$$

代入参数 $\tau=0.5\ \mu s, T=1\ \mu s, E=1\ V$，可得 $a_0=0.5\ V$。

基波频率 $\omega_1 = \dfrac{2\pi}{T} = 2\pi \times 10^6$ rad/s。

4-2 已知周期信号 $f(t)=1+\cos t+\sin t+2\cos 2t+\sin 3t$，画出其三角形式和复指数形式的频谱图。

解： 为了绘制频谱图，可先将周期信号改写成标准三角形式，即

$$f(t)=1+\sqrt{2}\cos\left(t-\frac{\pi}{4}\right)+2\cos 2t+\cos\left(3t-\frac{\pi}{2}\right)$$

可以看出，信号 $f(t)$ 包含 4 个频率分量，对应的振幅和相位情况如下：

(1) $\omega=0$ 时，$c_0=1, \theta_0=0$；

(2) $\omega=1$ 时，$c_1=\sqrt{2}, \theta_1=-\dfrac{\pi}{4}$；

(3) $\omega=2$ 时，$c_2=2, \theta_2=0$；

(4) $\omega=3$ 时，$c_3=1, \theta_3=-\dfrac{\pi}{2}$；

信号 $f(t)$ 三角形式的振幅谱和相位谱图分别如题解 4-2 图(a)和 4-2 图(b)所示。

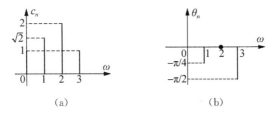

题解 4-2 图　信号 $f(t)$ 三角形式的频谱图

根据复指数形式频谱图与三角形式频谱的对应关系，即

$$F_0=c_0,\quad |F_n|=|F_{-n}|=\frac{1}{2}c_n,\quad \varphi_n=\theta_n,\quad \varphi_{-n}=-\varphi_{-n}$$

所以复指数形式的振幅谱和相位谱图分别如题解 4-2 图(c)和 4-2 图(d)所示。

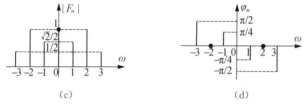

题解 4-2 图　信号 $f(t)$ 三角形式的频谱图

4-3　已知周期信号 $f(t)$ 只包含直流分量、基波和二次谐波，且傅里叶系数 $F_0=1, F_1=2\mathrm{e}^{-\mathrm{j}\frac{\pi}{4}}, F_{-2}=\mathrm{e}^{-\mathrm{j}\frac{\pi}{3}}$。若基波频率 $\omega_0=1$，写出该周期信号三角形式的傅里叶级数展开式，并画出频谱图。

解：从已知条件中可知

$$|F_1|=2,\ \varphi_1=-\frac{\pi}{4};\quad |F_2|=1,\ \varphi_2=-\frac{\pi}{3}$$

故三角形式的傅里叶系数为

$$c_0=F_0=1;\quad c_1=2|F_1|=4,\ \theta_1=\varphi_1=-\frac{\pi}{4};\quad c_2=2|F_2|=2,\ \theta_2=\varphi_2=-\frac{\pi}{3}$$

由于基本频率 $\omega_0=1$，所以信号 $f(t)$ 三角形式的傅里叶级数展开式为

$$f(t)=1+4\cos\left(t-\frac{\pi}{4}\right)+2\cos\left(2t-\frac{\pi}{3}\right)$$

对应的频谱图如题解 4-3 图所示。

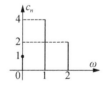 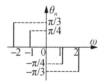

题解 4-3 图　信号 $f(t)$ 三角形式的频谱图

4-4　已知周期信号 $f(t)$ 频谱图如题 4-4 图所示，写出其三角形式的傅里叶级数展开式。

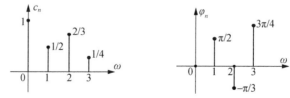

题 4-4 图

解：从题目中可知，信号包含 4 个频谱分量，各频率分量的振幅和相位如下：

(1) $\omega=0$ 时，$c_0=1$，$\theta_0=0$；

(2) $\omega=1$ 时，$c_1=\dfrac{1}{2}$，$\theta_1=\dfrac{\pi}{2}$；

(3) $\omega=2$ 时，$c_2=\dfrac{2}{3}$，$\theta_2=-\dfrac{\pi}{3}$；

(4) $\omega=3$ 时，$c_3=\dfrac{1}{4}$，$\theta_3=\dfrac{3\pi}{4}$；

故三角形式的傅里叶级数展开式为

$$f(t)=1+\frac{1}{2}\cos\left(t+\frac{\pi}{2}\right)+\frac{2}{3}\cos\left(2t-\frac{\pi}{3}\right)+\frac{1}{4}\cos\left(3t+\frac{3\pi}{4}\right)$$

4-5 用可变中心频率的选频回路能否从题 4-5 图所示的周期矩形信号中选取 5 kHz, 12 kHz, 50 kHz, 80 kHz 和 100 kHz 频率分量，其中基波频率 $f_0=$ 5 kHz, $\tau=20\ \mu s$, $E=10$ V。

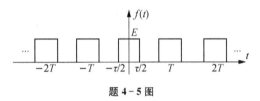

题 4-5 图

解：(1) 已知基波频率 $f_0=5$ kHz，根据周期信号频谱的谐波性，$f(t)$ 包含的频率应为 f_0 的整数倍，则可判断 $f(t)$ 中不能选出 12 kHz。

(2) 周期矩形脉冲信号的傅里叶复系数 $F_n=\dfrac{E\tau}{T}\mathrm{Sa}\left(\dfrac{n\omega_0\tau}{2}\right)$，代入参数，可得

$$F_n=\frac{10\times 20\times 10^{-6}}{0.2\times 10^{-3}}\mathrm{Sa}\left(\frac{n\times 10\pi\times 10^3\times 20\times 10^{-6}}{2}\right)=\mathrm{Sa}\left(\frac{n\pi}{10}\right)$$

当 $\dfrac{n\pi}{10}=k\pi(k=\pm1,\pm2,\pm3,\cdots)$，即 $n=10k(k=\pm1,\pm2,\pm3,\cdots)$ 时 $F_n=0$，此时对应的频率 $nf_0=50$ kHz, 100 kHz, 150 kHz, $\cdots$。所以不能选出 50 kHz, 100 kHz 频率分量。

综合(1)(2)，只能选出 5 kHz 和 80 kHz 频率分量。

4-6 已知信号 $f(t)$ 波形如题 4-6 图所示，其频谱函数为 $F(\omega)$，计算下列值。

(1) $F(\omega)|_{\omega=0}$；(2) $\displaystyle\int_{-\infty}^{\infty}F(\omega)\mathrm{d}\omega$。

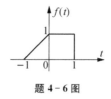

题 4-6 图

解:(1) 根据傅里叶变换的定义式,可知

$$F(\omega) = \int_{-\infty}^{+\infty} f(t) e^{-j\omega t} dt$$

代入 $\omega = 0$,可得

$$F(0) = F(\omega)|_{\omega=0} = \int_{-\infty}^{\infty} f(t) dt = \frac{3}{2}$$

(2) 根据傅里叶逆变换的定义式,可知

$$f(t) = \frac{1}{2\pi} \int_{-\infty}^{\infty} F(\omega) e^{j\omega t} d\omega$$

代入 $t = 0$,可得

$$f(0) = \frac{1}{2\pi} \int_{-\infty}^{\infty} F(\omega) d\omega$$

故有

$$\int_{-\infty}^{\infty} F(\omega) d\omega = 2\pi f(0) = 2\pi$$

4-7 已知矩形脉冲信号 $f(t) = 2[\varepsilon(t+2) - \varepsilon(t-2)]$,求其频谱函数 $F(\omega)$,并画出频谱图。

解:根据门函数的傅里叶变换对,可知

$$EG_\tau(t) \leftrightarrow E\tau \text{Sa}\left(\frac{\omega\tau}{2}\right)$$

其中 E 表示门高,τ 表示门宽。由于 $f(t) = 2[\varepsilon(t+2) - \varepsilon(t-2)] = 2G_4(t)$,故有

$$F(\omega) = F[2G_4(t)] = 8\text{Sa}(2\omega)$$

信号 $f(t)$ 的频谱图如题解 4-7 图所示。

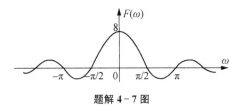

题解 4-7 图

4-8 求下列信号的傅里叶变换。

(1) $e^{-2t}\varepsilon(t-3)$；(2) $2\dfrac{d}{dt}\left[\sin(2t-\dfrac{\pi}{6})\delta(t)\right]$；(3) $G_2(t)e^{j2t}$；(4) $\text{Sa}(50t)$。

解：(1) $e^{-2t}\varepsilon(t-3)=e^{-6}\cdot e^{-2(t-3)}\varepsilon(t-3)$

根据指数信号的傅里叶变换对 $e^{-at}\varepsilon(t)\leftrightarrow\dfrac{1}{j\omega+a}$，结合傅里叶变换的时移性质，可得

$$e^{-2(t-3)}\varepsilon(t-3)\leftrightarrow\dfrac{e^{-j3\omega}}{j\omega+2}$$

故有

$$e^{-2t}\varepsilon(t-3)\leftrightarrow e^{-6}\dfrac{e^{-j3\omega}}{j\omega+2}=\dfrac{e^{-j3(\omega+2)}}{j\omega+2}$$

(2) $2\dfrac{d}{dt}\left[\sin(2t-\dfrac{\pi}{6})\delta(t)\right]=2\dfrac{d}{dt}\left[\sin(-\dfrac{\pi}{6})\delta(t)\right]=-\dfrac{d\delta(t)}{dt}$

根据冲激信号的傅里叶变换对 $\delta(t)\leftrightarrow 1$，结合傅里叶变换的时域微分性质，可得

$$\dfrac{d\delta(t)}{dt}\leftrightarrow j\omega$$

故有

$$2\dfrac{d}{dt}\left[\sin\left(2t-\dfrac{\pi}{6}\right)\delta(t)\right]\leftrightarrow -j\omega$$

(3) 根据门函数的傅里叶变换对 $EG_\tau(t)\leftrightarrow E\tau\text{Sa}\left(\dfrac{\omega\tau}{2}\right)$，故有

$$G_2(t)\leftrightarrow 2\text{Sa}(\omega)$$

结合傅里叶变换的频域性质，可得

$$G_2(t)e^{j2t}\leftrightarrow 2\text{Sa}(\omega-2)$$

(4) 根据傅里叶变换的对称性，时域抽样函数的频谱函数是门函数，即

$$\text{Sa}(\omega_0 t)\leftrightarrow \dfrac{\pi}{\omega_0}G_{2\omega_0}(\omega)$$

故有
$$\mathrm{Sa}(50t) \leftrightarrow \frac{\pi}{50} G_{100}(\omega)$$

4-9 已知信号 $f(t)$ 的傅里叶变换为 $F(\omega)$，求下列各信号的傅里叶变换。

(1) $f(3t-5)$；(2) $f(t)\cos 100t$；(3) $e^{j2t}f(t-2)$。

解：(1) $f(3t-5) = f\left[3\left(t-\frac{5}{3}\right)\right]$

根据傅里叶变换的尺度变换性质，有
$$f(3t) \leftrightarrow \frac{1}{3}F\left(\frac{\omega}{3}\right)$$

结合傅里叶变换的时移性质，可得
$$f(3t-5) \leftrightarrow \frac{1}{3}F\left(\frac{\omega}{3}\right) e^{-j\frac{5}{3}\omega}$$

(2) $f(t)\cos 100t = \frac{1}{2}f(t)(e^{j100t} + e^{-j100t})$

根据傅里叶变换的频移性质，可知
$$f(t)e^{j100t} \leftrightarrow F(\omega-100), \quad f(t)e^{-j100t} \leftrightarrow F(\omega+100)$$

$$f(t)\cos 100t \leftrightarrow \frac{1}{2}[F(\omega+100) + F(\omega-100)]$$

(3) 根据傅里叶变换的时移性质，有
$$f(t-2) \leftrightarrow F(\omega)e^{-j2\omega}$$

根据傅里叶变换的频移性质，有
$$e^{j2t}f(t-2) \leftrightarrow F(\omega-2)e^{-j2(\omega+2)}$$

4-10 求下列信号的傅里叶反变换。

(1) $\dfrac{1}{(j\omega+1)(j\omega+2)}$；(2) $\mathrm{Sa}(\omega-2)$；(3) $2[\varepsilon(\omega+2) - \varepsilon(\omega-2)]$。

解：(1) $\dfrac{1}{(j\omega+1)(j\omega+2)} = \dfrac{1}{j\omega+1} - \dfrac{1}{j\omega+2}$

根据指数信号的傅里叶变换对 $e^{-at}\varepsilon(t) \leftrightarrow \dfrac{1}{j\omega+a}$，故有
$$\frac{1}{j\omega+1} \leftrightarrow e^{-t}\varepsilon(t), \quad \frac{1}{j\omega+2} \leftrightarrow e^{-2t}\varepsilon(t)$$

所以
$$\frac{1}{(j\omega+1)(j\omega+2)} \leftrightarrow e^{-t}\varepsilon(t) - e^{-2t}\varepsilon(t)$$

(2) 门函数的傅里叶变换对为

$$EG_\tau(t) \leftrightarrow E\tau \mathrm{Sa}\left(\frac{\omega\tau}{2}\right)$$

当 $\tau=2, E=\frac{1}{2}$ 时,有 $\frac{1}{2}G_2(t) \leftrightarrow \mathrm{Sa}(\omega)$

根据傅里叶变换的频移性质,可得

$$\mathrm{Sa}(\omega-2) \leftrightarrow \frac{1}{2}G_2(t)\mathrm{e}^{\mathrm{j}2t}$$

(3) $2[\varepsilon(\omega+2)-\varepsilon(\omega-2)] = 2G_4(\omega)$

根据傅里叶变换的对称性,时域抽样函数的频谱函数是门函数,即

$$\mathrm{Sa}(\omega_0 t) \leftrightarrow \frac{\pi}{\omega_0} G_{2\omega_0}(\omega)$$

故有

$$G_{2\omega_0}(\omega) \leftrightarrow \frac{\omega_0}{\pi} \mathrm{Sa}(\omega_0 t)$$

所以
$$2[\varepsilon(\omega+2)-\varepsilon(\omega-2)] \leftrightarrow \frac{4}{\pi}\mathrm{Sa}(2t)$$

4-11 求题 4-11 图所示各信号的傅里叶变换。

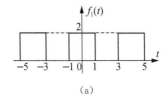
(a)
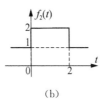
(b)
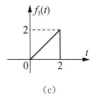
(c)

题 4-11 图

解: 从图(a)可以看出 $f_1(t) = 2[G_2(t) + G_2(t+4) + G_2(t+4)]$

因为

$$G_2(t) \leftrightarrow 2\mathrm{Sa}(\omega), \quad G_2(t+4) \leftrightarrow 2\mathrm{Sa}(\omega)\mathrm{e}^{\mathrm{j}4\omega}, \quad G_2(t-4) \leftrightarrow 2\mathrm{Sa}(\omega)\mathrm{e}^{-\mathrm{j}4\omega}$$

故有

$$F_1(\omega) = \mathscr{F}[f_1(t)] = 4\mathrm{Sa}(\omega) + 4\mathrm{Sa}(\omega)\mathrm{e}^{\mathrm{j}4\omega} + 4\mathrm{Sa}(\omega)\mathrm{e}^{-\mathrm{j}4\omega}$$
$$= 4\mathrm{Sa}(\omega) + 4\mathrm{Sa}(\omega)(\mathrm{e}^{\mathrm{j}4\omega} + \mathrm{e}^{-\mathrm{j}4\omega}) = 4\mathrm{Sa}(\omega)(1+2\cos 4\omega)$$

从图(b)可以看出 $f_2(t) = 1 + G_2(t-1)$

因为 $1 \leftrightarrow 2\pi\delta(\omega), G_2(t-1) \leftrightarrow 2\mathrm{Sa}(\omega)\mathrm{e}^{-\mathrm{j}\omega}$

故有 $F_2(\omega) = \mathcal{F}[f_2(t)] = 2\pi\delta(\omega) + 2\mathrm{Sa}(\omega)\mathrm{e}^{-\mathrm{j}\omega}$

对图(c)中信号 $f_3(t)$ 求导，并设 $f_4(t) = f_3'(t)$，则 $f_4(t)$ 波形如题解 4-11 图所示。

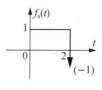

题解 4-11 图

可以看出 $f_4(t) = G_2(t-1) - \delta(t-2)$。

根据常用信号的傅里叶变换和傅里叶变换的性质，可知

$$G_2(t-1) \leftrightarrow 2\mathrm{Sa}(\omega)\mathrm{e}^{-\mathrm{j}\omega}, \delta(t-2) \leftrightarrow \mathrm{e}^{-2\mathrm{j}\omega}$$

故有 $F_4(\omega) = \mathcal{F}[f_4(t)] = 2\mathrm{Sa}(\omega)\mathrm{e}^{-\mathrm{j}\omega} - \mathrm{e}^{-2\mathrm{j}\omega}$

因为 $f_3(t) = \int_{-\infty}^{t} f_4(\tau)\mathrm{d}\tau$，根据傅里叶变换的积分性质，可得

$$F_3(\omega) = \mathcal{F}[f_3(t)] = \frac{F_4(\omega)}{\mathrm{j}\omega} + \pi F_4(0)\delta(\omega) = \frac{2\mathrm{e}^{-\mathrm{j}\omega}[\mathrm{Sa}(\omega) - \mathrm{e}^{-\mathrm{j}\omega}]}{\mathrm{j}\omega}$$

4-12 已知信号 $f_1(t)$ 和 $f_2(t)$ 的波形如题 4-12 图所示。若 $f_1(t)$ 的频谱函数为 $F_1(\omega)$，求 $f_2(t)$ 的频谱函数 $F_2(\omega)$。

题 4-12 图

解： 从波形图中可以看出 $f_2(t) = \frac{1}{2}[f_1(t) + f_1(-t+4)]$

$$f_1(t) \leftrightarrow F_1(\omega), \quad f_1(-t+4) = f_1[-(t-4)] \leftrightarrow F_1(-\omega)\mathrm{e}^{-4\mathrm{j}\omega}$$

故有 $F_2(\omega) = \frac{1}{2}[F_1(\omega) + F_1(-\omega)\mathrm{e}^{-4\mathrm{j}\omega}]$

4-13 已知信号 $f(t)$ 的频谱图如题 4-13 图所示，求信号 $f(t)$ 的时域表示式。

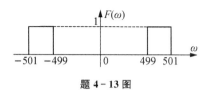

题 4-13 图

解： $F(\omega) = G_2(\omega+500) + G_2(\omega-500)$

根据傅里叶变换的对称性，频谱为门函数的信号，其时域为抽样函数，即

$$G_{2\omega_0}(\omega) \leftrightarrow \frac{\omega_0}{\pi} \text{Sa}(\omega_0 t)$$

则

$$G_2(\omega) \leftrightarrow \frac{1}{\pi} \text{Sa}(t)$$

在根据傅里叶变换的频移性质，可得

$$G_2(\omega+500) \leftrightarrow \frac{1}{\pi} \text{Sa}(t) e^{-j500t}, G_2(\omega-500) \leftrightarrow \frac{1}{\pi} \text{Sa}(t) e^{j500t}$$

故有

$$F(\omega) = \frac{1}{\pi} \text{Sa}(t) e^{-j500t} + \frac{1}{\pi} \text{Sa}(t) e^{j500t} = \frac{1}{\pi} \text{Sa}(t) (e^{-j500t} + e^{j500t})$$

$$= \frac{2}{\pi} \text{Sa}(t) \cos 500t$$

4-14 已知某系统的微分方程如下，求系统函数 $H(\omega)$ 和单位冲激响应 $h(t)$。

$$\frac{d^2 y(t)}{dt^2} + 3\frac{dy(t)}{dt} + 2y(t) = \frac{df(t)}{dt} + 3f(t)$$

解： 对微分方程两端同时进行傅里叶变换，可得

$$(j\omega)^2 Y(\omega) + 3j\omega Y(\omega) + 2Y(\omega) = j\omega F(\omega) + 3F(\omega)$$

$$[(j\omega)^2 + 3j\omega + 2] Y(\omega) = (j\omega+3) F(\omega)$$

$$H(\omega) = \frac{Y(\omega)}{F(\omega)} = \frac{j\omega+3}{(j\omega)^2 + 3j\omega + 2} = \frac{2}{j\omega+1} - \frac{1}{j\omega+2}$$

单位冲激响应为系统函数的傅里叶逆变换，故有

$$h(t) = (2e^{-t} - e^{-2t}) \varepsilon(t)$$

4-15 已知某系统的框图如题 4-15 图所示，求该系统的系统函数 $H(\omega)$。

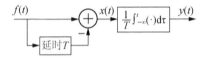

题 4-15 图

解：方法一： 通过单位冲激响应求系统函数。

当 $f(t)=\delta(t)$ 时，系统输出 $y(t)=h(t)$。

此时
$$x(t)=\delta(t)-\delta(t-T)$$

所以
$$y(t)=\frac{1}{T}[\varepsilon(t)-\varepsilon(t-T)]=h(t)$$

$$H(\omega)=F[h(t)]=\frac{1}{T}F[\varepsilon(t)-\varepsilon(t-T)]$$

$$\varepsilon(t)\leftrightarrow\pi\delta(\omega)+\frac{1}{j\omega}$$

$$\varepsilon(t-T)\leftrightarrow\left[\pi\delta(\omega)+\frac{1}{j\omega}\right]e^{-j\omega T}=\pi\delta(\omega)+\frac{1}{j\omega}e^{-j\omega T}$$

故有
$$H(\omega)=\frac{1}{j\omega T}(1-e^{-j\omega T})$$

方法二： 通过输入输出关系求系统函数。

从题图中可以看出 $x(t)=f(t)-f(t-T)$，故有

$$X(\omega)=F[f(t)-f(t-T)]=F(\omega)(1-e^{-j\omega T})$$

系统输出为 $y(t)=\frac{1}{T}\int_{-\infty}^{t}x(\tau)d\tau$，利用傅里叶变换的时域积分特性，可得

$$Y(\omega)=\frac{1}{T}\left[\pi X(0)\delta(\omega)+\frac{X(\omega)}{j\omega}\right]=\frac{F(\omega)}{j\omega T}(1-e^{-j\omega T})$$

$$H(\omega)=\frac{Y(\omega)}{F(\omega)}=\frac{1}{j\omega T}(1-e^{-j\omega T})$$

4-16 已知电路结构如题 4-16 图所示，其中输入为 $f(t)$，输出为 $y(t)$，求该系统的系统函数，并画出系统幅频特性曲线。

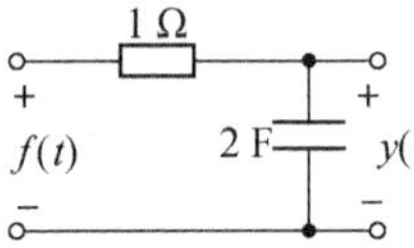

题 4-16 图

解： 电路的频域模型如题解 4-16 图(a)所示。在频域模型中，电容用值为 $\dfrac{1}{j\omega C}$ 的阻抗来代替，其他各电压和电流用其相应的频域表示来替代。

根据电容元件的频域伏安关系可知
$$I_C(\omega)=2j\omega Y(\omega)$$

列写频域 KVL 方程，可得
$$2j\omega Y(\omega)+Y(\omega)=F(\omega)$$

所以系统函数为
$$H(\omega)=\frac{Y(\omega)}{F(\omega)}=\frac{1}{1+2j\omega}$$

系统的幅频函数为
$$|H(\omega)|=\frac{1}{\sqrt{4\omega^2+1}}$$

系统的幅频特性曲线如题解 4-16 图(b)所示。

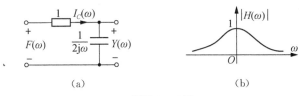

题解 4-16 图

4-17 求题 4-17 图所示电路的系统函数。其中激励为 $u_1(t)$，响应为 $u_2(t)$，$R=1\ \Omega,L=1\ \text{H},C=1\ \text{F}$。

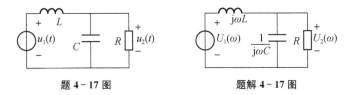

题 4-17 图　　　　　题解 4-17 图

解： 电路的频域模型如题解 4-17 图所示。

根据电路的分压公式，可得
$$H(\omega)=\frac{U_2(\omega)}{U_1(\omega)}=\frac{R//\dfrac{1}{j\omega C}}{R//\dfrac{1}{j\omega C}+j\omega L}$$

代入元件参数,可得

$$H(\omega)=\frac{1//\dfrac{1}{j\omega}}{1//\dfrac{1}{j\omega}+j\omega}=\frac{1}{(j\omega)^2+j\omega+1}$$

4-18 已知某系统的系统函数为 $H(\omega)=[\varepsilon(\omega+3)-\varepsilon(\omega-3)]e^{-j2\omega}$。当输入信号 $f(t)=1+\cos 2t+\sin 4t$ 时,求输出信号 $y(t)$。

解: 从系统函数表达式可以看出,系统的幅度谱函数为

$$|H(\omega)|=[\varepsilon(\omega+3)-\varepsilon(\omega-3)]$$

相位谱函数为

$$\varphi(\omega)=-2\omega$$

由于输入信号包含 $\omega=0$、$\omega=2$ 和 $\omega=4$ 频率分量,则有

$$|H(0)|=1, \quad \varphi(0)=0$$

$$|H(2)|=1, \quad \varphi(2)=-4$$

$$|H(4)|=0, \quad \varphi(4)=-8$$

所以输出信号为

$$y(t)=1+\cos(2t-4)$$

4-19 已知某系统的幅频特性和相频特性曲线如题 4-19 图所示。求信号 $f(t)=\sin t+\cos 3t$ 通过该系统时所产生的输出信号 $y(t)$。

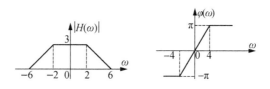

题 4-19 图

解: 信号 $f(t)$ 包含 $\omega=1$ 和 $\omega=3$ 频谱分量,从频率特性曲线可以看出

$$|H(1)|=3, \quad \varphi(0)=\frac{\pi}{4}$$

$$|H(3)|=\frac{9}{4}, \quad \varphi(2)=\frac{3\pi}{4}$$

所以系统的输出信号为

$$y(t)=3\sin\left(t+\frac{\pi}{4}\right)+\frac{9}{4}\cos\left(3t+\frac{3\pi}{4}\right)$$

4-20 已知描述某LTI系统的微分方程为

$$\frac{\mathrm{d}^2 y(t)}{\mathrm{d}t^2}+3\frac{\mathrm{d}y(t)}{\mathrm{d}t}+2y(t)=\frac{\mathrm{d}f(t)}{\mathrm{d}t}+3f(t)$$

当激励 $f(t)=\mathrm{e}^{-3t}\varepsilon(t)$ 时,求该系统的零状态响应 $y(t)$。

解: 对微分方程两端同时进行傅里叶变换,可得

$$(\mathrm{j}\omega)^2 Y(\omega)+3\mathrm{j}\omega Y(\omega)+2Y(\omega)=\mathrm{j}\omega F(\omega)+3F(\omega)$$

整理可得

$$Y(\omega)=\frac{(\mathrm{j}\omega+3)F(\omega)}{(\mathrm{j}\omega)^2+3\mathrm{j}\omega+2}$$

激励信号为 $f(t)=\mathrm{e}^{-3t}\varepsilon(t)$,其傅里叶变换 $F(\omega)=\dfrac{1}{\mathrm{j}\omega+3}$,故有

$$Y(\omega)=\frac{\mathrm{j}\omega+3}{(\mathrm{j}\omega)^2+3\mathrm{j}\omega+2}\times\frac{1}{\mathrm{j}\omega+3}=\frac{1}{(\mathrm{j}\omega)^2+3\mathrm{j}\omega+2}=\frac{1}{\mathrm{j}\omega+1}-\frac{1}{\mathrm{j}\omega+2}$$

利用指数信号的傅里叶变换对,可知零状态响应为

$$y(t)=(\mathrm{e}^{-t}-\mathrm{e}^{-2t})\varepsilon(t)$$

4-21 已知某系统的系统函数 $H(\omega)=\dfrac{\mathrm{j}\omega}{1+\mathrm{j}\omega}$,求该系统的单位冲激响应,以及激励 $f(t)=\mathrm{e}^{-2t}\varepsilon(t)$ 时的零状态响应 $y(t)$。

解:

$$H(\omega)=\frac{\mathrm{j}\omega}{1+\mathrm{j}\omega}=1-\frac{1}{1+\mathrm{j}\omega}$$

单位冲激响应为系统函数的傅里叶逆变换,故有

$$h(t)=\delta(t)-\mathrm{e}^{-t}\varepsilon(t)$$

零状态响应等于激励卷积单位冲激响应,即 $y(t)=f(t)*h(t)$。根据傅里叶变换的时域卷积定理,可得

$$Y(\omega)=F(\omega)H(\omega)=\frac{\mathrm{j}\omega}{(\mathrm{j}\omega+1)(\mathrm{j}\omega+2)}=\frac{-1}{\mathrm{j}\omega+1}+\frac{2}{\mathrm{j}\omega+2}$$

所以零状态响应为

$$y(t)=(2\mathrm{e}^{-2t}-\mathrm{e}^{-t})\varepsilon(t)$$

4-22 已知某系统的幅频和相频特性曲线如题4-22图所示,当激励为 $f(t)=\mathrm{e}^{-2t}\varepsilon(t)$ 时,该系统的输出 $y(t)$。

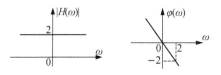

题 4-22 图

解:从系统的幅频特性和相频特性曲线可以看出

$$|H(\omega)|=2, \varphi(\omega)=-\omega$$

则有
$$H(\omega)=2\mathrm{e}^{-\mathrm{j}\omega}$$

当激励为 $f(t)=\mathrm{e}^{-2t}\varepsilon(t)$ 时,其频谱函数 $F(\omega)=\dfrac{1}{\mathrm{j}\omega+2}$

根据系统的频域分析方法,系统输出的频谱函数为

$$Y(\omega)=H(\omega)F(\omega)=\frac{2\mathrm{e}^{-\mathrm{j}\omega}}{\mathrm{j}\omega+2}$$

结合傅里叶变换的时移性质,系统输出为

$$y(t)=2\mathrm{e}^{-(t-1)}\varepsilon(t-1)$$

4-23 某LTI系统的系统函数 $H(\omega)=\dfrac{1-\mathrm{j}\omega}{1+\mathrm{j}\omega}$。

(1) 判断该系统是否无失真传输系统,并说明原因;

(2) 当系统输入 $f(t)=2+\cos t$ 时,求系统输出 $y(t)$。

解:(1) $|H(\omega)|=\left|\dfrac{1-\mathrm{j}\omega}{1+\mathrm{j}\omega}\right|=1, \varphi(\omega)=-\arctan\omega-\arctan\omega=-2\arctan\omega$

由于该系统的相位谱函数不是一条过原点的直线,即信号通过该系统所产生的相移与频率不成正比,所以该系统不是无失真传真系统。

(2) 激励信号 $f(t)$ 包含 $\omega=0$ 和 $\omega=1$ 两个频率分量。

$$|H(0)|=1, \quad \varphi(0)=0; \quad |H(1)|=1, \quad \varphi(1)=-\frac{\pi}{2}$$

所以输出为 $y(t)=2+\cos\left(t-\dfrac{\pi}{2}\right)$。

4-24 已知某系统的幅频和相频特性曲线如题4-24图所示,输入为 $f(t)$,

输出为 $y(t)$。

(1) 当输入分别为 $f_1(t)=2\cos10\pi t+\sin12\pi t$ 和 $f_2(t)=2\cos10\pi t+\sin25\pi t$ 时,求系统输出 $y_1(t)$ 和 $y_2(t)$;

(2) $y_1(t)$ 和 $y_2(t)$ 有无失真?若有失真,指出为何种失真。

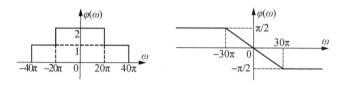

题 4-24 图

解: 输入信号 $f_1(t)$ 和 $f_2(t)$ 包含 $\omega=10\pi$、$\omega=12\pi$ 和 $\omega=25\pi$ 的频率成分,从系统的幅频特性和相频特性曲线可以看出

$$|H(10\pi)|=2,\quad \varphi(10\pi)=-\frac{\pi}{6}$$

$$|H(12\pi)|=2,\quad \varphi(12\pi)=-\frac{\pi}{5}$$

$$|H(25\pi)|=1,\quad \varphi(25\pi)=-\frac{5\pi}{12}$$

(1) 利用频域分析方法可得

$$y_1(t)=2\times2\cos\left(10\pi t-\frac{\pi}{6}\right)+2\times\sin\left(12\pi t-\frac{\pi}{5}\right)$$
$$=4\cos\left(10\pi t-\frac{\pi}{6}\right)+2\sin\left(12\pi t-\frac{\pi}{5}\right)$$

$$y_2(t)=2\times2\cos\left(10\pi t-\frac{\pi}{6}\right)+\sin\left(25\pi t-\frac{5\pi}{12}\right)$$
$$=4\cos\left(10\pi t-\frac{\pi}{6}\right)+\sin\left(25\pi t-\frac{5\pi}{12}\right)$$

(2) 由系统函数的频率特性曲线可知,系统对 $\omega=10\pi$ 和 $\omega=12\pi$ 的频率分量幅度放大同样的倍数,相移与频率成正比,所以 $y_1(t)$ 无失真。系统对 $\omega=10\pi$ 和 $\omega=25\pi$ 的频率分量幅度放大的倍数不同,但相移与频率成正比,所以 $y_2(t)$ 存在幅度失真。

4-25 已知电路结构如题 4-25 图所示,其中激励为电流源 $i_s(t)$,响应为电压 $u_0(t)$。若 $R_1=R_2=1\ \Omega$,判断该系统是否为无失真传输系统。

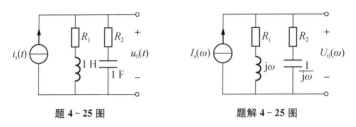

题 4 - 25 图　　　　　题解 4 - 25 图

解：电路所对应的频域电路模型如题解 4 - 25 图所示。

列电路方程，可得

$$I_s(\omega)\left[(R_1+j\omega)//\left(R_2+\frac{1}{j\omega}\right)\right]=U_0(\omega)$$

系统函数为

$$H(\omega)=\frac{U_0(\omega)}{I_s(\omega)}=(R_1+j\omega)//\left(R_2+\frac{1}{j\omega}\right)$$

$$=\frac{(R_1R_2+1)+j(\omega R_2-R_1/\omega)}{R_1+R_2+j(\omega-1/\omega)}$$

可以看出，当 $R_1=R_2=1\ \Omega$ 时，$H(\omega)=1$，该系统是无失真传输系统。

4 - 26　已知某系统的结构如题 4 - 26 图所示，其中低通滤波器的系统函数 $H(\omega)=\varepsilon(\omega+50)-\varepsilon(\omega-50)$。若信号 $f(t)=2\cos 20t$，$g(t)=\cos 100t$，求系统输出 $y(t)$。

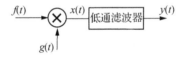

题 4 - 26 图

解：设乘法器的输出为 $x(t)$，则有

$$x(t)=f(t)\cdot g(t)=2\cos 20t\cos 100t=\cos 80t+\cos 120t$$

系统函数

$$H(\omega)=\varepsilon(\omega+50)-\varepsilon(\omega-50)=G_{100}(\omega)$$

则

$$H(80)=0,H(120)=0$$

故有系统输出 $y(t)=0$。

4 - 27　已知某系统结构如题 4 - 27 图(a)所示，输入信号 $f(t)$ 的频谱如题 4 - 27 图(b)所示，画出系统 A、B、C、D 各点的频谱图。其中题 4 - 27 图(a)的两滤波器的系统函数分别为：

$$H_1(\omega)=\begin{cases}K, & |\omega|\geqslant|\omega_0|,\\ 0, & |\omega|<|\omega_0|,\end{cases} \quad H_2(\omega)=\begin{cases}K, & |\omega|\leqslant|\omega_0|,\\ 0, & |\omega|>|\omega_0|,\end{cases}$$

且 $\omega_0>\omega_1$。

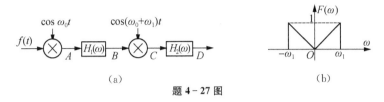

题 4-27 图

解： 从图中可以看出 A 点信号的时域表示为

$$f_A(t)=f(t)\cos\omega_0 t$$

则 A 点频谱函数为

$$F_A(\omega)=F[f(t)\cos\omega_0 t]=\frac{1}{2}[F(\omega+\omega_0)+F(\omega-\omega_0)]$$

故 A 点的频谱图如题解 4-27 图(a)所示。

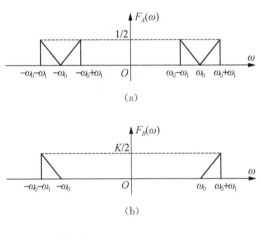

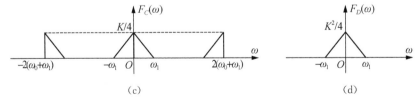

题解 4-27 图

因为 $F_B(\omega)=F_A(\omega)H_1(\omega)$，而 $H_1(\omega)$ 为高通滤波器，所以将 B 点频谱图如题

解 4-27 图(b)所示。

C 点信号的时域表示为 $f_C(t)=f_B(t)\cos(\omega_0+\omega_1)t$,利用傅里叶变换的频移性质,可知

$$F_C(\omega)=\frac{1}{2}[F_B(\omega+\omega_0+\omega_1)+F_B(\omega-\omega_0-\omega_1)]$$

所以 C 点的频谱图如题解 4-27 图(c)所示。

因为 $F_D(\omega)=F_C(\omega)H_2(\omega)$,其中 $H_2(\omega)$ 为低通滤波器,所以 D 点频谱图如题解 4-27 图(d)所示。

4-28 已知信号 $f(t)$ 的频谱 $F(\omega)$ 如题 4-28 图(a)所示。若 $f(t)$ 通过题 4-28 图(b)所示理想采样系统,为不失真恢复 $f(t)$,对采样频率 ω_s 有什么要求?此时恢复原信号所需的理想低通滤波器的截止频率 ω_c 为多少?

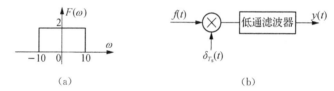

题 4-28 图

解:从题 4-28 图(a)中可以看出,信号 $f(t)$ 的最高频率 $\omega_{\max}=10$。

根据时域采样定理,可知当 $\omega_s \geq 2\omega_{\max}=20$ 时,可以从 $f_s(t)$ 中无失真恢复 $f(t)$。此时理想低通滤波器的截止频率 $\omega_c=\omega_{\max}=10$。

4-29 已知信号 $f(t)$ 的频谱如题 4-29 图(a)所示,系统结构如题 4-29 图(b)所示,其中 $\delta_T(t)=\sum_{n=-\infty}^{+\infty}\delta(t-nT)$。

(1) 当 $f(t)$ 通过该系统时,求从 $f_s(t)$ 中无失真恢复 $f(t)$ 的最大采样间隔 $T_{\max}$;

(2) 画出 $T=T_{\max}$ 时,$f_s(t)$ 的频谱图。

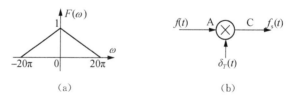

题 4-29 图

解:(1) 从题 4-29 图(a)中可以看出,信号 $f(t)$ 的最高频率 $\omega_{\max}=20\pi$。

根据时域采样定理,可知当 $\omega_s \geq 2\omega_{\max}=40\pi$ 时,可以从 $f_s(t)$ 中无失真恢复 $f(t)$,所以最大采样间隔 $T_{\max}=\dfrac{2\pi}{2\omega_{\max}}=0.05$ s。

(2) 当 $T=T_{\max}$ 时,采样频率 $\omega_s=2\omega_{\max}=40\pi$,理想采样信号的频谱为

$$F_s(\omega)=\frac{1}{T_s}\sum_{n=-\infty}^{\infty}F(\omega-n\omega_s)=20\sum_{n=-\infty}^{\infty}F(\omega-40n\pi)$$

所以 $f_s(t)$ 的频谱图如题解 4-29 图所示。

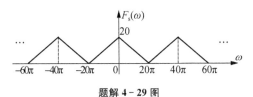

题解 4-29 图

4-30 画出题 4-30 图(a)所示系统中 B、C、D 各点频谱图。其中信号 $f(t)$ 的频谱如题 4-30 图(b)所示,$\delta_T(t)=\sum_{n=-\infty}^{\infty}\delta(t-nT)$,$T=0.02$ s。

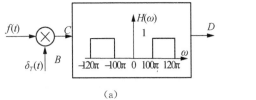

题 4-30 图

解:B 点为周期冲激序列,其频谱函数为

$$P(\omega)=F[\delta_T(t)]=\omega_s\sum_{n=-\infty}^{+\infty}\delta(\omega-n\omega_s)$$

其中 $\omega_s=\frac{2\pi}{T}=100\pi$,所以 B 点的频谱图如题解 4-30 图(a)所示。

C 点是信号 $f(t)$ 理想采样之后的波形,故其频谱函数为

$$F_C(\omega)=\frac{1}{T}\sum_{n=-\infty}^{+\infty}F_A(\omega-n\omega_s)=50\sum_{n=-\infty}^{+\infty}F_A(\omega-100n\pi)$$

故 C 的频谱图如题解 4-30 图(b)所示。

D 点是 C 点信号通过理想带通滤波器的结果,只保留通带里的频率分量,其频谱函数为

$$F_D(\omega)=F_D(\omega)H(\omega)$$

故 D 的频谱图如题解 4-30 图(c)所示。

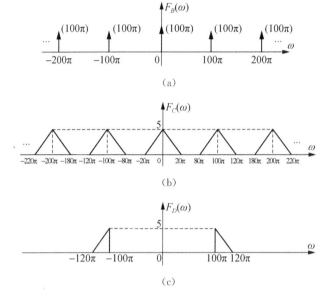

题解 4-30 图

4-31 已知信号 $f_1(t)$ 的最高频率为 50 Hz，信号 $f_2(t)$ 的最高频率为 100 Hz。若对下列信号进行时域采样，求无失真恢复所需的最小采样频率 f_s。

(1) $f_1(t)+f_2(t)$；　(2) $f_1(t) \cdot f_2(t)$；　(3) $f_1(t) * f_2(t)$。

解：根据时域采样定理，无失真恢复所需的最小采样频率应该为信号最高频率的两倍。

(1) 根据傅里叶变换的线性性质，两个信号时域相加，其频谱函数也相加，即

$$f_1(t)+f_2(t) \leftrightarrow F_1(\omega)+F_2(\omega)$$

所以 $f_1(t)+f_2(t)$ 的最高频率 $f_m=100$ Hz，最小采样频率 $f_s=2f_m=200$ Hz。

(2) 根据傅里叶变换的频域卷积定理，两个信号时域相乘，其频谱函数卷积，即

$$f_1(t) \cdot f_2(t) \leftrightarrow \frac{1}{2\pi}F_1(\omega) * F_2(\omega)$$

所以 $f_1(t) \cdot f_2(t)$ 的最高频率 $f_m=150$ Hz，最小采样频率 $f_s=2f_m=200$ Hz。

(3) 根据傅里叶变换的时域卷积定理，两个信号时域卷积，其频谱函数相乘，即

$$f_1(t) * f_2(t) \leftrightarrow F_1(\omega) \cdot F_2(\omega)$$

所以 $f_1(t) * f_2(t)$ 的最高频率 $f_m=50$ Hz，最小采样频率 $f_s=2f_m=100$ Hz。

5 二极管及其应用

5.1 本章知识结构

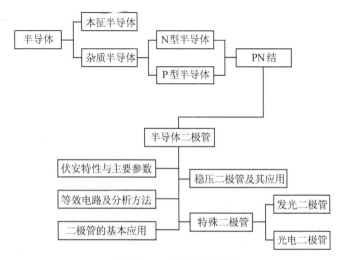

图 5.1.1 本章知识结构图

5.2 基本概念、重点与难点

5.2.1 半导体

导电性能介于导体和绝缘体之间的物质称为半导体。常用的半导体材料硅(Si)和锗(Ge)均为四价元素,它们的最外层电子既不像导体那样容易挣脱原子核的束缚,也不像绝缘体那样被原子核紧紧束缚,所以导电性能介于两者之间。

在光照和热辐射条件下,半导体的导电性能会有明显变化;在形成晶体结构的半导体中人为掺入特定的杂质元素时,导电性能还具有可控性。这些特殊的性质就决定了半导体可以制成各种电子器件。

5.2.2 本征半导体

以硅半导体为例,将硅材料提纯后形成单晶体,这种完全纯净的具有晶体结构的半导体称为本征半导体。本征激发(热激发)导致价电子因热运动获得足够的能量,挣脱共价键的束缚,游离出去,成为自由电子,同时在该共价键上留下一个空位,称为空穴。可见,本征激发产生了两种载流子——带负电的自由电子和带正电的空穴,两者均参与导电,这是半导体导电的特殊性质(导体中只有一种载流子即自由电子参与导电)。

室温下,本征半导体因热激发而产生的载流子数量极少,浓度很低,因此导电能力很弱,类似绝缘体;当环境温度升高时,热激发加剧,载流子浓度升高,导电能力增强;反之,导电能力变差。上述半导体导电性能对温度的敏感性,既可以用来制作各种热敏元件和光敏元件,又是造成半导体器件温度稳定性差的原因。

5.2.3 杂质半导体

本征半导体中两种载流子的浓度很低,其导电能力很差。通过扩散工艺,在本征半导体中掺入微量的杂质元素,使其成为杂质半导体,其导电性能会发生显著变化。

通过某种工艺手段,在纯净的硅单晶中掺入五价元素(例如磷),使之取代晶格中某些位置上的硅原子,导致半导体中自由电子数量大为增加,与此同时并不产生新的空穴,因此自由电子占多数,这种杂质半导体称为 N 型半导体。在 N 型半导体中,自由电子占多数,称为多数载流子,简称多子;空穴占少数,称为少数载流子,简称少子。N 型半导体主要靠自由电子导电,掺入的杂质越多,多子(自由电子)浓度越高,导电能力越强。

类似地,如果在纯净的硅单晶中掺入三价元素(例如硼),使之取代晶格中某些位置上的硅原子,就形成了 P 型半导体。由于硼原子只有三个价电子,在和周围的硅原子构成共价键时会因缺少一个价电子而产生一个空位,于是邻近共价键中的价电子很容易填补这个空位同时在原共价键中产生一个空穴,硼原子也因接受一个价电子而成为不能移动的负离子。因此,在 P 型半导体中,空穴为多子,自由电子为少子。P 型半导体主要靠空穴导电,且掺入的杂质越多,多子(空穴)浓度就越高,导电能力越强。

可见,杂质半导体中多子浓度主要取决于掺入杂质的浓度,掺杂浓度越高,多子浓度就越高,导电能力就越强。而少子是由于本征热激发而产生的,其浓度很低,但对温度非常敏感。当温度改变时,少子浓度将发生显著变化,这是半导体器件温度稳定性差的主要原因。

5.2.4 PN结

将P型和N型半导体制作在一起时其交界面上就形成了PN结。

1) PN结的形成

当把P型半导体和N型半导体制作在一起时,交界面处P区的多子(空穴)和N区的多子(自由电子)都会因浓度差而向对方区域扩散。由于扩散到P区的自由电子与空穴复合,扩散到N区的空穴与自由电子复合,导致交界面附近多子的浓度下降,P区出现负离子区,N区出现正离子区,它们是不能移动的,称为空间电荷区。由空间电荷区形成的电场称为内电场,方向由N区指向P区。内电场将阻止多子继续扩散,但却有利于少子的运动,即P区的自由电子向N区运动,N区的空穴向P区运动。通常,将这种载流子在电场作用下的定向移动称为漂移运动。

由上述分析可知,PN结中进行着两种载流子的运动,即多子的扩散运动和少子的漂移运动。扩散运动产生的电流称为扩散电流,漂移运动产生的电流称为漂移电流。随着扩散运动的进行,空间电荷区的宽度将逐渐增大;而随着漂移运动的进行,空间电荷区的宽度将逐渐减小。当两者达到动态平衡,即扩散电流与漂移电流大小相等时,空间电荷区的宽度便稳定下来,形成PN结。

2) PN结的单向导电性

若给平衡状态下的PN结外接电源,则原有的平衡状态将被打破,并且面对不同的外部电压偏置,PN结会有完全不同的变化。

(1) 正向偏置

即P区接高电位、N区接低电位,如图5.2.1(a)所示。此时外电场将多子推向空间电荷区,使其变窄,削弱了内电场,因此扩散运动加剧,漂移运动减弱,回路中的扩散电流将大大超过漂移电流,最后形成一个较大的正向电流I,方向从P区流向N区,称PN结导通。为防止PN结因电流过大而损坏,回路应串接限流电阻R。

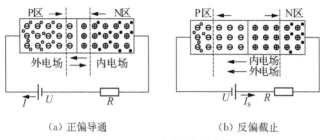

(a) 正偏导通　　　　　　(b) 反偏截止

图5.2.1　PN结的单向导电性

(1) 反向偏置

即P区接低电位、N区接高电位,如图5.2.1(b)所示。此时外电场使空间电荷区变宽,加强了内电场,因此扩散运动减弱而漂移运动加强,形成反向电流I_s。由于少子数目极少,即使反偏电压足够大,令所有的少子都参与了漂移运动,所形成的反向电流I_s也非常小,故称PN结截止,又称I_s为反向饱和电流。

综上所述,当对PN结施加正向电压时,PN结导通,其正向电阻很小;施加反向电压时,PN结截止,反向电阻很大。这就是PN结的单向导电性。各种半导体器件的工作原理都是以PN结的单向导电性为基础的。

5.2.5 半导体二极管及其伏安特性

将PN结用外壳封装起来,并分别从P区和N区引出电极引线,就构成半导体二极管,简称二极管。由P区引出的电极称为二极管的阳极或正极,由N区引出的电极称为阴极或负极,二极管的结构和电路符号如图5.2.2所示。

(a) 结构示意图　　　(b) 电路符号

图 5.2.2　二极管的结构示意图和电路符号

所谓元器件的伏安特性是指这个元器件自身的端电压和端电流之间所满足的函数关系。二极管的伏安特性如图5.2.3所示,它可近似描述为:

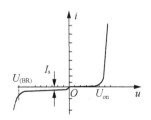

图 5.2.3　二极管的伏安特性

$$i = I_s(e^{\frac{u}{U_T}} - 1) \tag{5.2.1}$$

其中I_s为二极管的反向饱和电流,常温下非常小,大约为μA级;U_T为电压温度当量,常温下$U_T \approx 26$ mV。由式(5.2.1)可知,二极管是一种非线性器件。

注意只有当二极管两端所加正向电压($u > 0$)超过某一数值时,电流才从零开始近似指数曲线增大,二极管导通,称该临界电压为导通电压,记作U_{on}。为便于使用,通常近似认为二极管导通的正向压降基本恒定,硅管约为0.7 V,锗管约为0.3 V。二极管导通后的直流电阻(静态电阻)$R_D = U_D/I_D$,其中U_D、I_D分别为二极管的直流端电压和端电流;当二极管的电压和电流在U_D、I_D附近产生微小波动时,相应的交流电阻(动态电阻)为$r_d=\Delta U_D/\Delta I_D \approx U_T/I_D$。

当反向电压($u<0$)未达到击穿电压$U_{(BR)}$时,反向电流I_S很小(硅管小于$0.1\ \mu A$,锗管约为几十μA),可忽略不计,二极管截止。但当反向电压($u<0$)达到或超过击穿电压$U_{(BR)}$时,反向电流I_S将急剧增大,此时称二极管处于反向击穿状态。二极管的反向击穿状态可以用于稳压,但必须外加限流电阻,以防止损坏器件。

作为半导体器件,二极管对温度很敏感。当温度升高时,正向特性曲线将左移,反向特性曲线将下移;反之,当温度降低时,正向特性曲线将右移,反向特性曲线将上移。

5.2.6 二极管的等效电路模型及分析方法

1) 等效电路模型

二极管的伏安特性具有非线性,这给二极管应用电路的分析带来一定的困难。为了便于分析,在低频与中频范围内,常用折线化的伏安特性来反映二极管实际伏安特性的基本特点,由此获得的等效电路称为二极管的等效模型。其中应用最为广泛的是理想模型和恒压降模型。

图 5.2.4(a)中的两段粗实线就是最简单的折线化的伏安特性。其含义是:当端电压$u_D>0$时,二极管导通,且正向压降为零;当端电压$u_D<0$时,二极管截止,且反向电流为零。这是一个理想的电子开关,故称为理想模型,可用一只理想二极管来表示,如图 5.2.4(b)所示。

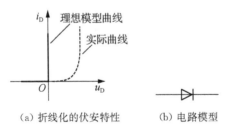

(a) 折线化的伏安特性　　(b) 电路模型

图 5.2.4　理想模型

如图 5.2.5(a)所示折线化伏安特性的含义是:当端电压u_D大于导通电压U_{on}时,二极管导通,且正向压降恒为U_{on};当端电压u_D小于导通电压U_{on}时,二极管截止,且反向电流为零。该模型称为恒压降模型,可用理想二极管和恒压源U_{on}的串联来表示,如图 5.2.5(b)所示。当与电源相比,二极管的导通电压U_{on}不可忽略时,采用该模型。

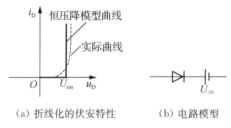

(a) 折线化的伏安特性　　（b) 电路模型

图 5.2.5　恒压降模型

2) 分析方法

对于二极管应用电路的分析,首先要判断二极管的工作状态,具体方法是,断开二极管,求解其端口电压,若该电压使二极管正偏,则二极管导通;若使二极管反偏,则截止。当电路中有两只或两只以上二极管时,应用上述方法可分别判断每只管子的工作状态。当多只二极管的阳极相连时,求得其端口电压后,其阴极电位最低的管子将优先导通;同理,当多只二极管的阴极相连时,其阳极电位最高的管子将优先导通。

只要能够判断出二极管的工作状态,确定二极管处于哪一段直线上,就可以用线性电路的分析方法来分析二极管电路。

5.2.7　稳压二极管及其应用

稳压二极管又称齐纳二极管,是利用 PN 结反向击穿后所表现出来的稳压特性制作而成,其电路符号与伏安特性如图 5.2.6 所示。

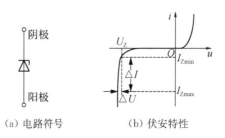

(a) 电路符号　　　　　(b) 伏安特性

图 5.2.6　稳压二极管

当稳压二极管所加的反向电压值超过击穿电压 U_Z 时,稳压管被击穿,反向电流急剧增大,但反向电压基本保持恒定,因此稳压管工作在反向击穿区时可以起到稳压作用,稳定电压值就是稳压管的反向击穿电压值。需要注意的是,为保证稳压管的稳压状态,必须将稳压管的反向击穿电流控制在 I_{Zmin} 至 I_{Zmax} 之间。其中,I_{Zmin} 称为最小稳定电流,I_{Zmax} 称为最大稳定电流。如果 $I_Z < I_{Zmin}$,稳压管的稳压效果变差,将不能正常稳压;$I_Z > I_{Zmax}$ 时管子将因过热而损坏。因此,稳压管在实际使用时应当配以阻值合适的限流电阻。

5.2.8 特殊二极管

1) 发光二极管

发光二极管是目前最为流行的显示器件,常用作指示灯、照明灯、七段数码管、大屏幕矩阵式显示器等,其电路符号如图 5.2.7(a)所示。

发光二极管与普通二极管一样具有单向导电性,但开启电压比普通二极管大(一般为 1.5 V 以上),当有足够的正向电流通过(约 10~30 mA)时便会发光,这是自由电子与空穴复合而放出能量的结果。发光二极管有多种外形、尺寸和颜色可供选择,尽管其正向压降及工作电流不尽相同,但绝大多数情况下都应串接一个限流电阻。只有限流电阻 R 取值合适,发光二极管才能正常发光且不被损坏,如图 5.2.7(b)所示。

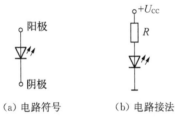

图 5.2.7 发光二极管

发光二极管因其驱动电压低、功耗小、寿命长、可靠性高等优点而被广泛应用于显示电路中。

2) 光电二极管

光电二极管可接收可见光或不可见光,电路符号和伏安特性如图 5.2.8 所示。由图 5.2.8(b)可见,光电二极管正常工作时应外加反向电压。无光照时,只有很小的反向饱和电流,称为暗电流;有光照时,光电二极管将因热激发而产生大量的自由电子—空穴对,并通过外电路形成较大的反向电流,称为光电流。照度越大,光电流越大,当光电流大于几十微安后,即与照度呈良好的线性关系。光电二极管的上述特性被广泛应用于遥控、报警和光电传感器中。

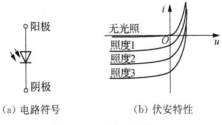

图 5.2.8 光电二极管

5.3 习题解答

5-1 填空题

(1) 本征半导体中两种载流子为<u>自由电子</u>和<u>空穴</u>。温度升高,其载流子的数目将<u>增多</u>。

(2) 在本征半导体中加入<u>五价</u>元素可形成 N 型半导体,加入<u>三价</u>元素可形成 P 型半导体。N 型半导体中,多数载流子是<u>自由电子</u>,少数载流子是<u>空穴</u>;P 型半导体中,多数载流子是<u>空穴</u>,少数载流子是<u>自由电子</u>。

(3) 在杂质半导体中,多数载流子的浓度主要取决于<u>掺杂浓度</u>,而少数载流子的浓度受<u>温度</u>影响较大。

(4) PN 结的单向导电性为:外加正向电压时<u>导通</u>,外加反向电压时<u>截止</u>。

(5) 锗二极管导通时的正向压降约为<u>0.3V</u>,硅二极管导通时的正向压降约为<u>0.7V</u>。

(6) 已知温度为 15 ℃时,PN 结的反向饱和电流 $I_s = 10\ \mu A$。当温度为 35 ℃时,PN 结的反向饱和电流 I_s 约为<u>40 μA</u>。

(7) 当温度升高时,二极管的正向电压<u>减小</u>,反向电流<u>增大</u>。

(8) 对于理想二极管,其正向导通电阻为<u>0 Ω</u>,反向截止电阻为<u>无穷大</u>。

(9) 稳压二极管的稳压区实际是其工作在<u>反向击穿</u>状态。

5-2 由理想二极管组成的电路如题 5-2 图所示。试确定各电路的输出电压 U_o。

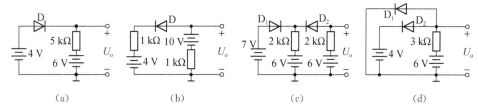

题 5-2 图

解:(a) 断开二极管,二极管正极电位 $U_+ = 4$ V,负极电位 $U_- = 6$ V,从而二极管上的正向电压为 $U_D = U_+ - U_- = -2$ V < 0,二极管截止,相当于开路,因此,有 $U_o = 6$ V。

(b) 断开二极管,$U_D = U_+ - U_- = 10 - 4 = 6$ V > 0,二极管导通,相当于短路,因此,有 $U_o = 10 - 1 \times \dfrac{10-4}{1+1} = 10 - 3 = 7$ V。

(c) 断开二极管,$U_{D1} = 7 - 4 = 3$ V > 0,$U_{D2} = 6 - 4 = 2$ V > 0,$U_{D1} > U_{D2}$,D_1 优

先导通,此时,$U_{D2}=6-7=-1$ V<0,D_2 截止,$U_o=6$ V。

(d) 断开二极管,$U_{D1}=6$ V>0,$U_{D2}=6+4=10$ V>0,$U_{D1}<U_{D2}$,D_2 优先导通,此时 $U_{D1}=-4$ V<0,D_1 截止,$U_o=-4$ V。

5-3 理想二极管电路如题 5-3 图所示,试确定二极管的工作状态,以及电路的输出电压 U_o。

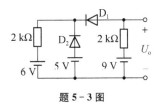

题 5-3 图

解:断开二极管,$U_{D1}=9-6=3$ V>0,$U_{D2}=5-6=-1$ V<0,$U_{D1}>U_{D2}$,D_1 导通,D_2 截止。因此,有 $U_o=6+2\times\dfrac{9-6}{2+2}=6+1.5=7.5$ V。

5-4 电路如题 5-4 图(a)所示,设二极管是理想二极管。输入信号 u_A、u_B 波形如题 5-4 图(b)所示,试画出输出信号 u_Y 的波形。

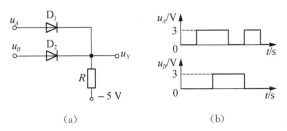

题 5-4 图

解:首先直接对电路进行分析,可以得到如下电压关系表。

u_A	u_B	D_1	D_2	u_Y
0 V	0 V	导通	导通	0 V
0 V	3 V	截止	导通	3 V
3 V	0 V	导通	截止	3 V
3 V	3 V	导通	导通	3 V

显然,当 u_A 和 u_B 都是低电平时,输出才为低电平;其他情况下,输出都是高电平。据此画出的输出电压波形如题解 5-4 图所示。

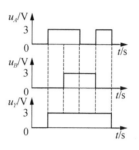

题解 5-4 图

5-5 理想二极管电路如题 5-5 图(a)所示,设输入电压 $u_i(t)$ 波形如题 5-5 图(b)所示,在 $0<t<10$ s 的时间间隔内,试画出输出电压 $u_o(t)$ 的波形。

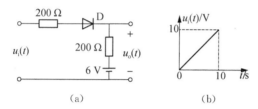

题 5-5 图

解:断开二极管,二极管正极电位 $U_+ = u_i$,负极电位 $U_- = 6$ V,从而二极管上的正向电压为 $U_D = U_+ - U_- = u_i - 6$ V,可知当 $u_i < 6$ V 时,二极管截止,相当于开路,因此,有 $u_o = 6$ V。当 $u_i > 6$ V 时,二极管导通,相当于短路,因此,有 $u_o = 6 + 200 \times \dfrac{u_i - 6}{200 + 200} = 3 + \dfrac{u_i}{2}$ V。因此,可画出输出电压 $u_o(t)$ 的波形,如题解 5-5 图所示。

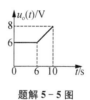

题解 5-5 图

5-6 电路如题 5-6 图所示,二极管导通电压为 0.7 V,试分别计算开关断开和闭合时的输出电压 U_o。

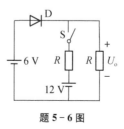

题 5-6 图

解：开关断开时，可知二极管导通，因此可得输出电压 $U_o=6-0.7=5.3$ V。

当开关闭合时，断开二极管，二极管正极电位 $U_+=6$ V，负极电位 $U_-=6$ V，从而二极管上的正向电压为 $U_D=U_+-U_-=0$ V，二极管截止，相当于开路，因此，有 $U_o=6$ V。

5-7 稳压管电路如题 5-7 图所示，设稳压管和稳定电压分别为 5 V 和 10 V，正向压降均为 0.7 V，试确定各电路稳压管的工作状态，并求各电路的输出电压。

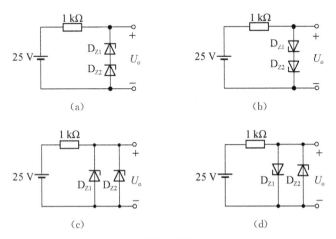

题 5-7 图

解：(a) 两只稳压管串联，外加反向电压，并且 25 V>$U_{Z1}+U_{Z2}=5+10=15$ V，因此稳压管都能工作在稳压区，可得 $U_o=5+10=15$ V。

(b) 两只稳压管串联，外加正向电压，可知两只稳压管均处于导通状态，因此，可得 $U_o=0.7+0.7=1.4$ V。

(c) 两只稳压管并联，外加反向电压，由于 $U_{Z1}<U_{Z2}$，可知 D_{Z1} 先进入稳压区，此时 D_{Z2} 两端的电压为 $U_{Z1}=5$ V<U_{Z2}，因此 D_{Z2} 截止，可得 $U_o=U_{Z1}=5$ V。

(d) 两只稳压管并联，D_{Z1} 外加正向电压，D_{Z2} 外加反向电压，由于 D_{Z1} 的导通电压小于 D_{Z2} 的击穿电压，可知 D_{Z1} 先进入导通状态，其两端电压为 0.7 V，此时 D_{Z2} 两端的电压也为 0.7 V，因此 D_{Z2} 截止，可得 $U_o=U_D=0.7$ V。

5-8 电路如题 5-8 图所示，稳压管的稳定电压 $U_Z=3$ V，R 的取值合适，u_I 的波形如题 5-8 图(c)所示。试分别画出 u_{o1} 和 u_{o2} 的波形。

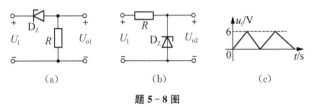

题 5-8 图

解：(a) 稳压管外加反向电压，可知当外加电压小于稳压管稳定电压 3 V 时，稳压管反偏截止，输出电压 $U_{o1}=0$；当外加电压大于 3 V 时，稳压管反向击穿，由于 R 的取值合适，因此稳压管工作在稳压区，此时输出电压 $U_{o1}=U_i-3$ V。

(b) 稳压管外加反向电压，可知当外加电压小于稳压管稳定电压 3 V 时，稳压管反偏截止，输出电压 $U_{o2}=U_i$；当外加电压大于 3 V 时，稳压管反向击穿，由于 R 的取值合适，因此稳压管工作在稳压区，此时输出电压 $U_{o2}=U_Z=3$ V。因此，可画出 u_{o1} 和 u_{o2} 的波形如题解 5-8 图所示：

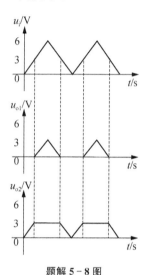

题解 5-8 图

5-9 已知两只硅稳压管的稳定电压值分别是 4 V 和 8 V，正向压降都是 0.7 V。若将它们串联使用，可获得几种不同的稳定电压？若将它们并联使用，又可获得几种不同的稳定电压？

解：(1) 若将它们串联使用，可获得 4 种不同的稳定电压值，分别为：1.4 V（同向串联时的正向电压）、12 V（同向串联时的反向击穿电压）、4.7 V 和 8.7 V（反向串联）。

(2) 若将它们并联使用，可获得 2 种不同的稳定电压值，分别为：0.7 V（有一管正偏时获得）和 4 V（两只管子都反偏时获得）。

5-10 稳压管电路如题 5-10 图所示，其中稳压管的稳定电压值 $U_Z=8$ V，最小稳定电流 $I_{Zmin}=5$ mA，最大稳定电流 $I_{Zmax}=20$ mA。

(1) 试分别计算 U_i 为 10 V 和 30 V 时输出电压 U_o 的值。

(2) 当负载开路时，为保证电路正常工作，U_i 的最大允许输入值为多少？

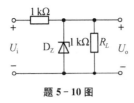

题 5-10 图

解：（1）当 u_i 为 10 V 时，断开 D_Z，其端口电压

$$u_{DZ}=\frac{R_L}{R+R_L}u_i=\frac{1}{1+1}\times 10=5 \text{ V}$$

$u_{DZ}<U_Z$，故 D_Z 截止，输出电压 $u_o=5$ V。

当 u_i 为 30 V 时，断开 D_Z，其端口电压

$$u_{DZ}=\frac{R_L}{R+R_L}u_i=\frac{1}{1+1}\times 30=15 \text{ V}$$

$u_{DZ}>U_Z$，故 D_Z 反向击穿，且

$$I_Z=I_R-I_L=\frac{u_i-U_Z}{R}-I_L=22-8=14 \text{ mA}$$

即 $I_{Zmin}<I_Z<I_{Zmax}$，D_Z 正常工作，输出电压 $u_o=U_Z=8$ V。

（2）当负载开路时，为保证电路能正常工作，稳压管的最大稳定电流为 $I_{Zmax}=20$ mA。因此，U_i 的最大允许输入值为：

$$U_i=8 \text{ V}+20 \text{ mA}\times 1 \text{ k}\Omega=28 \text{ V}$$

6 三极管和放大电路

6.1 本章知识结构

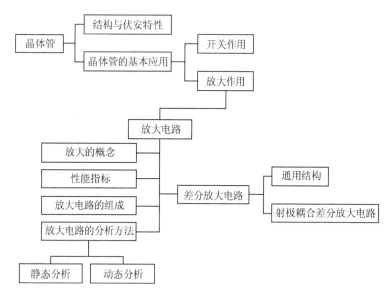

图 6.1.1 本章知识结构图

6.2 基本概念、重点与难点

6.2.1 三极管的结构与伏安特性

1) 三极管的结构与符号

三极管的结构示意图和电路符号如图 6.2.1 所示。从内部组成看,三极管可分 NPN 型和 PNP 型两类,前者是一个 P 区夹在两个 N 区中间,后者是一个 N 区夹在两个 P 区中间。从外部引脚看,三极管是一种三端器件,它有三个电极,分别从发射区、基区和集电区引出,称为发射极 e(emitter)、基极 b(base) 和集电极 c(collector)。

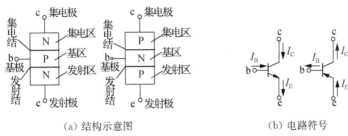

(a) 结构示意图　　　　　　　　(b) 电路符号

图 6.2.1　三极管的结构示意图和电路符号

由图可见,NPN 型和 PNP 型电路符号的箭头指向不同,若将三极管视为一个广义节点,NPN 型的箭头指向表示其发射极电流 I_E 是"流出"管子的,则基极电流 I_B 和集电极电流 I_C 必为"流入";而 PNP 型的各极电流的方向则相反。因此,无论是哪一种三极管,均有

$$I_E = I_B + I_C$$

2) 三极管的伏安特性

三极管的伏安特性是指其各极间电压与电流之间的关系曲线,它是研究三极管外部特性的重要依据。NPN 型三极管的伏安特性测试电路如图 6.2.2(a)所示,图中 U_{BB} 为基极电源,U_{CC} 为集电极电源,$U_{CC} > U_{BB}$;b-e 回路为输入回路,c-e 回路为输出回路,因此 e 极是输入、输出回路的公共电极,称为共射电路。

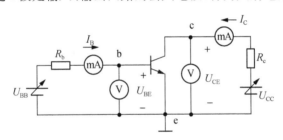

(a) 共射测试电路

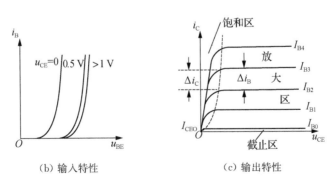

(b) 输入特性　　　　　　　　(c) 输出特性

图 6.2.2　NPN 型 BJT 的共射测试电路和伏安特性

(1) 输入特性

三极管的输入特性是指在管压降 U_{CE} 一定的情况下,基极电流 i_B 与基-射电压 u_{BE} 之间的函数关系,即

$$i_B = f(u_{BE})\Big|_{U_{CE}=常数}$$

输入特性如图 6.2.2(b)所示。图中,当 $U_{CE}=0$ 时,发射结和集电结并联,因此输入特性与二极管的正向特性类似,即只要 u_{BE} 超过导通电压 U_{on},i_B 就从零开始近似按指数曲线增大,三极管导通。随着 U_{CE} 的增大,曲线右移,当 $U_{CE}>1$ V 后,所有曲线几乎重合,故通常用 $U_{CE}=1$ V 的曲线来代替 $U_{CE}>1$ V 的所有曲线。当三极管导通后,其发射结压降一般取为恒定值,硅管约为 0.7 V,锗管约为 0.2 V。

(2) 输出特性

三极管的输出特性是指在基极电流 I_B 一定的情况下,集电极电流 i_C 与集-射电压 u_{CE} 之间的函数关系,即

$$i_C = f(u_{CE})\Big|_{I_B=常数}$$

输出特性如图 6.2.2(c)所示。当 I_B 取为不同数值时将得到一簇曲线,可将之划分为三个区域——截止区、饱和区和放大区。

① 截止区

图 6.2.2(c)中 $I_B=0$ 以下的区域。可通过将 U_{BB} 反接的方式,将三极管的发射结设为反向偏置,从而工作在这一区域。由图 6.2.2(c)可见,当 $I_B=0$ 时,$i_C=I_{CEO}$,I_{CEO} 称为穿透电流,意为当基极开路时,在 U_{CC} 作用下,三极管的 c、e 间所形成的电流。小功率硅管的 I_{CEO} 小于 1 μA,锗管的 I_{CEO} 小于几十微安,近似分析时忽略不计,故 c、e 间近似开路,集电结也反偏。

② 饱和区

图 6.2.2(c)中虚线以左的区域。虚线表示饱和区和放大区的临界线,称为临界饱和或临界放大,相应的管压降称为临界饱和管压降,记作 U_{CES},即 $U_{CES}=U_{BE}\approx U_{on}$。而在虚线以左的饱和区内,相应的管压降称为饱和管压降,记作 $U_{CE(sat)}$,显然 $U_{CE(sat)}<U_{CES}$,说明当三极管工作在饱和区时,其发射结、集电结均正偏。又由于 $U_{CE(sat)}\approx 0$,c、e 间近似短路,故集电极电流趋于饱和,记作 $I_{C(sat)}$,即

$$I_{C(sat)} = \frac{U_{CC}-U_{CE(sat)}}{R_c} \approx \frac{U_{CC}}{R_c}$$

③ 放大区

图 6.2.2(c)虚线以右的区域。显然 $u_{CE}>U_{BE}$,说明当三极管工作在放大区

时,其发射结正偏、集电结反偏。放大区的特点是当 i_B 等差变化时,各条输出特性曲线近似平行且间距几乎相等,故定义直流电流放大系数

$$\bar{\beta} \approx \frac{I_C}{I_B}$$

交流电流放大系数

$$\beta \approx \frac{\Delta i_C}{\Delta i_B}\bigg|_{U_{CE}=常数}$$

近似分析时可认为 $\beta \approx \bar{\beta}$,即

$$I_C \approx \beta I_B$$

$$I_C \approx (1+\beta) I_B$$

因此,U_{BB} 只需向输入回路提供较小的电流 I_B,便可使 U_{CC} 向输出回路提供较大的电流 I_C,从而实现近似线性的电流放大。

综上所述,通过对 BJT 的两个 PN 结外加不同的偏置,就可令其工作在不同的区域,从而呈现出不同的特性,如表 6.2.1 所示。

表 6.2.1 三极管的三个工作区域及其外部偏置

工作区域	外部偏置
截止区	发射结反偏、集电结反偏
饱和区	发射结正偏、集电结正偏
放大区	发射结正偏、集电结反偏

6.2.2 放大的概念和放大电路的主要性能指标

1) 放大的概念

利用扩音机放大声音,是电子学中的放大。话筒(传感器)将微弱的声音转换成电信号,经放大电路放大成足够强的电信号后,驱动扬声器(执行机构),使其发出较原来强得多的声音。这种放大与上述放大的相同之处是放大的对象均是变化量(差异),不同之处在于扬声器所获得的能量(或输出功率)远大于话筒送出的能量(或输入功率)。可见,放大电路放大的本质是能量的控制和转换,是在输入信号作用下,通过放大电路将直流电源的能量转换成负载所获得的能量,使负载从电源获得的能量大于信号源所提供的能量。因此,电子电路放大的基本特征是功率放大,即负载上总是获得比输入信号大得多的电压或电流,有时兼而有之。这样,在放大电路中必须存在能够控制能量的元件,即有源元件,如晶体三极管。

放大的前提是不失真,即只有在不失真的情况下放大才有与意义。晶体管三极管是放大电路的核心元件,只有其工作在放大区,才能使输出量与输入量始终保持线性关系,即电路不会发生失真。

2) 放大电路的性能指标

图 6.2.3 为放大电路的示意图。任何一个放大电路都可以看成是一个两端口网络。左边为输入端口,当内阻为 R_s 的信号源 u_s 作用时,放大电路得到输入电压 u_i,同时产生输入电流 i_i;右边为输出端口,输出电压为 u_o,输出电流为 i_o,R_L 为负载电阻。不同放大电路在 u_s 和 R_L 相同的条件下,i_i、u_o、i_o 将不同,说明不同放大电路从信号源索取的电流不同,且对同样的信号的放大能力也不同;同一放大电路在幅值相同、频率不同的 u_s 作用下,u_o 也将不同,即对不同频率的信号同一放大电路的放大能力也存在差异。为了反映放大电路的各方面性能,引出如下主要指标。

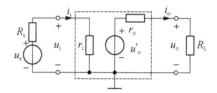

图 6.2.3 放大电路模型

(1) 放大倍数

放大倍数是直接衡量放大电路放大能力的重要指标,其值为输出量与输入量之比。对于小功率放大电路,人们常常只关心电路单一指标的放大倍数,如电压放大倍数,而不研究其功率放大能力。

电压放大倍数是输出电压 u_o 与输入电压 u_i 之比,即

$$A_u = \frac{u_o}{u_i}$$

A_u 表示输入电压对输出电压的控制,即放大电压的能力。

(2) 输入电阻

放大电路与信号源相连接就成为信号源的负载,必然从信号源索取电流,电流的大小表明放大电路对信号源的影响程度。输入电阻 r_i 是从放大电路输入端看进去的等效电阻,定义为输入电压 u_i 与输入电流 i_i 之比,即

$$r_i = \frac{u_i}{i_i}$$

r_i 越大,表明放大电路从信号源索取的电流越小,放大电路所取得的输入电压 u_i

越接近于信号源电压 u_s，即信号源内阻上的电压越小，信号电压所示越小。然而，如果信号源内阻 R_s 为一常量，那么为了使输入电流大一些，则应使 r_i 小一些。因此，放大电路输入电阻的大小应视需要而定。

（3）输出电阻

任何放大电路的输出都可以等效成一个有内阻的电压源，从放大电路输出端看进去的等效内阻称为输出电阻 r_o，如图 6.2.4 所示，u'_o 为空载时的输出电压，u_o 为带负载后的输出电压，因此

$$u_o = \frac{R_L}{r_o + R_L} u'_o$$

输出电阻

$$r_o = \left(\frac{u'_o}{u_o} - 1\right) R_L$$

r_o 越小，负载电阻 R_L 变化时，u_o 变化越小，称为放大电路的带负载能力越强。

输入电阻与输出电阻是描述电子电路在相互连接时所产生的影响而引入的参数。当两个放大电路相互连接时（如图 6.2.4 所示），放大电路 Ⅱ 的输入电阻 r_{i2} 是放大电路 Ⅰ 的负载电阻，而放大电路 Ⅰ 可以看成为放大电路 Ⅱ 的信号源，内阻就是放大电路 Ⅰ 的输出电阻 r_{o1}。因此，输入电阻和输出电阻均会直接或间接地影响放大电路的放大能力。

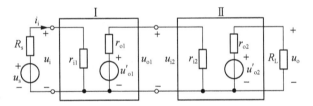

图 6.2.4 放大电路的级联

6.2.3 基本放大电路

基本放大电路是指由一只放大管构成的单管放大电路。图 6.2.5 为基本共射放大电路，它由 PNP 型硅管及若干电阻组成，其中晶体管是起放大作用的核心元件。输入信号 u_i 为正弦波电压。

由于图 6.2.5 所示电路的输入回路与输出回路以发射极为公共端，故称之为共射放大电路，并称公共端为"地"。

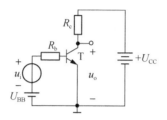

图 6.2.5 基本共射放大电路

1) 静态工作点

在放大电路中,当有信号输入时,交流量与直流量共存。当输入信号为零时,晶体管的基极电流 I_B、集电极电流 I_C、b-e 间电压 U_{BE}、管压降 U_{CE} 称为放大电路的静态工作点 Q(Quiescent),常将这四个物理量记作 I_{BQ}、I_{CQ}、U_{BEQ}、U_{CEQ}。在近似估算中常认为 U_{BEQ} 为已知量,对于硅管,取 $|U_{BEQ}|$ 为 0.6 V 至 0.8 V 中的某一值,如 0.7 V;对于锗管,取 $|U_{BEQ}|$ 为 0.1 V 至 0.3 V 中的某一值,如 0.2 V。

在如图 6.2.5 所示电路中,令 $u_i=0$,根据回路方程,便可得到静态工作点的表达式

$$\begin{cases} I_{BQ} = \dfrac{U_{BB} - U_{BEQ}}{R_b} \\ I_{CQ} = \bar{\beta} I_{BQ} \\ U_{CEQ} = U_{CC} - I_{CQ} R_c \end{cases}$$

对于放大电路的最基本要求,一是不失真,二是能够放大。如果输出波形严重失真,放大就毫无意义。只有在信号的整个周期内晶体管始终工作在放大状态,输出信号才不会产生失真。因此,设置合适的静态工作点,以保证放大电路不产生失真是非常必要的。

应当指出,Q 点不仅影响电路是否会产生失真,而且影响着放大电路几乎所有的动态参数。

2) 三极管放大电路的三种基本组态

三极管是三端元件,实际使用时可视为双口网络。由于其中任何一个电极都可作为输入口或输出口的公共端,因此有共射、共集、共基三种基本连接方式,又称组态,如图 6.2.6 所示。

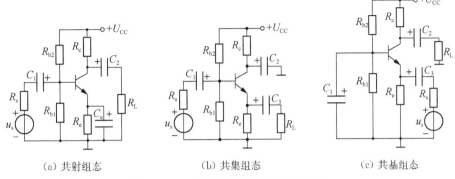

图 6.2.6 三极管放大电路的三种基本组态

6.2.4 放大电路的分析方法

分析放大电路就是在理解放大电路工作原理的基础上求解静态工作点和各项动态参数。本小节以基本共射放大电路为例,针对电子电路中存在着非线性器件(晶体三极管),而且直流量与交流量同时作用的特点,提出分析方法。

1) 直流通路与交流通路

所谓直流通路,是指仅在直流电源的作用下,直流电流所流经的路径。因此,为得到直流通路,应将电路中的交流信号源除源(但保留内阻),电容视为开路,电感视为短路。所谓交流通路,是指仅在输入信号源的作用下,交流电流所流经的路径。因此,为得到交流通路,应将电路中的直流电源除源,电容视为短路,电感视为开路。

根据直流通路的定义可知,如图 6.2.6 所示三极管放大电路的三种基本组态的直流通路是一样的,如图 6.2.7 所示,三种组态的交流通路如图 6.2.8 所示。由图可见,所谓共射组态,是指基极为信号输入端、集电极为信号输出端、发射极为输入回路和输出回路的公共端;所谓共集组态,是指基极为信号输入端、发射极为信号输出端、集电极为输入回路和输出回路的公共端;所谓共基组态,是指发射极为信号输入端、集电极为信号输出端、基极为输入回路和输出回路的公共端。应当指出,交流通路并不是实际的工作电路,因为如果没有直流电源,放大电路是无法正常工作的,所以得到图 6.2.8 的前提是假设电路已有合适的静态工作点。

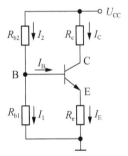

图 6.2.7 三种基本组态的直流通路

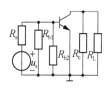 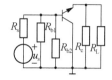 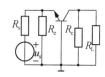

(a) 共射组态交流通路　　　　(b) 共集组态交流通路　　　　(c) 共基组态交流通路

图 6.2.8　三极管放大电路三种基本组态的交流通路

2) 小信号模型分析法

欲使放大电路能够不失真地放大,交流信号幅度必须远小于静态值,即所谓的"小信号"。这样,不仅能保证三极管的各个极电流和极间电压的方向始终不变,即在 Q 点上叠加一个小信号,而且能保证这些电流、电压间的线性关系。三极管在 Q 点附近小范围内所等效的线性模型称为小信号等效模型,当三极管被等效的线性模型取代后,整个放大电路就转化为线性电路,就可以用求解线性电路的分析方法对放大电路进行定量分析了,这就是小信号模型分析法。

(1) 三极管的简化小信号等效模型

三极管的简化小信号等效模型(H 参数模型)如图 6.2.9 所示。由图可见,当三极管为共射连接时,对于输入端口而言,其输入电压为 u_{be},输入电流为 i_b,只要 u_{be} 的幅值足够小,u_{be} 与 i_b 之间就近似呈线性关系,因此输入端口对小信号所呈现出来的作用就如同一只线性电阻,称为 b-e 间的动态电阻 r_{be},即

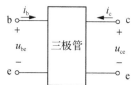 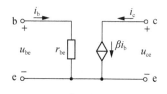

(a) 三极管共射连接时的双端口网络　　　(b) 小信号等效模型

图 6.2.9　三极管的简化小信号等效模型

$$r_{be} \approx \frac{\Delta u_{BE}}{\Delta i_B} \approx \frac{u_{be}}{i_b}$$

可以证明

$$r_{be} \approx r_{bb'} + (1+\beta)\frac{U_T}{I_{EQ}}$$

式中,$r_{bb'}$ 为三极管基区体电阻,典型阻值约 300 Ω;U_T 为电压温度当量,常温下约为 26 mV;I_{EQ} 为三极管的静态发射极偏置电流。实际上,r_{be} 为输入特性曲线上 Q 点处切线斜率的倒数,因此其数值大小与 Q 点的位置密切相关。由于输入特性曲

线的非线性，r_{be} 并非常数，Q 点的位置越高，r_{be} 越小。

对于输出端口而言，其输出电压为 u_{ce}，输出电流为 i_c。由三极管的输出特性可知，放大区的输出特性曲线为一簇近似平行于横轴的直线，说明输出口对小信号所呈现出来的作用就相当于一个电流控制电流源，即 $i_c = \beta i_b$，受控源的内阻

$$r_{ce} \approx \frac{\Delta u_{CE}}{\Delta i_C}$$

r_{ce} 称为三极管的交流输出电阻。近似分析时，若认为曲线完全平行于横轴，则 $r_{ce} \to \infty$，$i_c = \beta i_b$ 为理想受控源。需要注意的是，i_b 对 i_c 的控制作用不仅体现在控制其数值大小，还体现在控制其方向，当 i_b 流入发射极 e 时，i_c 也流入发射极 e。

图 6.2.9 并未标注三极管的管型，这是因为小信号等效模型是用来描述叠加在直流量之上的交流量之间的依存关系的，与直流量的极性或流向无关。也就是说，虽然 NPN 型管和 PNP 管上各直流量的极性和流向恰好相反，但它们的小信号等效模型却是相同的。

（2）基本共射放大电路的小信号模型分析

在图 6.2.8(a)所示交流通路的基础上，将其中的三极管用简化小信号等效模型取代，即可得到其小信号等效电路（微变等效电路），如图 6.2.10(a)所示。下面讨论如何利用小信号等效电路求解放大电路的电压放大倍数、输入电阻和输出电阻。

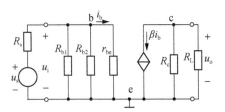
(a) 图 6.2.8(a)电路的小信号等效电路

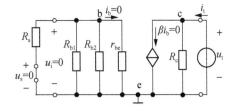
(b) 输出电阻求解电路

图 6.2.10　分压式偏置共射放大电路的小信号模型分析

① 电压放大倍数

由图 6.2.10(a)可知，电路的输出电压

$$u_o = -i_c(R_c // R_L) = -i_c R'_L = -\beta i_b R'_L$$

输入电压

$$u_i = i_b r_{be}$$

则电压放大倍数

$$A_u = \frac{u_o}{u_i} = -\beta \frac{R'_L}{r_{be}}$$

式中负号表示 u_o 与 u_i 反相。

② 输入电阻

根据输入电阻的定义,有

$$r_i = R_{b1} // R_{b2} // r_{be}$$

一般情况下, $R_{b1} // R_{b2} // r_{be}$,故

$$r_i \approx r_{be}$$

③ 输出电阻

根据输出电阻的定义,将图 6.2.10(a)中的信号源置零(将 u_s 短接,但保留 R_s),同时负载开路($R_L \to \infty$),外加测试电压 u_t,产生测试电流 i_t,如图 6.2.10(b)所示,则输出电阻

$$r_i = \frac{u_t}{i_t} \bigg|_{\substack{u_s=0 \\ R_L \to \infty}} = R_c$$

综上所述,基本共射放大电路既能放大电流又能放大电压,输出电压与输入电压反相;输入电阻居中,输出电阻较大。共射放大电路常作为低频电压放大电路的单元电路。

对共集、共基组态的分析,读者可自行推导,此处从略。表 6.2.2 列出了三极管三种基本组态的性能比较,以供参考。

表 6.2.2 三极管的三种基本组态

组态	典型电路	主要性能指标	性能特点及用途
共射	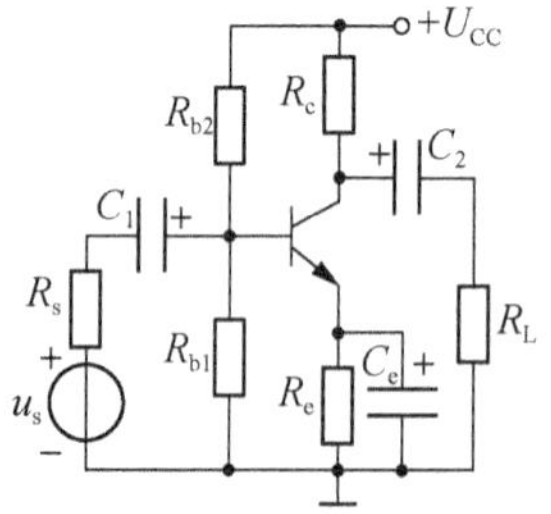 (电路图)	$A_u = -\beta \dfrac{R_c // R_L}{r_{be}}$ $R_i = R_{b1} // R_{b2} // r_{be}$ $R_o = R_c$	既能放大电流又能放大电压,输出电压与输入电压反相;输入电阻居中,输出电阻较大,频带较窄。适用于低频,常作为多级放大电路的中间级

续表

组态	典型电路	主要性能指标	性能特点及用途

共集	(电路图：R_{b2}, R_c, C_1, R_s, R_{b1}, R_e, C_3, R_L, u_s, $+U_{CC}$)	$A_u = \dfrac{(1+\beta)(R_e//R_L)}{r_{be}+(1+\beta)(R_e//R_L)}$
		$R_i = R_{b1}//R_{b2}//[r_{be}+(1+\beta)(R_e//R_L)]$
		$R_o = R_e // \dfrac{R_s//R_{b1}//R_{b2}+r_{be}}{1+\beta}$
			只能放大电流而不能放大电压，具有电压跟随的特点；输入电阻大，输出电阻小；高频特性好。常作为多级放大电路的输入级和输出级，或者起隔离作用的缓冲级

共基	(电路图：R_{b2}, R_c, C_2, R_L, C_1, R_{b1}, R_e, C_3, R_s, u_s, $+U_{CC}$)	$A_u = \beta\dfrac{R_c//R_L}{r_{be}}$ $R_i = R_e // \dfrac{r_{be}}{1+\beta}$ $R_o = R_c$	只能放大电压而不能放大电流，具有电流跟随的特点；输入电阻小，输出电阻较大；高频特性好。常作为宽频带放大电路

6.2.5 差分放大电路

1) 差分放大器的通用结构

差分放大电路的通用结构如图 6.2.11 所示。

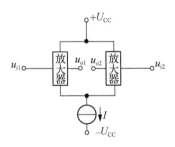

图 6.2.11 差分放大电路的通用结构

图中两个放大器的性能完全相同，可以是共射、共集、共基中的任何一种，或其中任意两种的组合；两个放大器之间通过电流源（或电阻）将它们原来的接地端耦合在一起。

2) 共模信号与差模信号

对差分放大器两个输入端信号 u_{i1}、u_{i2} 可作如下分解：

$$\begin{cases} u_{i1} = \dfrac{u_{i1}+u_{i2}}{2} + \dfrac{u_{i1}-u_{i2}}{2} \\ u_{i2} = \dfrac{u_{i1}+u_{i2}}{2} - \dfrac{u_{i1}-u_{i2}}{2} \end{cases}$$

式中的第一项均为 $\dfrac{u_{i1}+u_{i2}}{2}$，表示一对大小相等、极性相同的信号，称为共模信号，记作 u_{ic}，即 $u_{ic} = \dfrac{u_{i1}+u_{i2}}{2}$。第二项为 $\pm\dfrac{u_{i1}-u_{i2}}{2}$，这是一对大小相等、极性相反的信号，称为差模信号，而它们的差值

$$\left(+\dfrac{u_{i1}-u_{i2}}{2}\right) - \left(-\dfrac{u_{i1}-u_{i2}}{2}\right) = u_{i1} - u_{i2}$$

恰为两输入信号 u_{i1}、u_{i2} 之差，称为差模输入电压，记作 u_{id}，即 $u_{id} = u_{i1} - u_{i2}$。

差分放大电路的输出电压

$$u_o = A_{ud}u_{id} + A_{uc}u_{ic}$$

式中，A_{ud} 为差模电压放大倍数，其数值越大越好；A_{uc} 为共模电压放大倍数，其数值越小越好。为此定义共模抑制比

$$K_{CMR} = \left|\dfrac{A_{ud}}{A_{uc}}\right|$$

有时也用分贝表示，即

$$K_{CMR}(dB) = 20\lg\left|\dfrac{A_{ud}}{A_{uc}}\right|$$

K_{CMR} 可综合衡量差分放大电路对差模信号的放大能力和对共模信号的抑制能力，K_{CMR} 越大，表示电路的综合性能越好，理想情况下 $K_{CMR} \to \infty$。

3) 射极耦合差分放大电路

射极耦合差分放大电路如图 6.2.12(a) 所示。由图可见，两个完全对称的共射放大电路通过电流源 I 耦合而成，正、负双电源供电。电路有两个输入端，输入信号分别为 u_{i1}、u_{i2}。若两端都有信号输入，称为双端输入；若一端有信号输入，另一端接地，称为单端输入。电路有两个输出端，若输出信号从 T_1、T_2 两管的集电极之间取出，称为双端输出；若输出信号从 T_1 或 T_2 的一个集电极取出，称为单端输

出。直流通路、交流通路分别如图 6.2.12(b)和图 6.2.12(c)所示。

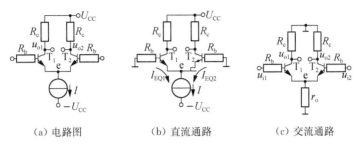

(a) 电路图　　　(b) 直流通路　　　(c) 交流通路

图 6.2.12　射极耦合差分放大电路

6.3　习题解答

6-1　有两个三极管，一个管子的 $\beta=200$，$I_{CEO}=3$ μA；另一个管子的 $\beta=50$，$I_{CEO}=10$ μA，其他参数相同，试问在用作放大时，应选用哪个管子比较合适？

解：第一个管子穿透电流小，放大倍数高，性能比第二个管子好，应选第一个管子。

6-2　已知三极管的极电流如题 6-2 图中所标注。试标注另一极电流的大小和方向，并在圆圈中画出三极管的电路符号。

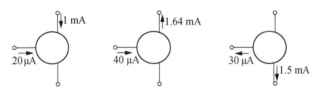

题 6-2 图

解：如题解 6-2 图所示。

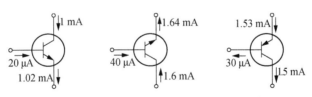

题解 6-2 图

6-3　在三极管放大电路中，测得三极管的各个电极的对地静态电位如题 6-3 图所示，试判断各三极管的类型（NPN、PNP、硅、锗），并注明电极 e、b、c 的位置。

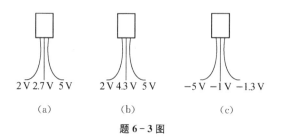

题 6-3 图

解： 由题意可知，三极管工作在放大状态，即发射结正偏、集电结反偏。对于 NPN 型三极管要求 $U_b>U_e,U_c>U_b$，三个电极电位关系为 $U_c>U_b>U_e$；对于 PNP 型三极管要求 $U_b<U_e,U_c<U_b$，三个电极电位关系为 $U_c<U_b<U_e$。因此，在三极管工作在放大状态时，中间电位一定是基极 b，和基极相差 0.7 V 或 0.3 V 的一定是发射极，剩下的即为集电极。再根据，发射结导通电压判断三极管所用材料，如果 $U_{be}=0.7$ V 即为硅管，$U_{be}=0.3$ V 即为锗管。因此，三极管三个电极如题解 6-3 图所示。

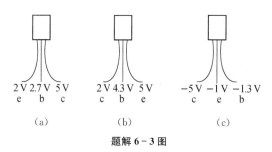

题解 6-3 图

其中，(a) 是 NPN 型硅管；(b) 是 PNP 型硅管；(c) 是 PNP 锗管。

6-4 三极管工作在放大区，已知 $\bar{\beta}=70$，$I_B=20\ \mu\text{A}$，温度 25 ℃时，$I_{CBO}=3\ \mu\text{A}$。求：

(1) 集电极电流 I_C 的值。

(2) 设 $\bar{\beta}$ 不随温度变化，而 I_{CBO} 因温度每升高 10 ℃要增加一倍，求温度为 75 ℃时 I_C 的值。

解： 集电极电流的计算公式为 $I_C=\bar{\beta}I_B+I_{CEO}=\bar{\beta}I_B+(1+\bar{\beta})I_{CBO}$

(1) 温度为 25 ℃时，集电极电流为

$$I_C=\bar{\beta}I_B+(1+\bar{\beta})I_{CBO}=70\times 20\ \mu\text{A}+71\times 3\ \mu\text{A}=1\ 613\ \mu\text{A}=1.613\ \text{mA}$$

(2) 温度每升高 10 ℃，I_{CBO} 增加一倍。当温度由 25 ℃增加到 75 ℃时，升高了 50 ℃，则 I_{CBO} 将增加 2^5 倍，即 $I_{CBO}=3\ \mu\text{A}\times 2^5=96\ \mu\text{A}$，集电极电流为

$$I_C=\bar{\beta}I_B+(1+\bar{\beta})I_{CBO}=70\times 20\ \mu\text{A}+71\times 96\ \mu\text{A}=8\ 216\ \mu\text{A}=8.216\ \text{mA}$$

可见,温度变化对 I_C 的影响巨大。

6-5 试判断题 6-5 图所示电路能否正常放大,并说明理由。

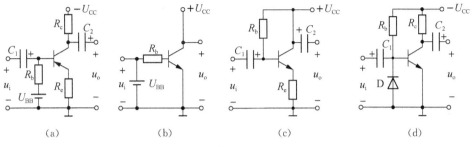

题 6-5 图

解:(a) 能正常放大。

(b) 不能正常放大。交流时,由于直流电压源置零,输入电压无法输入放大电路,因此电路不能正常放大。

(c) 不能正常放大。集电极无电阻,无法将电流转换为电压,因此电流不能正常放大。

(d) 不能正常放大。电路无合适的静态工作点,因此不能正常放大。

6-6 共射放大电路如题 6-6 图所示。已知 $R_b=430$ kΩ,$R_c=R_L=5$ kΩ,$R_s=300$ Ω,三极管的 $U_{BE}=0.7$ V,$\beta=50$,$r_{bb'}=300$ Ω,试求:

(1) 静态工作点 Q;

(2) 电压放大倍数 A_u 和电压放大倍数 A_{us}。

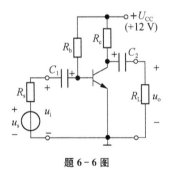

题 6-6 图

解:(1) 画直流通路,如题解 6-6 图(a)所示。

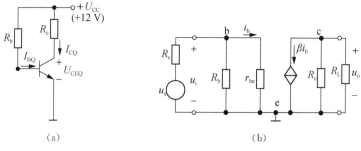

题解 6-6 图

故 Q 点为

$$I_{BQ}=\frac{U_{CC}-U_{BEQ}}{R_b}=\frac{12-0.7}{430}\approx 0.026\ \text{mA}$$

$$I_{CQ}=\beta I_{BQ}=50\times 0.026=1.3\ \text{mA}$$

$$U_{CEQ}=U_{CC}-I_{CQ}\times R_c=12-1.3\times 5=5.5\ \text{V}$$

(2) 画小信号等效电路,如题解 6-6 图(b)所示,其中 r_{be} 为

$$r_{be}\approx r_{bb'}+(1+\beta)\frac{U_T}{I_{EQ}}\approx 300+(1+50)\times\frac{26}{1.326}\approx 1\ 300\ \Omega$$

电压放大倍数

$$A_u=-\beta\frac{R_c//R_L}{r_{be}}=-50\times\frac{2.5}{1.3}\approx -96$$

根据 A_{us} 的定义,源电压放大倍数

$$A_{us}=\frac{u_o}{u_s}=\frac{u_o}{u_i}\cdot\frac{u_i}{u_s}=A_u\cdot\frac{r_i}{R_s+r_i}$$

输入电阻

$$r_i=R_b//r_{be}=430//1.3\approx 1.3\ \text{k}\Omega$$

因此,源电压放大倍数

$$A_{us}=-96\times\frac{1.3}{1.3+0.3}\approx -78$$

6-7 电路如题 6-7 图所示。已知 $R_{b1}=5\ \text{k}\Omega$,$R_{b2}=25\ \text{k}\Omega$,$R_{e1}=300\ \Omega$,$R_{e2}=1\ \text{k}\Omega$,$R_c=R_L=5\ \text{k}\Omega$,三极管的 $\beta=100$,$r_{bb'}=100\ \Omega$。试求:

(1) 静态工作点 Q;

（2）电压放大倍数 A_u、输入电阻 r_i 和输出电阻 r_o。

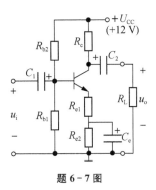

题 6-7 图

解：（1）画直流通路，如题解 6-7 图(a)所示。

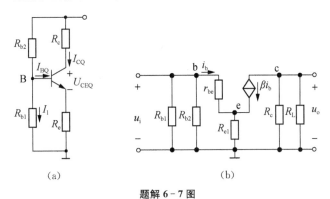

题解 6-7 图

B 点电位

$$U_{BQ} \approx \frac{R_{b1}}{R_{b1}+R_{b2}} U_{CC} = \frac{5}{5+25} \times 12 = 2 \text{ V}$$

故 Q 点为

$$I_{CQ} \approx I_{EQ} = \frac{U_{BQ}-U_{BEQ}}{R_{e1}+R_{e2}} = \frac{2-0.7}{1.3} = 1 \text{ mA}$$

$$I_{BQ} = \frac{I_{CQ}}{\beta} = \frac{1}{100} = 0.01 \text{ mA}$$

$$U_{CEQ} \approx U_{CC} - I_{CQ}(R_c + R_{e1} + R_{e2}) = 12 - 1 \times (5+1+0.3) = 5.7 \text{ V}$$

（2）画小信号等效电路，如题解 6-7 图(b)所示，其中 r_{be} 为

$$r_{be} \approx r_{bb'} + (1+\beta)\frac{U_T}{I_{EQ}} \approx 100 + (1+100) \times \frac{26}{1} \approx 2\ 700 \text{ Ω}$$

$$A_u = -\beta \frac{R_c // R_L}{r_{be} + (1+\beta)R_{e1}} = -100 \times \frac{2.5}{2.7 + 101 \times 0.3} \approx -7.6$$

输入电阻

$$r_i = R_{b1} // R_{b2} // [r_{be} + (1+\beta)R_{e1}] \approx 3.7 \text{ k}\Omega$$

输入电阻

$$r_o = R_c = 5 \text{ k}\Omega$$

6-8 共射放大电路如题 6-8 图所示,已知三极管的 $U_{BE} = 0.7$ V,$\beta = 50$,$r_{bb'} = 300$ Ω。

(1) 求静态工作点 Q;
(2) 画出小信号等效电路;
(3) 求放大电路的输入电阻 R_i 和输出电阻 R_o;
(4) 求电压放大倍数 A_u 和源电压放大倍数 A_{us}。

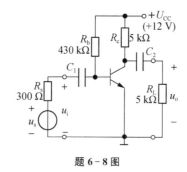

题 6-8 图

解:(1) 画直流通路,如题解 6-8 图(a)所示。
故 Q 点为

$$I_{BQ} = \frac{U_{CC} - U_{BEQ}}{R_b} = \frac{12 - 0.7}{460} \approx 0.024\ 6 \text{ mA}$$

$$I_{CQ} = \beta I_{BQ} = 50 \times 0.024\ 6 = 1.2 \text{ mA}$$

$$U_{CEQ} = U_{CC} - I_{CQ} \times R_c = 12 - 1.2 \times 5 = 6 \text{ V}$$

(2) 画小信号等效电路,如题解 6-8 图(b)所示,其中 r_{be} 为

$$r_{be} \approx r_{bb'} + (1+\beta)\frac{U_T}{I_{EQ}} \approx 300 + (1+50) \times \frac{26}{1.446} \approx 1\ 360 \text{ }\Omega$$

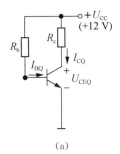
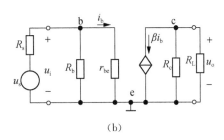

(a)　　　　　　　　　　　(b)

题解 6-8 图

(3) 输入电阻

$$R_i = R_b // r_{be} \approx 1.35 \text{ k}\Omega$$

输入电阻

$$R_o = R_c = 5 \text{ k}\Omega$$

(4) 电压放大倍数

$$A_u = -\beta \frac{R_c // R_L}{r_{be}} = -50 \times \frac{2.5}{1.36} \approx -92$$

根据 A_{us} 的定义,源电压放大倍数

$$A_{us} = \frac{u_o}{u_s} = \frac{u_o}{u_i} \cdot \frac{u_i}{u_s} = A_u \cdot \frac{R_i}{R_s + R_i} = -92 \times \frac{1.35}{1.35 + 0.3} \approx -72.5$$

6-9　如题 6-9 图所示电路中,已知三极管的 $\beta=30, U_{BE}=0.6 \text{ V}, U_{CC}=12 \text{ V}, R_c=3 \text{ k}\Omega, R_e=1 \text{ k}\Omega, R_{b1}=10 \text{ k}\Omega, R_{b2}=50 \text{ k}\Omega$。

(1) 计算电路的静态工作点 I_{CQ}、U_{CEQ}。

(2) 如果换一只 $\beta=60$ 的同类型管子,放大电路能否正常工作?

(3) 如果温度由 10 ℃升至 50 ℃,试说明 U_{CQ} 将如何变化(增大、减小或不变),为什么?

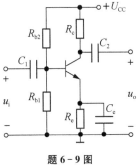

题 6-9 图

解:(1) 画直流通路,如题解 6-9 图所示。

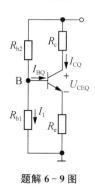

题解 6-9 图

B 点电位

$$U_{BQ} \approx \frac{R_{b1}}{R_{b1}+R_{b2}} U_{CC} = \frac{10}{10+50} \times 12 = 2 \text{ V}$$

故 Q 点为

$$I_{CQ} \approx I_{EQ} = \frac{U_{BQ}-U_{BEQ}}{R_{e1}+R_{e2}} = \frac{2-0.6}{1} = 1.4 \text{ mA}$$

$$I_{BQ} = \frac{I_{CQ}}{\beta} = \frac{1.4 \text{ mA}}{30} \approx 0.047 \text{ mA}$$

$$U_{CEQ} \approx U_{CC} - I_{CQ}(R_c+R_e) = 12-1.4 \times (3+1) = 6.4 \text{ V}$$

(2) 由于采用的是稳定静态工作点电路,I_{CQ} 主要由外电路参数决定,如果换一只 $\beta=60$ 的同类型管子,I_{CQ} 和 U_{CEQ} 不变,放大电路仍能正常工作。

(3) 如果温度由 10 ℃上升至 50 ℃,由于 I_{CQ} 稳定不变,而 $U_{CQ}=U_{CC}-I_{CQ}R_c$,则 U_{CQ} 不变。该特性说明,温度对 I_{CQ} 的影响可以通过分压偏置的直流负反馈机制得到抑制,从而使温度变化对晶体管静态工作点的影响减小。

6-10 电路如题 6-10 图所示,已知 $R_b=560 \text{ k}\Omega$,$R_e=5.6 \text{ k}\Omega$,三极管的 $r_{be}=2.7 \text{ k}\Omega$,$\beta=100$,试计算:

(1) 当 $R_L=\infty$ 和 $R_L=1.2 \text{ k}\Omega$ 时的电压放大倍数 A_u;

(2) 当 $R_L=\infty$ 和 $R_L=1.2 \text{ k}\Omega$ 时的输入电阻 r_i;

(3) 输出电阻 r_o。

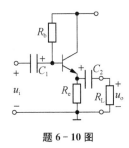

题 6-10 图

解：(1) 画小信号等效电路，如题解 6-10 图所示。

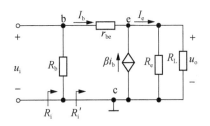

题解 6-10 图

电压放大倍数

$$A_u = \frac{(1+\beta)I_b(R_e//R_L)}{I_b r_{be}+(1+\beta)I_b(R_e//R_L)}$$

当 $R_L=\infty$ 时，$R_e//R_L=R_e$，

$$A_u = \frac{(1+\beta)I_b R_e}{I_b r_{be}+(1+\beta)I_b R_e} \approx 0.995$$

当 $R_L=1.2\ \text{k}\Omega$ 时，

$$A_u = \frac{(1+\beta)I_b(R_e//R_L)}{I_b r_{be}+(1+\beta)I_b(R_e//R_L)} = \frac{(1+100)\times(5.6//1.2)}{2.7+(1+100)\times(5.6//1.2)} \approx 0.97$$

(2) 当 $R_L=\infty$ 时，输入电阻 r_i 为

$$r_i = R_b//[r_{be}+(1+\beta)R_e] = 560//(2.7+101\times 5.6) \approx 282\ \text{k}\Omega$$

当 $R_L=\infty$ 时，输入电阻 r_i 为

$$r_i = R_b//[r_{be}+(1+\beta)(R_e//R_L)] = 560//[2.7+101\times(5.6//1.2)] \approx 86.6\ \text{k}\Omega$$

(3) 输出电阻 r_o 为

$$r_o = R_e//\frac{r_{be}}{(1+\beta)} = 5.6//\frac{2.7}{(1+100)} \approx 0.027\ \text{k}\Omega = 27\ \Omega$$

7 集成运算放大器及其应用

7.1 本章知识结构

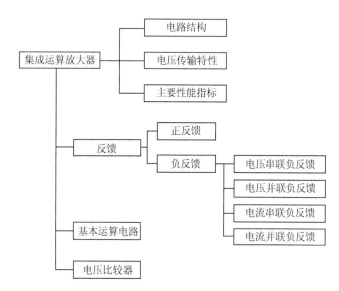

图 7.1.1 本章知识结构图

7.2 基本概念、重点与难点

根据实现功能不同,集成电路可以划分为模拟集成电路(Analog Integrated Circuit)和数字集成电路(Digital Integrated Circuit)两大类。集成运算放大器(Integrated Operation Amplifier,OP),是模拟集成电路中应用最广泛的一种通用型模拟电子器件,其名字来源于它不仅能够实现"放大",而且还能够实现加、减和微积分等模拟"运算"功能。

集成运算放大器简称集成运放或运放,基本特点是直接耦合、多级放大、增益极高,电压增益可以高达数十万甚至数百万倍,因此是一种非常理想的放大器件,在实际电子通信系统中使用极其广泛。

7.2.1 集成运放的电路结构

集成运放电路由四部分组成,包括输入级、中间级、输出级和偏置电路,如图 7.2.1 所示。它有两个输入端、一个输出端,图中所标 u_P、u_N、u_O 均以"地"为公共端。

图 7.2.1 集成运放的电路结构框图

7.2.2 集成运放的电压传输特性与主要性能指标

从外部看,集成运放可以等效为一个双端输入、单端输出的差分放大电路,它具有极高的输入电阻、差模增益、共模抑制比和极低的输出电阻,其电路符号与电压传输特性如图 7.2.2 所示。

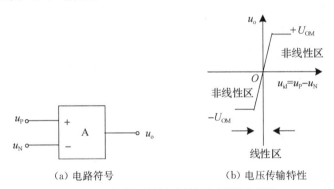

(a) 电路符号　　　　　　(b) 电压传输特性

图 7.2.2 集成运放的电路符号与电压传输特性

集成运放的电压传输特性分为线性区和非线性区两个区域。在线性区,集成运放可看作一个线性元件,输出电压 u_o 与 $u_{id}=u_P-u_N$ 呈线性关系,满足 $u_o=A_{ud}u_{id}=A_{ud}(u_P-u_N)$

其中,A_{ud} 为集成运放的开环差模增益,其数值通常极大,说明集成运放的输入动态范围很小,必须采用负反馈措施才能保证集成运放工作于线性放大区。

在非线性区,集成运放工作在饱和状态,输出电压为 $\pm U_{OM}$,因而不能用于放大,但可以用于电压比较。

7.2.3 理想集成运算放大器

在分析各种实用电路时,通常都将集成运放的性能指标理想化,即将其看成理想运放。而随着微电子设计与工艺水平的提高,集成运放的性能指标也越来越趋于理想化。因此,理想化集成运放不会带来太大的分析误差。

理想集成运放的电路符号与电压传输特性如图7.2.3所示。

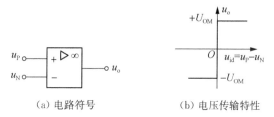

(a) 电路符号　　　　　(b) 电压传输特性

图7.2.3　理想集成运放的电路符号与电压传输特性

理想集成运放在线性区具有"虚短"和"虚断"两个重要特性:

(1) 虚短特性:$u_P = u_N$。

(2) 虚断特性:$i_P = i_N = 0$。

但在非线性区,由于运放工作于饱和区,输出电压为$\pm U_{OM}$,因此理想集成运放只有"虚断"特性,没有"虚短"特性。从图7.2.3(b)不难看出,当$u_P > u_N$时$u_o = +U_{OM}$,当$u_P < u_N$时$u_o = -U_{OM}$,这种特性可以用于电压比较。

7.2.4 反馈

在电学系统中,将输出量(输出电压或输出电流)的一部分或全部通过一定的形式回送到输入回路,和原输入信号合并形成净输入信号,进而影响输入输出性能的措施称为反馈。

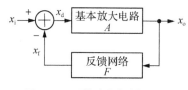

图7.2.4　反馈放大电路框图

按照反馈放大电路各部分电路的主要功能可将其分为基本放大电路和反馈网络两部分,如图7.2.4所示,其中,x_i为输入电压或电流,x_o为输出电压或电流,x_f为反馈回输入端的电压或电流,x_d为净输入电压或电流,且

$$x_d = x_i - x_f$$

从图7.2.4可见,是否存在从输出到输入的反馈网络,是判断一个电路是否存在反馈的根本方法。不存在反馈时称为开环(Open Loop),存在反馈时称为闭环(Closed Loop)。开环情况下,$x_f = 0$,$x_d = x_i$。

1) 反馈放大电路的基本关系式

根据图 7.2.4,可以得到反馈放大电路的一些基本关系式:

(1) 开环增益 A

开环增益 A 定义为基本放大电路的输出量 x_o 与输入量 x_d 的比值,即

$$A=\frac{x_o}{x_d}$$

(2) 反馈系数

反馈系数 F 定义为反馈网络的输出量 x_f 与输入量 x_o 的比值,即

$$F=\frac{x_f}{x_o}$$

F 越大,反馈越强。反馈信号 x_f 也可以描述为

$$x_f=Fx_o=AFx_d$$

(3) 环路增益 AF

环路增益 AF 定义为反馈网络的输出量 x_f 与基本放大电路的输入量 x_d 的比值,它也是开环增益 A 与反馈系数 F 的乘积,即

$$AF=\frac{x_f}{x_d}$$

(4) 闭环增益 A_f

闭环增益 A_f 定义为闭环条件下放大电路的输出量 x_o 与输入量 x_i 的比值,即

$$A_f=\frac{x_o}{x_i}$$

闭环增益 A_f 还可描述为

$$A_f=\frac{A}{1+AF}$$

因为

$$A_f=\frac{x_o}{x_i}=\frac{x_o}{x_d+x_f}=\frac{\frac{x_o}{x_d}}{1+\frac{x_f}{x_d}}=\frac{A}{1+AF}$$

上式反映了反馈放大电路中闭环增益 A_f 与开环增益 A 之间的定量关系,人们将其中的 $(1+AF)$ 定义为反馈深度。

2) 反馈深度的讨论

反馈深度$(1+AF)$既反映反馈的极性,也反映反馈的强度,是反馈放大电路中的一个非常重要的概念。

若$|1+AF|<1$,则说明$|A_f|>|A|$,表明电路引入了正反馈。正反馈虽然增大了闭环增益,但却会导致放大电路性能恶化甚至失去正常放大功能。放大电路中应该坚决避免正反馈。

若$|1+AF|>1$,则说明$|A_f|<|A|$,表明电路中引入了负反馈。负反馈以降低闭环增益为代价,换来放大电路其他性能的改善。$|1+AF|$越大,负反馈程度越深,对电路性能的改善越明显。$|1+AF|\gg 1$的情况称为深度负反馈,此时放大电路的闭环增益A_f简化为

$$A_f \approx \frac{1}{F}$$

深度负反馈条件下的闭环增益A_f几乎仅仅取决于反馈网络的反馈系数F,而与基本放大电路的增益A无关。这不仅为人们估算反馈放大电路的增益提供了一条捷径,而且可以有效提高放大电路增益的稳定性,因为反馈网络通常为无源网络,受环境温度的影响极小。

7.2.5 反馈的类型及判别方法

1) 正反馈与负反馈

根据反馈极性的不同,反馈可以划分为正反馈与负反馈两类。使放大电路净输入信号增大因而输出信号也增大的反馈称为正反馈;反之,使放大电路净输入信号减小因而输出信号也减小的反馈称为负反馈。

判断反馈极性的基本方法是瞬时极性法。首先假设接地点的参考电位为零,电路中某点的瞬时电位高于零电位者极性为正(用符号⊕表示)、瞬时电位低于零电位者极性为负(用符号⊖表示),然后假设输入信号的瞬时极性(通常假设为⊕),并以此为依据,逐级判断电路中各相关点的瞬时电位极性,包括输出信号和反馈信号的瞬时极性。若反馈信号使净输入信号增大,则为正反馈;若反馈信号使净输入信号减小,则为负反馈。

2) 直流反馈与交流反馈

根据反馈量的交、直流性质的不同,反馈可以划分为直流反馈和交流反馈两大类。只有直流成分的反馈或者说电路中只有直流反馈通路的反馈称为直流反馈;只有交流成分的反馈或者说电路中只有交流反馈通路的反馈称为交流反馈。直流

负反馈用于改善放大电路的静态性能,例如稳定放大电路的静态工作点;交流负反馈用于改善放大电路的动态性能,例如稳定放大电路的电压增益。放大电路中不少的负反馈往往既是直流反馈又是交流反馈,因而具有同时改善放大电路的静态性能和动态性能的优点。

判断直流反馈和交流反馈的方法非常简单,只需要分析电路中存在的反馈通路是直流反馈通路还是交流反馈通路即可判断。

3) 电压反馈与电流反馈

根据反馈量在放大电路输出端的采样方式的不同,反馈可以划分为电压反馈和电流反馈两类。取自放大电路输出电压的反馈称为电压反馈,此时反馈信号依赖于输出电压;取自放大电路输出电流的反馈称为电流反馈,此时反馈信号依赖于输出电流。因为反馈量来源的不同,电压负反馈只能稳定输出电压,电流负反馈只能稳定输出电流。

判断电压反馈与电流反馈的基本方法是负载短路法。如果将负载短路(即输出电压为0)时反馈信号消失,说明反馈信号来源于输出电压,因而是电压反馈;反之,如果将负载短路(即输出电压为0)时反馈信号依然存在,说明反馈信号来源于输出电流而不是输出电压,因而是电流反馈。

3) 串联反馈与并联反馈

根据反馈量与净输入量在放大电路输入端的连接方式的不同,反馈可以分为串联反馈和并联反馈两类。反馈量与净输入量相串联的反馈是串联反馈,此时反馈量在输入端与输入量进行电压比较,净输入电压 u_{id} 与输入电压 u_i 和反馈电压 u_f 的关系为 $u_{id}=u_i-u_f$;反馈量与净输入量相并联的反馈是并联反馈,此时反馈量在输入端与输入量进行电流比较,净输入量 i_{id} 与输入电流 i_i 和反馈电流 i_f 的关系为 $i_{id}=i_i-i_f$。

判断串联反馈与并联反馈的基本方法是反馈节点对地短接法。如果将反馈接入点对地短路,输入信号依然能够施加到运放输入端去进行放大,则属于串联反馈;如果将反馈接入点对地短路,输入信号不能够施加到运放输入端去进行放大,则属于并联反馈。此外,从输入端电流结构看,串联反馈的反馈信号与输入信号不在一条路上交汇,并联反馈的反馈信号与输入信号在一条路上交汇,这也可以看作为串联反馈与并联反馈的直接判断依据。

7.2.6 负反馈对放大电路性能的影响

采用负反馈后,放大电路的闭环增益 A_f 下降为开环增益 A 的 $\dfrac{1}{1+AF}$。负反馈

除了使增益下降外,还会对放大电路的性能产生如下影响:

(1) 稳定静态工作点;

(2) 提高增益的稳定性;

(3) 改变输入电阻和输出电阻。

根据电阻串联变大、并联变小的原理,引入串联负反馈将增大放大电路的输入电阻,引入并联负反馈将减小放大电路的输入电阻。同理,引入电流负反馈将增大放大电路的输出电阻,引入电压负反馈将减小放大电路的输出电阻。

上述分析表明,负反馈以牺牲增益为代价,换来了放大电路性能的全面改善。这也是使用的放大电路都要采用负反馈电路措施的根本原因。

7.2.7 基本运算电路

在运算电路中,以输入电压作为自变量,以输出电压作为函数;当输入电压变化时,输出电压将按一定的数学规律变化,即输出电压反映输入电压某种运算的结果。因此,集成运放必须工作在线性区,在深度负反馈条件下,利用反馈网络能够实现各种数学运算。信号运算电路主要包括比例运算、加法运算、减法运算、积分运算和微分运算等。

1) 比例运算电路

比例运算电路包括同相比例运算电路和反相比例运算电路,基本特点是输出电压信号与输入电压信号呈现一种"比例"关系,它们实际上都是电压负反馈放大电路。

同相比例运算电路如图 7.2.5 所示。u_o 与 u_i 的关系为

$$u_o = \left(1 + \frac{R_F}{R_1}\right) u_i$$

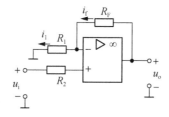

图 7.2.5 同相比例运算电路

可见 u_o 与 u_i 是一种同相比例关系,比例系数为 $\left(1 + \frac{R_F}{R_1}\right)$,这实际上也是同相比例运算电路的闭环电压增益。

容易判定,同相比例运算电路是一种电压串联负反馈。当 R_1 断开或 R_F 短路时,$u_o = u_i$,表明输出电压 u_o 完全跟随输入电压 u_i 变化,因此将其称为电压跟随器。

同相比例运算电路中的电阻 R_2 起平衡运放输入端电阻、保证输入电流对称性的作用,称为平衡电阻。理想情况下,要求 $R_2 = R_1 // R_F$。

反向比例运算电路如图 7.2.6 所示。u_o 与 u_i 的关系为

$$u_o = -\frac{R_F}{R_1} u_i$$

可见 u_o 与 u_i 是一种反相比例关系,比例系数为 $-\dfrac{R_F}{R_1}$,这实际上也是反相比例运算电路的闭环电压增益。

容易判定,反相比例运算电路是一种电压并联负反馈。

反相比例运算电路中的电阻 R_2 也是平衡电阻。理想情况下,要求 $R_2 = R_1 // R_F$。

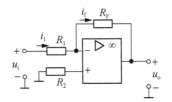

图 7.2.6　反相比例运算电路

2) 加法运算电路

加法运算电路如图 7.2.7 所示,它是一种反相加法运算电路,同相输入端的平衡电阻 $R_P = R_1 // R_2 // R_3 // R_F$。$u_o$ 与 u_{i1}、u_{i2}、u_{i3} 的关系为

$$u_o = -\left(\frac{R_F}{R_1} u_{i1} + \frac{R_F}{R_2} u_{i2} + \frac{R_F}{R_3} u_{i3}\right)$$

可见,u_o 与 u_{i1}、u_{i2}、u_{i3} 是一种反相比例加法关系。当 $R_1 = R_2 = R_3 = R_F$ 时,u_o 与 u_{i1}、u_{i2}、u_{i3} 的关系简化为

$$u_o = -(u_{i1} + u_{i2} + u_{i3})$$

如果需要实现同相加法运算,可在反相加法运算电路后面再接一级反相比例运算电路。

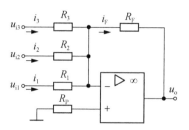

图 7.2.7 反相加法运算电路

3) 减法运算电路

减法运算电路如图 7.2.8 所示,它实际上由一个同相比例运算电路和一个反相比例运算电路组合而成。为了获得较好的性能,要求运放两个输入端的电阻应该相对平衡,即满足 $R_1//R_F=R_2//R_3$。u_o 与 u_{i1}、u_{i2} 的关系为

$$u_o=\left(1+\frac{R_F}{R_1}\right)\frac{R_3}{R_2+R_3}u_{i2}-\frac{R_F}{R_1}u_{i1}$$

可见 u_o 与 u_{i1}、u_{i2} 是一种比例减法关系。当 $R_1=R_2$、$R_3=R_F$ 时,u_o 与 u_{i1}、u_{i2} 的关系简化为

$$u_o=\frac{R_F}{R_1}(u_{i2}-u_{i1})$$

当 $R_1=R_2=R_3=R_F$ 时,u_o 与 u_{i1}、u_{i2} 的关系进一步简化为

$$u_o=u_{i2}-u_{i1}$$

利用叠加定理及同相比例运算电路和反相比例运算电路的结论,可方便地推导出减法运算电路的关系式。

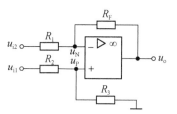

图 7.2.8 减法运算电路

4) 积分运算电路

积分运算电路如图 7.2.9 所示,由于集成运放的同相输入端通过 R_P 接地,$u_P=u_N=0$,为"虚地"。

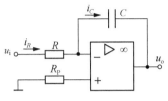

图 7.2.9 积分运算电路

u_o 与 u_i 的关系为

$$u_o = -\frac{1}{C}\int i_C \mathrm{d}t = -\frac{1}{RC}\int u_i \mathrm{d}t$$

5) 微分运算电路

将积分运算电路中的 R 与 C 位置互换，构成微分运算电路，如图 7.2.10 所示。

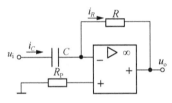

图 7.2.10 微分运算电路

u_o 与 u_i 的关系为

$$u_o = -i_R R = -RC\frac{\mathrm{d}u_i}{\mathrm{d}t}$$

在自动控制系统中，常用积分电路和微分电路作为调节环节；此外，它们还广泛应用于波形的产生和变换及仪器仪表之中。

7.2.8 电压比较器

电压比较器是对输入信号进行鉴幅与比较的电路，广泛应用于波形整形、波形变换及信号发生等领域。

1) 单限比较器

集成运放处于开环状态即可构成单限比较器，如图 7.2.11(a)所示。对于理想运放，由于差模增益无穷大，只要同相输入端与反相输入端之间有无穷小的差值电压，输出电压就将达到正的最大值或负的最大值，即输出电压 u_o 与输入电压($u_P -$

u_N)不再是线性关系,称集成运放工作在非线性区。此时集成运放只有"虚断"特性,而没有"虚短"特性。当 $u_P > u_N$ 时,$u_o = +U_{OM}$;当时 $u_P < u_N$,$u_o = -U_{OM}$。单限电压比较器的电压传输特性如图 7.2.11(b)所示。

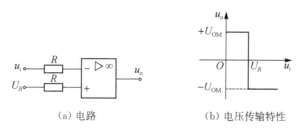

(a) 电路 (b) 电压传输特性

图 7.2.11 单限比较器

由图 7.2.11(b)可知,单限比较器只有一个门限电压,是使输出电压从高电平跳变为低电平或从低电平跳变为高电平时的输入电压,也称为阈值电压,记作 U_T。显然,在本电路中,阈值电压 U_T 为

$$U_T = U_R$$

在实用电路中为了满足负载的需要,常在集成运放的输出端加稳压管限幅电路,从而获得合适的 U_{OL} 和 U_{OH},电路如图 7.2.12(a)所示。图中 D_Z 表示两只特性相同且制作在一起的稳压管。

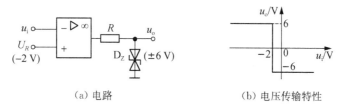

(a) 电路 (b) 电压传输特性

图 7.2.12 带限幅电路的电压比较器

分析图 7.2.12(a)可知,当 $u_i < U_R = -2$ V 时,$u_o = +U_Z = 6$ V;当 $u_i < U_R = -2$ V 时,$u_o = -U_Z = -6$ V。电压传输特性如图 7.2.12(b)所示。

2) 迟滞比较器

在单限比较器中,输入电压在阈值电压附件的任何微小变化,都将引起输出电压的跃变,不管这种微小变化是来源于输入信号还是外部干扰。因此,虽然单限比较器很灵敏,但是其抗干扰能力差。解决方案是引入正反馈,构成迟滞比较器,电路如图 7.2.13(a)所示。

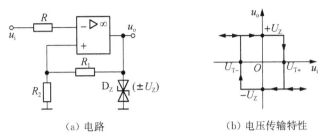

(a) 电路 (b) 电压传输特性

图 7.2.13 迟滞比较器

由图 7.2.13(a)可知,$u_o = \pm U_Z$、$u_N = u_i$,而同相输入端 u_P 为

$$u_P = \pm \frac{R_2}{R_1 + R_2} U_Z$$

令 $u_N = u_P$,可得两个阈值电压,即上门限电压 U_{T+} 和下门限电压 U_{T-}

$$U_{T+} = +\frac{R_2}{R_1 + R_2} U_Z$$

$$U_{T-} = -\frac{R_2}{R_1 + R_2} U_Z$$

u_i 从反相输入端输入,故 u_o 具有下行迟滞特性:在 u_i 增大的过程中,一旦满足 $u_i > U_{T+}$,u_o 就跳变为 $-U_Z$;反之,在 u_i 减小的过程中,一旦满足 $u_i < U_{T-}$,就跳变为 $+U_Z$。可画出电压传输特性,如图 7.2.13(b)所示。

7.3 习题解答

7-1 填空题

(1) 理想运放工作在线性区时,有两个重要特点是<u>虚短</u>和<u>虚断</u>。

(2) 理想运放的差模电压放大倍数 $A_{ud} = \underline{\infty}$,共模电压放大倍数 $A_{uc} = \underline{0}$,差模输入电阻 $r_{id} = \underline{\infty}$,输出电阻 $r_{od} = \underline{0}$。

(3) 集成运放的输入级通常采用差分放大电路,主要是为了<u>抑制温漂</u>。

(4) 集成运放一般都采用<u>直接耦合</u>方式。

(5) 要实现电压放大倍数 $A_{uf} = 80$ 的放大电路,应选用<u>同相比例运算</u>电路。

(6) 在运算电路中,集成运放一般工作在<u>深度负反馈</u>。

7-2 根据要求选择合适的反馈类型或组态。

(1) 为了稳定静态工作点,应选择<u>直流负反馈</u>;

(2) 为了稳定输出电压,应选择<u>电压负反馈</u>;

(3) 为了将输入电压转换为电流,应选择<u>电流串联负反馈</u>;

(4) 为了提高输入电阻,减小输出电阻,应选择<u>电压串联负反馈</u>;

(5) 为了产生自激振荡,应选择<u>正反馈</u>。

7-3 一个负反馈放大电路 $A=10^4, F=10^{-2}$,计算 $A_f=\dfrac{A}{1+AF}$ 和 $A_f\approx\dfrac{1}{F}$,并比较两种计算结果的误差。若 $A=10, F=10^{-2}$,重复以上计算,再次比较它们的计算结果。为什么后者的计算误差比前者大?

解:当 $A=10^4, F=10^{-2}$ 时

$$A_f=\frac{10^4}{1+10^4\times 10^{-2}}\approx 99$$

$$A_f\approx\frac{1}{F}=\frac{1}{10^{-2}}=100$$

两种计算结果的误差为 $100-99=1$,相对于精确计算来说,近似计算带来的误差为 $\dfrac{1}{99}\approx 1\%$。注意到此时开环放大倍数为一万倍,反馈系数为百分之一,$AF=100\gg 1$。

当 $A=10, F=10^{-2}$ 时

$$A_f=\frac{10}{1+10\times 10^{-2}}\approx 9.09$$

$$A_f\approx\frac{1}{F}=\frac{1}{10^{-2}}=100$$

两种计算结果的误差为 $100-9.09=90.91$,相对于精确计算来说,近似计算带来的误差为 $\dfrac{90.91}{9.09}\approx 1\,000\%$,这样表示误差百分比已不合适;恰当的说法应该是,近似计算带来了 10 倍的误差。注意到此时开环放大倍数仅为十倍,反馈系数不变,仍为百分之一,$AF=0.1<1$。

7-4 反馈电路如题 7-4 图所示。找出电路中的反馈网络元件,判断它们的反馈极性和组态,并计算它们中负反馈电路的电压增益。

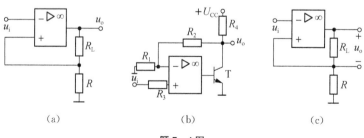

题 7-4 图

解：首先判断反馈极性，利用瞬时极性法，电路中各点电位的瞬时极性如题解 7-4 图所示。

由题解 7-4 图(a)可知，反馈信号与输入信号加在放大器的不同输入端，且反馈信号与原输入信号瞬时极性相反，因此电路加的是正反馈，反馈元件是电阻 R_L 和 R。

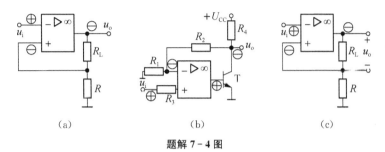

题解 7-4 图

由题解 7-4 图(b)可知，反馈信号与输入信号加在放大器的不同输入端，且反馈信号与原输入信号瞬时极性相反，因此电路加的是正反馈，反馈元件是电阻 R_2 和 R_1。

由题解 7-4 图(c)可知，反馈信号与输入信号加在放大器的不同输入端，且反馈信号与原输入信号瞬时极性相反，因此电路加的是正反馈，反馈元件是电阻 R_2 和 R_1。

7-5 找出题 7-5 图所示反馈放大电路的级间反馈网络，判断其反馈极性和组态，并推导电路的闭环增益和输入、输出电阻表达式。如果级间反馈电阻 R_f 开路，分析电路的闭环电压增益会如何变化，并简单说明理由。

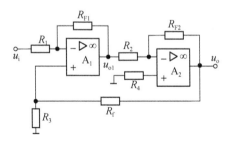

题 7-5 图

解：首先判断反馈极性，利用瞬时极性法，电路中各点电位的瞬时极性如图题解 7-5 图所示。

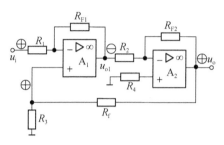

题解 7-5 图

由题解 7-5 图可知,反馈信号与输入信号加在放大器的不同输入端,且反馈信号与原输入信号瞬时极性相同,因此电路加的是负反馈;并且反馈信号和输入信号接于放大器的不同输入端,因此是串联反馈;令输出对地短路,可知反馈信号随之消失,因此加入的是电压反馈,综上可知,该电路加入的是电压串联负反馈。

反馈系数

$$F = \frac{x_f}{x_o} = \frac{R_3}{R_3 + R_f}$$

放大倍数为

$$A_{uf} \approx \frac{1}{F} = 1 + \frac{R_f}{R_3 + R_f}$$

级间反馈电阻 R_f 开路,分析电路的闭环电压增益变为

$$A_{uf} = \frac{R_{f1} R_{f2}}{R_1 R_2}$$

7-6 某运算电路如题 7-6 图所示,已知 $R_3 // R_1 = R_4 // R_5$,试求电路的运算表达式。

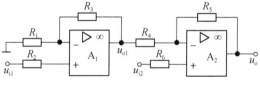

题 7-6 图

解: 由题意可知

$$u_o = \left(1 + \frac{R_5}{R_4}\right) u_{i2} - \frac{R_5}{R_4} u_{o1}$$

其中 $u_{o1}=\left(1+\dfrac{R_3}{R_1}\right)u_{i1}$，代入上式，可得

$$u_o=\left(1+\dfrac{R_5}{R_4}\right)u_{i2}-\dfrac{R_5}{R_4}\left(1+\dfrac{R_3}{R_1}\right)u_{i1}$$

7-7 某运算电路如题 7-7 图所示，试求电路的运算表达式，并说明电路的功能。

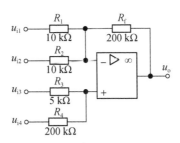

题 7-7 图

解：根据线性电路叠加定理，图示电路可分解为只有反相输入端信号作用下的输出和只有同相输入端信号作用下的输出之和。即电路可以分解为一个 2 输入反相加法器和一个 2 输入同相加法器的叠加。其中反相加法器的输出电压为：

$$u_{o1}=-R_f\left(\dfrac{u_{i1}}{R_1}+\dfrac{u_{i2}}{R_2}\right)=-20(u_{i1}+u_{i2})$$

同相加法器的输出电压为：

$$u_{o2}=\left(1+\dfrac{R_f}{R_1//R_2}\right)\left(\dfrac{R_4}{R_3+R_4}u_{i3}+\dfrac{R_3}{R_3+R_4}u_{i4}\right)=41\times\left(\dfrac{200}{205}u_{i3}+\dfrac{5}{205}u_{i4}\right)=40u_{i3}+u_{i4}$$

因此电路总的输出电压为：

$$u_o=u_{o1}+u_{o2}=-20(u_{i1}+u_{i2})+40u_{i3}+u_{i4}$$

该电路的功能是实现减法运算电路。

7-8 反馈电路如题 7-8 图所示，

（1）判断 A_2 支路对 u_i 构成的反馈极性和组态；

（2）写出 u_{o2} 与 u_o 的关系式；

（3）推导出 u_o 与 u_i 的关系式。

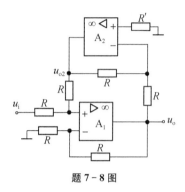

题 7-8 图

解：利用瞬时极性法，电路中各点电位的瞬时极性如题解 7-8 图所示。

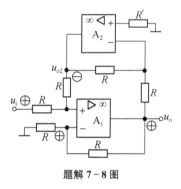

题解 7-8 图

（1）由题解 7-8 图可知，A_2 支路反馈信号与输入信号加在放大器的相同输入端，且反馈信号与原输入信号瞬时极性相反，因此电路加的是负反馈；A_2 支路反馈信号和输入信号接于放大器的同一输入端，因此是并联反馈；令输出对地短路，可知反馈信号随之消失，因此加入的是电压反馈，因此，A_2 支路对 u_i 构成的是电压并联负反馈。

（2）由图 7.2.6 可知，A_2 支路是一反相比例运算电路，因此可得

$$u_{o2} = -u_o$$

（3）反馈系数

$$F = \frac{x_f}{x_o} = \frac{R}{R+R} = \frac{1}{2}$$

放大倍数为

$$A_{uf} \approx \frac{1}{F} = 2$$

因此,得出 u_o 与 u_i 的关系式

$$u_o = 2u_i$$

7-9 反馈电路如题 7-9 图所示。

(1) 判断级间反馈的反馈极性和组态;

(2) 写出 u_{o3} 与 u_o 的关系式;

(3) 推导出 u_o 与 u_i 的关系式。

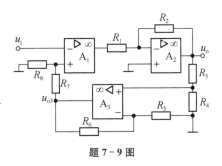

题 7-9 图

解:利用瞬时极性法,电路中各点电位的瞬时极性如题解 7-9 图所示。

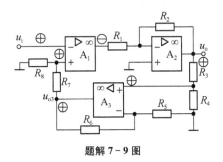

题解 7-9 图

(1) 由题解 7-9 图可知,反馈信号与输入信号加在放大器的不同输入端,且反馈信号与原输入信号瞬时极性相同,因此电路加的是负反馈;反馈信号和输入信号接于放大器的不输入端,因此是串联反馈;令输出对地短路,可知反馈信号随之消失,因此加入的是电压反馈,因此,电路中的反馈是电压并联负反馈。

(2) 由图 7.2.5 可知,A_3 支路是一同相比例运算电路,因此可得

$$u_{o3} = \left(1 + \frac{R_6}{R_5}\right)u_{3+} = \left(1 + \frac{R_6}{R_5}\right)\frac{R_4}{R_3 + R_4} \cdot u_o$$

(3) 反馈信号

$$x_f = \frac{R_8}{R_7 + R_8}\left(1 + \frac{R_6}{R_5}\right)\frac{R_4}{R_3 + R_4} \cdot u_o$$

反馈系数为

$$F=\frac{x_\mathrm{f}}{x_\mathrm{o}}=\frac{R_8}{R_7+R_8}\left(1+\frac{R_6}{R_5}\right)\frac{R_4}{R_3+R_4}$$

放大倍数为

$$A_\mathrm{uf}\approx\frac{1}{F}=\frac{R_5(R_3+R_4)(R_7+R_8)}{R_4R_8(R_5+R_6)}$$

因此,得出 u_o 与 u_i 的关系式

$$u_\mathrm{o}=\frac{R_5(R_3+R_4)(R_7+R_8)}{R_4R_8(R_5+R_6)}\cdot u_\mathrm{i}$$

7-10 试设计一个反相放大器电路,要求输入电阻 R_i 为 20 kΩ,放大倍数为 -100。

解:反相放大器电路如题解 7-10 图所示。

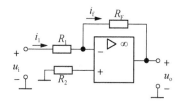

题解 7-10 图

题目要求输入 R_i 为 20 kΩ,放大倍数为 -100,则 $R_1=20$ kΩ。反相比例运算电路的输出电压表达式为 $u_\mathrm{o}=-\frac{R_\mathrm{F}}{R_1}u_\mathrm{i}$,结合题意,放大倍数表达式为 $A_u=\frac{u_\mathrm{o}}{u_\mathrm{i}}=-\frac{R_\mathrm{F}}{R_1}=-100$,所以

$$R_\mathrm{F}=100\times R_1=2\ 000\ \mathrm{k\Omega}=2\ \mathrm{M\Omega}$$

同相输入端的平衡电阻 R_2 应与反相输入端的外电阻相同,有

$$R_2=R_1//R_\mathrm{F}\approx 20\ \mathrm{k\Omega}$$

7-11 试设计一反相加法电路,要求输入输出关系为 $u_\mathrm{o}=-5(u_{\mathrm{i}1}+5u_{\mathrm{i}2}+3u_{\mathrm{i}3})$,要求电路中最大的电阻阻值不超过 100 kΩ,试画出电路图,并计算各电阻阻值。

解:反相加法电路如题解 7-11 图所示。

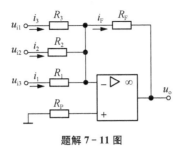

题解 7-11 图

u_o 与 u_{i1}、u_{i2}、u_{i3} 的关系为

$$u_o = -\left(\frac{R_F}{R_1}u_{i1} + \frac{R_F}{R_2}u_{i2} + \frac{R_F}{R_3}u_{i3}\right)$$

令 $R_F = 75\text{ k}\Omega$，则有 $R_1 = 15\text{ k}\Omega$，$R_2 = 3\text{ k}\Omega$，$R_3 = 5\text{ k}\Omega$。同相输入端的平衡电阻 R_P 应与反相输入端的外电阻相同，有

$$R_P = R_1 // R_2 // R_3 // R_F \approx 1.63\text{ k}\Omega$$

7-12 试设计一反相减法电路，要求输入输出关系为 $u_o = -10(u_{i1} - u_{i2})$，要求电路中最大的电阻阻值不超过 $200\text{ k}\Omega$，试画出电路图，并计算各电阻阻值。

解： 反相减法电路如题解 7-12 图所示。

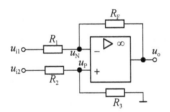

题解 7-12 图

u_o 与 u_{i1}、u_{i2} 的关系为

$$u_o = -\frac{R_F}{R_1}u_{i1} + \left(1 + \frac{R_F}{R_1}\right)\frac{R_3}{R_2 + R_3}u_{i2}$$

令 $R_F = 100\text{ k}\Omega$，则有 $R_1 = 10\text{ k}\Omega$，$R_2 = 10\text{ k}\Omega$，$R_3 = 100\text{ k}\Omega$。即可得到

$$u_o = -10(u_{i1} - u_{i2})$$

8 数字逻辑基础

8.1 基本概念、重点与难点

本章介绍数字逻辑的基础知识,内容包括数字电路的基本概念、数字系统中信息的表示方法、逻辑代数基本公式和逻辑函数描述方法及逻辑函数化简方法。这些内容是分析和设计数字电路的基础,需要重点掌握。各部分内容及教学要求如下:

(1) 理解数字电路的基本概念,理解模拟信号和数字信号、模拟电路和数字电路的概念;理解数字分析和数字设计的概念。

信号是信息的载体,电信号就是用变化的电压或电流表示信息。根据信号的变化特点分类,电信号可以分为模拟信号和数字信号。模拟信号的幅度是连续变化的,数字信号的幅度是离散的,通常是二值的。二值电压信号用高、低两个电平表示信息,通常用抽象的数学符号"0"和"1"表示两种不同的电平,将高、低电平分别用"1""0"表示,称为正逻辑表示法;反之,称为负逻辑表示法。

电路是对电信号进行传输、变换和处理的装置,处理模拟信号的电路称为模拟电路,处理数字信号的电路称为数字电路。数字系统是系统级设备,比功能部件级的数字电路规模更大、功能更复杂,鉴定一个数字装置是否数字系统,要看它是否包含控制器。

数字电路与系统是在模拟电路之后发展起来的,具有抗干扰能力强、可靠性高、集成度高、可编程能力强、易于扩展等优点。

数字分析是指分析一个已知的数字电路或系统,明确其工作原理、确定输入/输出信号的关系、确定系统和各部分的逻辑功能。数字设计则是针对特定的设计任务,采用一定的设计手段,构造一个符合要求的数字系统。数字设计的层次由高到低可以分为系统级、模块级、门级、晶体管级和物理级等五个层次。

(2) 理解"0""1"表示信息的含义。理解数值表示法的基本概念,掌握十进制表示法和十六进制表示法,熟练掌握二进制表示法;理解带符号数表示法的基本思想,掌握原码、反码和补码表示法;理解符号的编码表示法,了解二进制格雷码编码方法,熟练掌握 8421 BCD 码编码方法,掌握其他常用 BCD 码。

在数字系统中，所有信息都用"0"和"1"来表示。十进制表示法是人们熟悉的数值表示法，但不适用于数字系统，二进制表示法是适合数字系统的数值表示法，十六进制表示法是一种便于人们使用又便于转换为二进制的数值表示法。上述三种数值表示法都属于"按位计数制"，按位计数制又叫进位计数制、标位计数法，其基本概念包括字符、基数和权，N 进制计数法使用了 N 个字符，基数为 N，计数时逢 N 进 1，第 i 位的权值是 N^i。

对于带符号数，首先要用"0""1"表示正、负号，规则为：符号位在最高位，"0"表示正号，"1"表示负号；其次是数值的表示，有三种方法，称为原码、反码和补码，对于负数，原码表示法的数值位就是带符号数的二进制绝对值，反码表示法的数值位是原码数值位逐位取反，补码表示法的数值位是反码数值位在末位加 1；对于正数，三种编码表示法的数值位相同，都是带符号数的二进制绝对值。带符号数的补码表示法的意义在于：带符号的二进制数的加减运算可以统一为补码数的加法运算。

字母、字符等符号在数字系统中采用"0""1"对其进行编码表示，数值除了可以用二进制数的形式在数字系统中表示外，还可以采用其他编码形式。格雷码（又叫典型循环码）就是不同于二进制表示法的另一种数值表示法，它是一种无权码，具有相邻和循环的特性，表 8.2.1 是十进制数 0～15 的自然二进制码和格雷码的编码对照表。

表 8.2.1　十进制数 0～15 的自然二进制编码和格雷码编码对照表

十进制数	二进制编码		十进制数	二进制编码	
	自然二进制码	格雷码		自然二进制码	格雷码
0	0000	0000	8	1000	1100
1	0001	0001	9	1001	1101
2	0010	0011	10	1010	1111
3	0011	0010	11	1011	1110
4	0100	0110	12	1100	1010
5	0101	0111	13	1101	1011
6	0110	0101	14	1110	1001
7	0111	0100	15	1111	1000

BCD 码采用特定编码表示十进制数中 0～9 这十个字符，进而表示十进制数，常用的 BCD 编码有 8421 码、5421 码、2421 码、余 3 码和余 3 循环码，如表 8.2.2 所示，其中 8421 码、5421 码、2421 码都是按各位权值命名的有权码，余 3 码和余 3 循环码则是无权码。

表 8.2.2 常用 BCD 码

十进制数	8421 码	5421 码	2421 码	余 3 码
0	0000	0000	0000	0011
1	0001	0001	0001	0100
2	0010	0010	0010	0101
3	0011	0011	0011	0110
4	0100	0100	0100	0111
5	0101	1000	1011	1000
6	0110	1001	1100	1001
7	0111	1100	1101	1010
8	1000	1011	1110	1011
9	1001	1100	1111	1100

（3）理解逻辑变量、逻辑运算和逻辑函数的概念，熟练掌握三种基本逻辑运算的定义、运算规则、表示方法和逻辑符号，熟练掌握复合逻辑运算和常用逻辑门，熟练掌握逻辑代数的基本运算定律和运算规则，熟练掌握逻辑函数的表达式、真值表、逻辑图等表示方法，熟练掌握积之和式、和之积式、最小项表达式、最大项表达式的表示方法及相互转换，熟练掌握逻辑函数表达式与真值表的相互转换。

逻辑代数又叫布尔代数或开关代数，是研究逻辑变量和逻辑运算的代数体系，是数字系统分析与设计的数学工具，数字系统中的信号和信号间的相互关系被抽象表示为逻辑变量和逻辑运算，使电子系统中的信号处理过程可以用数学方法加以研究。

逻辑代数中的变量称为逻辑变量，逻辑变量用字符或字符串表示，一个逻辑变量只有两种可能的取值——0、1，这两个取值称为逻辑值。逻辑代数定义了三种基本的逻辑运算——与运算、或运算和非运算，表 8.2.3 归纳了三种基本逻辑运算的表达式、真值表、逻辑门符号和运算特征，其中常用的逻辑门符号有两种。

表 8.2.3 基本逻辑运算

运算名称	逻辑表达式	真值表		逻辑门符号	运算特征
与	$F = A \cdot B$	AB	F		输入全为 1 时，输出 $F=1$
		00	0		
		01	0		
		10	0		
		11	1		

续表

运算名称	逻辑表达式	真值表		逻辑门符号	运算特征
或	$F=A+B$	AB 00 01 10 11	F 0 1 1 1		输入全为 0 时,输出 $F=0$
非	$F=\bar{A}$	A 0 1	F 1 0		输出与输入取值相反

从方便电路实现的角度出发,定义了由基本逻辑运算构成的复合逻辑运算,常用的是与非、或非、与或非、异或和同或。这些逻辑运算对应的逻辑门称为常用逻辑门。表 8.2.4 给出了这些逻辑运算的表达式、真值表、逻辑门符号及运算特征,其中的与或非门没有相应的美标符号。

无论是基本逻辑运算还是复合逻辑运算,都可以用于多变量运算,在标准的 74 系列逻辑门中,有 2 输入、3 输入、4 输入的与门、或门、与非门、或非门等。

表 8.2.4 复合逻辑运算与常用逻辑门

运算名称	逻辑表达式	真值表		逻辑门符号	运算特征
与非	$F=\overline{A \cdot B}$	AB 00 01 10 11	F 1 1 1 0		输入全为 1 时,输出 $F=0$
或非	$F=\overline{A+B}$	AB 00 01 10 11	F 1 0 0 0		输入全为 0 时,输出 $F=1$
与或非	$F=\overline{AB+CD}$	AB 00 01 10 11	F 1 0 0 0		与项全为 0 时,输出 $F=1$
异或	$F=A\oplus B$ $=\bar{A}B+A\bar{B}$	AB 00 01 10 11	F 0 1 1 0		输入奇数个 1 时,输出 $F=1$

续表

运算名称	逻辑表达式	真值表	逻辑门符号	运算特征
同或 (异或非)	$F = A \odot B$ $= \overline{A \oplus B}$ $= AB + \overline{A}\,\overline{B}$	AB F 00 1 01 0 10 0 11 1		输入偶数个 0 或 1 时， 输出 $F = 1$

  逻辑代数的基本运算定律如表 8.2.5 所示，其中反演律又称为摩根定律。

  逻辑代数有三个重要的运算规则：代入规则、对偶规则和反演规则。

  代入规则：对于任何逻辑等式，以任意一个逻辑变量或逻辑函数同时取代等式两边的某个变量后，等式仍然成立。

表 8.2.5   逻辑代数的基本运算定律

名称	公式 1	公式 2
交换律	$A + B = B + A$	$AB = BA$
结合律	$A + (B + C) = (A + B) + C$	$A(BC) = (AB)C$
分配律	$A + BC = (A + B)(A + C)$	$A(B + C) = AB + AC$
互补律	$A + \overline{A} = 1$	$A \cdot \overline{A} = 0$
0—1 律	$A + 0 = A$	$A \cdot 1 = A$
	$A + 1 = 1$	$A \cdot 0 = 0$
对合律	$\overline{\overline{A}} = A$	$\overline{\overline{A}} = A$
重叠律	$A + A = A$	$A \cdot A = A$
吸收律	$A + AB = A$	$A(A + B) = A$
	$A + \overline{A}B = A + B$	$A(\overline{A} + B) = AB$
	$AB + A\overline{B} = A$	$(A + B)(A + \overline{B}) = A$
	$AB + \overline{A}C + BC = AB + \overline{A}C$	$(A + B)(\overline{A} + C)(B + C) = (A + B)(\overline{A} + C)$
反演律	$\overline{A + B} = \overline{A} \cdot \overline{B}$	$\overline{A \cdot B} = \overline{A} + \overline{B}$

  对偶规则：如果两个逻辑函数相等，则它们的对偶表达式也相等。所谓对偶式是指将逻辑表达式 F 中出现的所有"·"和"+"互换，"0"和"1"互换，就得到了一个新的函数表达式 F'（也可以写作 F_d），该表达式 F' 和原表达式 F 互为对偶式。计算对偶表达式时，应该注意保持原有的计算次序不变。与运算和或运算、与非运算和或非运算、异或运算和同或运算都是互为对偶关系的运算。表 8.2.5 的公式 1 和公式 2 中相应的等式都是互为对偶关系的等式。

  反演规则：将一个函数表达式 F 中出现的所有"·"和"+"互换，"0"和"1"互换，原变量和反变量互换，就得到了反函数 $\overline{F}$。由原函数求反函数的过程叫反演或取反，我们可以利用反演律求反函数，也可以用反演规则求反函数，计算时要注意保持原函数的运算次序不变。

逻辑函数有两种基本的表示方法:表达式和真值表。逻辑函数表达式就是把函数关系表示为变量的与、或、非、异或等运算的形式,真值表表示法通过罗列自变量的取值和相应的函数值,得到反映函数关系的取值表格,真值表是用逻辑代数描述实际设计问题的基本方法。由于各种逻辑运算都可以用相应的逻辑门实现,任意给定的函数表达式都存在一个逻辑电路与之对应,或者说,逻辑电路图也是逻辑函数的一种表示方法。波形图反映了逻辑电路输入、输出电平关系,也可以作为逻辑函数的一种表示方法。

最常用的函数表达式形式是积之和式与和之积式,任何逻辑函数都可以表示为这两种形式。积之和式又叫与或式,是若干个乘积项的和(逻辑加)。乘积项就是几个自变量的与运算,参与与运算的是自变量的原变量形式或反变量形式。和之积式又叫或与式,是若干个和项的乘积(逻辑乘)。和项就是几个自变量的或运算,参与或运算的是自变量的原变量形式或反变量形式。积之和式、和之积式、真值表之间没有简单的对应关系。

最小项表达式又叫标准积之和式,其中的每个乘积项都是最小项。最小项包含了构成逻辑函数的所有自变量,每个自变量以原变量或反变量的形式出现、且仅出现一次。n 变量的逻辑函数包含 2^n 个最小项,这些最小项与自变量的 2^n 种取值有着一一对应的关系,任何一个最小项有且仅有一组自变量取值使其等于1,最小项的简写形式为 m_i,下标 i 就是与该最小项对应的自变量取值的十进制数。下标 i 也可以这样确定:将一个最小项中的原变量替换为1、反变量替换为0,得到一个二进制数,其等值的十进制数就是 i。最小项表达式的简写形式为 $\sum m_i$。最大项表达式又叫标准和之积式,其中的每个和项都是最大项。最大项的定义与性质与最小项相对应。其简写形式为 M_i,将最大项中的原变量和反变量分别用 0 和 1 表示,对应的数值就是下标 i。最大项表达式的简写形式为 $\prod M_i$。

最小项表达式、最大项表达式、真值表之间存在简单的对应关系:最小项表达式由真值表中函数值为 1 的行所对应的最小项组成,最大项表达式由真值表中函数值为 0 的行所对应的最大项组成。

(4) 理解逻辑函数化简的意义,理解最简逻辑电路与最简表达式的含义和相互关系,了解逻辑函数不同化简方法的优缺点,了解代数化简法,熟练掌握 4 变量以内逻辑函数的卡诺图化简法。

完成同样逻辑功能的电路越简单越好,逻辑电路的化简通过逻辑函数的化简来实现。逻辑门电路的最简标准是所用逻辑门数量最少,每个逻辑门的输入端数量也最少。由与或式和或与式实现的两级门电路是组合电路的典型结构,最简门电路对最简与或式和最简或与式的要求是乘积项最少、和项最少、变量数最少。

常用的逻辑函数化简方法包括:代数化简法、卡诺图化简法、计算机辅助化简法。代数化简法就是利用逻辑代数的基本公式,通过项的合并($AB+A\bar{B}=A$)、吸收($A+AB=A$)、消去冗余变量($A+\overline{A}B=A+B$)等手段达到化简目的。这种方法比较灵活,通常不易判断结果是否最简。计算机辅助化简法是实际电路设计中较多采用的方法,可以得到最优化的电路结构,但概念性不强,教学中较少采用。卡诺图化简法是一种将合并所需的逻辑相邻项转换为几何相邻项的图形化简法,可以将具有逻辑相邻关系的 2^n 个几何相邻项合并为 1 项,同时消去 n 个变量。为了得到最简表达式,在圈 1(或 0)时,应遵循圈数尽量少、每个圈尽量大的合并原则;为了防止出现冗余项,应该保证每个圈中至少有一个 1(或 0)是没有被其他圈圈过的。圈 1 可以求出最简与或式,圈 0 可以求出最简或与式。

8.3 习题解答

8-1 将下列二进制数转换为十进制数

(1) $(1101)_2$ (2) $(10110110)_2$ (3) $(0.1101)_2$ (4) $(11011011.101)_2$

解:(1) 将二进制数按权展开,可以求得对应的十进制数。

$$(1101)_2 = 1\times 2^3 + 1\times 2^2 + 0\times 2^1 + 1\times 2^0 = (13)_{10}$$

(2) $(10110110)_2 = 1\times 2^7 + 1\times 2^5 + 1\times 2^4 + 1\times 2^2 + 1\times 2^1 = (182)_{10}$

(3) $(0.1101)_2 = 1\times 2^{-1} + 1\times 2^{-2} + 1\times 2^{-4} = 0.5 + 0.25 + 0.0625 = (0.8125)_{10}$

(4) $(11011011.101)_2 = 2^7 + 2^6 + 2^4 + 2^3 + 2^1 + 2^0 + 2^{-1} + 2^{-3}$

$= 128 + 64 + 16 + 8 + 2 + 1 + 0.5 + 0.125$

$= (219.625)_{10}$

8-2 将下列十进制数转换为二进制数和十六进制数

(1) $(39)_{10}$ (2) $(0.625)_{10}$ (3) $(0.24)_{10}$ (4) $(237.375)_{10}$

解:(1) 用"除 2 取余法"可以将一个十进制整数转换为等值的二进制整数,连续除 2 直到商为 0,最先求得的余数是二进制整数的最低有效位(LSB),最后求得的余数是最高有效位(MSB)。即 $(39)_{10} = (100111)_2$

```
              余数
    2 | 39    1(LSB)
    2 | 19    1
    2 |  9    1
    2 |  4    0
    2 |  2    0
    2 |  1    1(MSB)
          0
```

将一个二进制整数转换为十六进制整数的方法是:从二进制数的最右边起,每4位一组,最左边一组不足4位时用0补齐。每组二进制数分别用等值的十六进制数替换。

$$(100111)_2 = (0010'0111)_2 = (27)_{16}$$

所以,$(39)_{10} = (100111)_2 = (27)_{16}$。

(2) 用"乘2取整法"可以将一个十进制小数转换为等值的二进制小数,将十进制小数乘以2,取其整数部分作为转换的二进制位,先得到的整数部分是二进制小数的高位,计算直到乘积的小数部分为0时结束;若乘积的小数部分总不为0,则计算到指定的精度为止。即$(0.625)_{10} = (0.101)_2$

```
        0.625
      ×     2        整数部分
      ───────
        1.250        1(MSB)
      ×     2
      ───────
        0.50         0
      ×     2
      ───────
        1.0          1
```

将一个二进制小数转换为十六进制小数的方法是:从小数点开始,向右每4位一组,最右边一组不足4位时用0补齐。每组二进制数分别用等值的十六进制数替换。

$$(0.101)_2 = (0.1010)_2 = (0.A)_{16}$$

所以,$(0.625)_{10} = (0.101)_2 = (0.A)_{16}$

(3) 该十进制小数转换为二进制小数时,只能得到近似结果,计算过程如下:

```
        0.24
      ×    2         整数部分
      ──────
        0.48         0(MSB)
      ×    2
      ──────
        0.98         1
      ×    2
      ──────
        1.96         1
      ×    2
      ──────
        1.92         1
      ×    2
      ──────
        1.84         1
      ×    2
      ──────
        1.68         1
      ×    2
      ──────
        1.36         1
      ×    2
      ──────
        0.72         0
      ×    2
      ──────
        1.44         1(LSB)
```

$(0.24)_{10} \approx (0.001111101)_2 \approx (0.0011'1111)_2 = (0.3F)_{16}$

(3) 包含整数和小数部分十进制数转换为二进制数时,对整数部分和小数部分分别转换,然后将转换结果组合起来。

$$(237.375)_{10} = (1110'1101.011)_2 = (0ED.6)_{16}$$

在计算机系统中,当一个十六进制数的最高位是字符 A~F 时,通常在前面添加一个 0。

8-3 将下列十六进制数转换为二进制数和十进制数。

(1) $(6F.8)_{16}$ (2) $(10A.C)_{16}$ (3) $(0C.24)_{16}$ (4) $(37.4)_{16}$

解: (1) 将一个十六进制数转换为二进制数的方法是:将十六进制数的每个字符转换为 4 位二进制数,然后去掉二进制数整数部分 MSB 前多余的 0 和小数部分 LSB 后多余的 0。二进制数转换为十进制数采用前面使用的"按权展开式"。也可以用"按权展开式"直接将十六进制数转换为十进制数。

$$(6F.8)_{16} = (0110'1111.1000)_2 = (1101111.1)_2$$
$$(1101111.1)_2 = 2^6 + 2^5 + 2^3 + 2^2 + 2 + 1 + 0.5 = (111.5)_{10}$$

或,$(6F.8)_{16} = 6 \times 16 + 15 + 8 \div 16 = (111.5)_{10}$

(2) $(10A.C)_{16} = (1'0000'1010.11)_2 = (266.75)_{10}$

(3) $(0C.24)_{16} = (1100.0010'01)_2 = (12.140625)_{10}$

(4) $(37.4)_{16} = (11'0111.01)_2 = (55.25)_{10}$

8-4 求出下列各数的 8 位二进制原码和补码。

(1) $(-39)_{10}$ (2) $(0.625)_{10}$ (3) $(5B)_{16}$ (4) $(-0.10011)_2$

解: (1) 带符号数的二进制编码表示法中,首先是符号的表示,即用 0、1 编码的最高位表示符号,称为符号位。符号位为 0 表示正数、符号位为 1 表示负数。然后是数值的表示,对于正数,无论是原码还是补码,其数值位就是该符号数数值部分的二进制值;负数的数值位规定为:原码的数值位就是该符号数的数值部分的二进制值,补码的数值位是原码数值位的"取反加 1"。

$$(-39)_{10} = (1'0100111)_{原码} = (1'1011001)_{补码}$$

(2) 纯小数用原码和补码表示时,通常将符号位放在其整数位上,即用小数点左边的位作为符号位。在本题中,给定的十进制数是正数,表示为原码和补码时,其符号位为 0,数值部分就是十进制数的二进制值,不足 7 位时在小数的低位补 0。

$$(0.625)_{10} = (0.1010000)_{原码} = (0.1010000)_{补码}$$

(3) 给定的十六进制数是正整数,因此其原码和补码相同,符号位为 0,余下的 7 位是数值位。

$$(5B)_{16} = (01011011)_{原码} = (01011011)_{补码}$$

(4) 这是一个负数、纯小数。求原码时,将符号位 1 放在整数位上;小数部分是其数值位,应有 7 位,在小数部分最低位后面添加两个 0,补足 7 位。求补码时,符号位与原码表示法相同;数值位是对原码数值位逐位取反后,末位加 1。

$$(-0.10011)_2 = (1.1001100)_{原码} = (1.0110100)_{补码}$$

8-5 已知 $X=(-92)_{10}$,$Y=(42)_{10}$,用补码计算 $X+Y$ 和 $X-Y$ 的数值。

解: 首先求出 X、Y 和 $(-Y)$ 的 8 位补码。

$$X = (-92)_{10} = (1'1011100)_{原码} = (1'0100100)_{补码}$$

$$Y = (42)_{10} = (0'0101010)_{原码} = (0'0101010)_{补码}$$

$$(-Y) = (-42)_{10} = (1'0101010)_{原码} = (1'1010110)_{补码}$$

利用补码分别计算 $X+Y$ 和 $X-Y$。

$$\begin{aligned}
X+Y &= (1'0100100)_{补码} + (0'0101010)_{补码} \\
&= (1'1001110)_{补码} \\
&= (1'0110010)_{原码} \\
&= (-50)_{10}
\end{aligned}$$

$$\begin{aligned}
X-Y &= X+(-Y) \\
&= (1'0100100)_{补码} + (1'1010110)_{补码} \\
&= (10'1111010)_{补码} \cdots\cdots\cdots\cdots 由于位数不够,发生溢出错误
\end{aligned}$$

数值位增加一位:

$$X = (-92)_{10} = (1'01011100)_{原码} = (1'10100100)_{补码}$$

$$(-Y) = (-42)_{10} = (1'00101010)_{原码} = (1'11010110)_{补码}$$

$$\begin{aligned}
X-Y &= X+(-Y) \\
&= (1'10100100)_{补码} + (1'11010110)_{补码} \\
&= ([1]1'01111010)_{补码}
\end{aligned}$$

方括号中的 1 溢出后,余下的部分就是运算结果的补码。所以

$$X-Y = (1'01111010)_{补码} = (1'10000110)_{原码} = (-134)_{10}$$

8-6 分别用 8421 码、5421 码和余 3 码表示下列数据。

(1) $(309)_{10}$ (2) $(63.2)_{10}$ (3) $(5B.C)_{16}$ (4) $(2004.08)_{10}$

解:(1) 将十进制数表示为 BCD 编码时,必须熟悉各种 BCD 编码的编码方法。例如,十进制字符 0~9 的 8421 BCD 码就是十进制数 0~9 对应的 4 位二进制数;5421 BCD 码中,表示字符 0~4 的编码与 8421 BCD 码相同,表示字符 5~9 的编码是 1000~1100;十进制字符的余 3 码比 8421 码的对应编码大 3。搞清楚这些编码特点,可以使我们不必死记 BCD 编码表。多位十进制数的 BCD 编码就是对组成十进制数的各个字符分别编码。

$$(309)_{10} = (0011'0000'1001)_{8421} = (0011'0000'1100)_{5421} = (0110'0011'1100)_{余3码}$$

(2) $(63.2)_{10} = (0110\ 0011\ .\ 0010)_{8421}$
$= (1001\ 0011\ .\ 0010)_{5421}$
$= (1001\ 0110\ .\ 0101)_{余3码}$

(3) $(5B.C)_{16} = (91.75)_{10}$
$= (1001\ 0001.0111\ 0101)_{8421}$
$= (1100\ 0001.1010\ 1000)_{5421}$
$= (1100\ 0100.1010\ 1000)_{余3码}$

(4) 求解本题时需要注意将 BCD 编码概念与二进制数表示法相区别。在二进制数表示法中,要注意将整数部分高位和小数部分低位多余的 0 去掉。而 BCD 编码用一个 4 位二进制码字表示一个十进制符号,为了保持码字完整,高位和低位的 0 都不能去掉。

$$(2004.08)_{10} = (0010'0000'0000'0100.0000'1000)_{8421}$$
$$= (0010'0000'0000'0100.0000'1011)_{5421}$$
$$= (0101'0011'0011'0111.0011'1011)_{余3码}$$

8-7 用逻辑代数的基本定律和公式证明。
(1) $AB + \overline{A}C + \overline{B}C = \overline{A}B + A\overline{C} + BC$
(2) $(A+B)(\overline{A}+C)(B+C) = (A+B)(\overline{A}+C)$
(3) $(A+B+C)(\overline{A}+B+C)(\overline{A}+B+\overline{C}) = \overline{A}C + B$
(4) $\overline{A \oplus B} = A \oplus \overline{B}$

解:(1) $AB + \overline{A}C + \overline{B}C = (ABC + AB\overline{C}) + (\overline{A}BC + \overline{A}\overline{B}C) + (\overline{A}\overline{B}C + A\overline{B}C)$
$= (\overline{A}BC + \overline{A}\overline{B}C) + (AB\overline{C} + A\overline{B}\overline{C}) + (ABC + \overline{A}BC)$

等等...

$= \overline{A}B + A\overline{C} + BC$

(2) $(A+B)(\overline{A}+C)(B+C) = (A+B)(\overline{A}+C)(A\overline{A}+B+C)$
$= (A+B)(\overline{A}+C)(A+B+C)(\overline{A}+B+C)$
$= [(A+B)(A+B+C)][(\overline{A}+C)(\overline{A}+B+C)]$
$= (A+B)(\overline{A}+C)$

(3) $(A+B+C)(\overline{A}+B+C)(\overline{A}+B+\overline{C})$
$= [(A+B+C)(\overline{A}+B+C)][(\overline{A}+B+C)(\overline{A}+B+\overline{C})]$
$= (B+C)(\overline{A}+B)$
$= \overline{A}B + B + \overline{A}C + BC$
$= \overline{A}C + B$

(4) $\overline{A} \oplus B = \overline{\overline{A}}B + \overline{A}\overline{B} = AB + \overline{A}\overline{B} = A \odot B$
$A \oplus \overline{B} = \overline{A}\overline{B} + A\overline{\overline{B}} = \overline{A}\overline{B} + AB = A \odot B$
所以,$\overline{A} \oplus B = A \oplus \overline{B}$

8-8 判断下列命题是否正确。

(1) 若 $A+B=A+C$,则 $B=C$ (2) 若 $AB=AC$,则 $B=C$

(3) 若 $A+B=A$,则 $B=0$ (4) 若 $A=B$,则 $A+B=A$

(5) 若 $A+B=A+C$,$AB=AC$,则 $B=C$ (6) 若 $A \oplus B \oplus C=1$,则 $A \odot B \odot C=0$

解: (1) 不正确。例如,当 $ABC=110$ 时,$A+B=A+C$,而此时 $B \neq C$。

(2) 不正确。例如,当 $ABC=001$ 时,$AB=AC$,而此时 $B \neq C$。

(3) 不正确。例如,当 $AB=11$ 时,$A+B=A$,而此时 $B=1$。

(4) 正确。$\because A=B, \therefore A+B=A+A=A$。

(5) 正确。由 $A+B=A+C$ 可知,当 $A=0$ 时,$B=C$;而当 $A=1$ 时,不能确定 $B=C$。

又由 $AB=AC$ 可知,当 $A=1$ 时,$B=C$。所以 $B=C$。

(6) 不正确。因为
$A \odot B \odot C = (A \odot B) \odot C = (\overline{A \oplus B}) \odot C = \overline{(A \oplus B)} \oplus \overline{C} = A \oplus B \oplus C$

8-9 根据对偶规则和反演规则,直接写出下列函数的对偶函数和反函数。

(1) $W = \overline{A}\overline{B} + A\overline{C} + BC$ (2) $X = \overline{A}C + \overline{\overline{B}C + A(\overline{B} + \overline{CD})}$

(3) $Y = (\overline{A}+\overline{B}) \cdot \overline{(B+C)(A+\overline{C})}$ (4) $Z = \overline{A}B \cdot \overline{\overline{BC} + D} + A(B+\overline{C})$

解: (1) 对偶式 $W' = (\overline{A}+\overline{B})(A+\overline{C})(B+C)$

反函数 $\overline{W} = (A+B)(\overline{A}+C)(\overline{B}+\overline{C})$

(2) 对偶式 $X' = (\overline{A}+C)\overline{(\overline{B}+C)[A+(\overline{B} \cdot \overline{C+D})]}$

反函数 $\overline{X} = (A+\overline{C})\overline{(B+\overline{C})[\overline{A}+(B \cdot \overline{\overline{C}+\overline{D}})]}$

(3) 对偶式 $Y' = \overline{A}B + \overline{BC+A\overline{C}}$

反函数 $\overline{Y}=AB+\overline{\overline{BC}+\overline{AC}}$

(4) 对偶式 $Z'=(\overline{A}+B+\overline{(\overline{B}+C)D})(\overline{A}+B\overline{C})$

反函数 $\overline{Z}=(A+\overline{B}+\overline{(\overline{B}+C)D})(\overline{A}+B\overline{C})$

8-10 列出逻辑函数 $F=\overline{A}B\overline{C}+\overline{B}C+A(B+\overline{C})$，$G=A(B+\overline{C})(\overline{A}+B+C)$ 的真值表，并分别用变量形式和简写形式写出标准积之和式与标准和之积式。

解：与或表达式和或与表达式是两种基本的表达式形式，由与或式求真值表时，可以利用与、或运算的特点来进行，对于本题中的函数 F，首先写出其与或式 $F=\overline{A}B\overline{C}+\overline{B}C+AB+A\overline{C}$。显然，与或式取值为 1 的条件是各乘积项分别为 1，而一个乘积项等于 1 的条件是各因子为 1。函数 F 的与或式中有 4 个乘积项，$ABC=010$ 时，乘积项 $\overline{A}B\overline{C}=1$，此时 $F=1$；$BC=01$ 时，乘积项 $\overline{B}C=1$，即当自变量 $ABC=001$ 或 101 时，$F=1$；类似地，$ABC=110$ 或 111 使乘积项 $AB=1$；$ABC=100$ 或 110 使 $A\overline{C}=1$。除此之外的其他自变量取值都使 $F=0$，由此可得真值表的 F 列，如下表所示。

给定的函数 G 的表达式就是一个或与式，或与式取值为 0 的条件是各和项（或项）的值分别为 0，而一个和项的值等于 0 的条件是或运算中各变量的值都为 0。因此，$A=0$，即 $ABC=100$、101、110、111 时，$G=0$；$BC=01$，即 $ABC=001$ 或 101 时，和项 $(B+\overline{C})=0$，从而 $G=0$；$ABC=100$ 时，和项 $(\overline{A}+B+C)=0$，从而 $G=0$。除此之外的其他自变量取值都使 $G=1$，由此可得真值表的 G 列。

函数的标准式可以直接由真值表写出。对于标准与或式（也称为最小项表达式），在真值表中找出函数值为 1 的行，这些行对应的最小项之和就是最小项表达式；对于标准或与式（也称为最大项表达式），则是在真值表中找出函数值为 0 的行，这些行对应的最大项之积就是最大项表达式。标准式简写形式的下标数字就是该最小（大）项在真值表中对应的自变量取值的十进制数。

$F(A,B,C)=\sum m(1,2,4,5,6,7)=\prod M(0,3)$

$G(A,B,C)=\sum m(6,7)=\prod M(0,1,2,3,4,5)$

真值表

ABC	F	G
000	0	0
001	1	0
010	1	0
011	0	0
100	1	0
101	1	0
110	1	1
111	1	1

函数标准式也可以通过表达式变换求得。由函数 F 的与或式可以方便地导出最小项表达式，根据最小项表达式和最大项表达式的关系可以进一步写出最大项表达式。

$F=\overline{A}B\overline{C}+\overline{B}C+AB+A\overline{C}$

$=\overline{A}B\overline{C}+(A+\overline{A})\overline{B}C+AB(C+\overline{C})+A(B+\overline{B})\overline{C}$

$$=\overline{A}B\overline{C}+AB\overline{C}+\overline{A}B\overline{C}+ABC+AB\overline{C}+AB\overline{C}+AB\overline{C}$$
$$=\overline{A}\overline{B}C+\overline{A}B\overline{C}+A\overline{B}\overline{C}+A\overline{B}C+AB\overline{C}+ABC \quad \cdots\cdots\cdots\cdots \text{最小项表达式}$$
$$=\sum m(1,2,4,5,6,7) \quad \cdots\cdots\cdots\cdots \text{最小项表达式简写形式}$$
$$=\prod M(0,3) \quad \cdots\cdots\cdots\cdots \text{最大项表达式简写形式}$$
$$=(A+B+C)(A+\overline{B}+\overline{C}) \quad \cdots\cdots\cdots\cdots \text{最大项表达式}$$

由函数 G 的或与式可以导出最大项表达式,根据最大项表达式和最小项表达式的关系可以进一步写出最小项表达式。

$$G=A(B+\overline{C})(\overline{A}+B+C)$$
$$=(A+B\overline{B}+C\overline{C})(A\overline{A}+B+\overline{C})(\overline{A}+B+C)$$
$$=(A+B+C)(A+\overline{B}+C)(A+B+\overline{C})(A+\overline{B}+\overline{C})$$
$$\quad \cdot (A+B+\overline{C})(\overline{A}+B+\overline{C})(\overline{A}+B+C)$$
$$=(A+B+C)(A+B+\overline{C})(A+\overline{B}+C)$$
$$\quad \cdot (A+\overline{B}+\overline{C})(\overline{A}+B+C)(\overline{A}+B+\overline{C}) \quad \cdots\cdots\cdots\cdots \text{最大项表达式}$$
$$=\prod M(0,1,2,3,4,5) \quad \cdots\cdots\cdots\cdots \text{最大项表达式简写形式}$$
$$=\sum m(6,7) \quad \cdots\cdots\cdots\cdots \text{最小项表达式简写形式}$$
$$=AB\overline{C}+ABC \quad \cdots\cdots\cdots\cdots \text{最小项表达式}$$

8-11 求出下列函数的标准积之和式与标准和之积式,分别写出变量形式和简写形式。

(1) $F=A+B\overline{C}+\overline{A}C$ (2) $F=B(A+\overline{C})(A+\overline{B}+C)$

(3) $F=(A\oplus B)\overline{\overline{A}B+AB}+AB$ (4) $F=\overline{\overline{A}(\overline{B}+C)}$

解:(1) $F(A,B,C)=A(\overline{B}\overline{C}+\overline{B}C+B\overline{C}+BC)+(\overline{A}+A)B\overline{C}+\overline{A}(\overline{B}+B)C$
$$=A\overline{B}\overline{C}+A\overline{B}C+AB\overline{C}+ABC+\overline{A}B\overline{C}+\overline{A}\overline{B}C+\overline{A}BC$$
$$=\overline{A}\overline{B}C+\overline{A}B\overline{C}+\overline{A}BC+A\overline{B}\overline{C}+A\overline{B}C+AB\overline{C}+ABC$$
$$=\sum m(1,2,3,4,5,6,7)$$
$$=M_0$$
$$=A+B+C$$

(2) $F(A,B,C)=B(A+\overline{C})(A+\overline{B}+C)$
$$=(A\overline{A}+B+C\overline{C})(A+B\overline{B}+\overline{C})(A+\overline{B}+C)$$
$$=(A+B+C)(A+B+\overline{C})(\overline{A}+B+C)(\overline{A}+B+\overline{C})$$
$$\quad \cdot (A+B+\overline{C})(A+\overline{B}+\overline{C})(A+\overline{B}+C)$$
$$=\prod M(0,1,2,3,4,5)$$

$$= \sum m(6,7)$$
$$= AB\bar{C}+ABC$$

(3) $F(A,B)=(A\oplus B)\overline{\overline{AB}+AB}+AB$
$$=(A\oplus B)\overline{A\odot B}+AB$$
$$=(A\oplus B)+AB$$
$$=\bar{A}B+A\bar{B}+AB$$
$$=\sum m(1,2,3)$$
$$=M_0$$
$$=A+B$$

(4) $F(A,B,C)=\overline{\bar{A}(\bar{B}+C)}=A+B\bar{C}$
$$=A\bar{B}\bar{C}+A\bar{B}C+AB\bar{C}+ABC+\bar{A}B\bar{C}$$
$$=\sum m(2,4,5,6,7)$$
$$=\prod M(0,1,3)$$
$$=(A+B+C)(A+B+\bar{C})(A+\bar{B}+C)$$

8-12 用代数法化简逻辑函数。

(1) $W=AB+\bar{A}C+\overline{BC}$ (2) $X=(A\oplus B)\overline{\overline{AB}+AB}+AB$

(3) $Y=\bar{A}+\bar{B}+\bar{C}+ABCD$ (4) $Z=A(B+\bar{C})+\bar{A}(\bar{B}+C)+\bar{B}CD+BCD$

解： (1) $W=AB+\bar{A}C+\overline{BC}=AB+\bar{A}C+\bar{B}+\bar{C}=(AB+\bar{B})+(\bar{A}C+\bar{C})$
$$=(A+\bar{B})+(\bar{A}+\bar{C})=1+\bar{B}+\bar{C}=1$$

(2) $X=(A\oplus B)\overline{\overline{AB}+AB}+AB=(A\oplus B)\overline{A\odot B}+AB$
$$=(A\oplus B)+AB=\bar{A}B+A\bar{B}+AB$$
$$=(\bar{A}B+AB)+(A\bar{B}+AB)=A+B$$

(3) $Y=\bar{A}+\bar{B}+\bar{C}+ABCD$
$$=\overline{ABC}+ABCD$$
$$=\overline{ABC}+D$$
$$=\bar{A}+\bar{B}+\bar{C}+D$$

(4) $Z=AB+A\bar{C}+\bar{A}\bar{B}+\bar{A}C+\bar{B}CD+BCD$
$$=(AB+\bar{A}C)+(A\bar{C}+\bar{A}\bar{B})+\bar{B}CD+BCD$$
$$=(AB+\bar{A}C+BC)+(A\bar{C}+\bar{A}\bar{B}+\bar{B}\bar{C})+\bar{B}CD+BCD$$
$$=AB+\bar{A}C+A\bar{C}+\bar{A}\bar{B}+(BC+\bar{B}CD)+(BC+BCD)$$
$$=AB+\bar{A}C+A\bar{C}+\bar{A}\bar{B}$$
$$=AB+\bar{A}C+ABC+AB\bar{C}+\bar{A}BC+\bar{A}\bar{B}C$$

$$= (AB+AB\overline{C})+(\overline{A}C+\overline{A}BC)+(AB\overline{C}+\overline{A}B\overline{C})$$
$$= AB+\overline{A}C+B\overline{C}$$

采用不同的拆项与合并方式,也可以得到另一种最简与或式:
$$Z=A\overline{C}+\overline{A}B+BC$$

8-13 用卡诺图化简下列函数,写出最简与或式和最简或与式。

(1) $F(A,B,C)=\sum m(0,1,3,4,6)$

(2) $F(A,B,C,D)=\sum m(1,2,4,6,10,12,13,14)$

(3) $F(A,B,C,D)=\sum m(0,3,5,7,9,11,13,15)$

(4) $F(A,B,C,D)=ABC+C\overline{D}+\overline{A}BC+AB\overline{D}+\overline{A}BCD+AB\overline{C}D+\overline{A}BCD$

(5) $F(A,B,C,D)=(\overline{B}+C+\overline{D})(\overline{B}+\overline{C})(A+\overline{B}+C+D)$

(6) $F(A,B,C,D)=\overline{\overline{AD}+ABC+A\overline{C}D+\overline{A}BCD+\overline{A}\overline{B}CD}$

解: (1) 采用卡诺图化简逻辑函数时,应根据要求的最简表达式形式确定圈 "1"还是圈"0",求最简与或式应该圈"1",求最简或与式应该圈"0"。

在题解 8-13(1)图(a)中,圈"1"的卡诺图中的两个虚线圈是为了化简最小项 m_0 所做的两种不同的圈法,这两个圈对应的乘积项分别是 $\overline{B}\overline{C}$ 和 $\overline{A}\overline{B}$。根据最简函数的定义,这两种化简方法是等价的。所以,本题有两种相互等价的最简与或式
$$F=\overline{A}C+A\overline{C}+\overline{B}\overline{C}=\overline{A}C+A\overline{C}+\overline{A}\overline{B}$$

在题解 8-13(1)图(b)中圈"0",可以求得最简或与式
$$F=(A+\overline{B}+C)(\overline{A}+\overline{C})$$

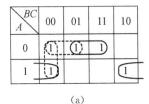
(a)

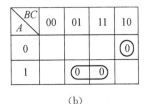
(b)

题解 8-13(1)图

(2) 求最简与或式的卡诺图如题解 8-13(2)图(a)所示,最简与或式为
$$F=B\overline{D}+C\overline{D}+AB\overline{C}+\overline{A}\overline{B}C\overline{D}$$

求最简或与式的卡诺图如题解 8-13(2)图(b)所示,由图中的两个虚线圈可见,最大项 M_9 有两种圈法,使最简或与式可以有两种不同的形式。
$$F=(\overline{C}+\overline{D})(B+C+D)(A+\overline{B}+\overline{D})(\overline{A}+B+C)$$
或
$$F=(\overline{C}+\overline{D})(B+C+D)(A+\overline{B}+\overline{D})(\overline{A}+B+\overline{D})$$

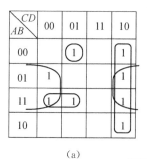 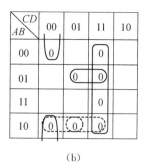

题解 8-13(2)图

(3) 最简与或式为 $F=\overline{A}\overline{B}\overline{C}\overline{D}+AD+BD+CD$

最简或与式为 $F=(A+B+C+\overline{D})(\overline{A}+D)(\overline{B}+D)(\overline{C}+D)$

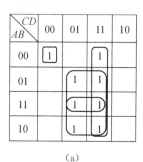 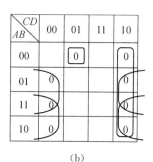

题解 8-13(3)图

由卡诺图化简得到的最简表达式是在两级门电路前提下的最简,而不是全局最简。以本题得到的最简与或式 $F=\overline{A}\overline{B}\overline{C}\overline{D}+AD+BD+CD$ 为例,允许反变量输入时,用与或电路结构直接实现该表达式,需要一个 4 输入与门、三个 2 输入与门和一个 4 输入或门。运用分配律和反演律,对该表达式做如下变换:

$$F=\overline{A}\overline{B}\overline{C}\overline{D}+AD+BD+CD=\overline{\overline{ABC}\cdot \overline{D}}+(A+B+C)D=\overline{\overline{\overline{ABC}+D}}+\overline{\overline{ABC}}\cdot D$$

直接实现变换后的表达式需要一个 3 输入与非门、一个 2 输入或非门、一个 2 输入与门和一个 2 输入或门。显然,该表达式比根据卡诺图直接求得的最简与或式更简单。需要进一步说明的是,该表达式对应的电路是一个 3 级门电路。

(4) 本题待化简的函数是一般与或式的形式,在填写卡诺图时需要仔细,不要填错。比较可靠的方法是先将表达式转换为最小项表达式,然后填图。若对运算与函数值的对应关系比较熟悉,也可以根据与运算、或运算的特点直接填图。在本题中,表达式中任意一个乘积项的值为 1 都将使函数值为 1。所以,函数值为 1 就转换为每个乘积项何时为 1。而乘积项取值为 1 的条件是其每个因子取值均为 1。这样,我们就把函数值和自变量的取值联系起来了。卡诺图如题解 8-13(4)图所示。

最简与或式为 $F=A\overline{B}+\overline{B}D+C$

最简或与式为　$F=(A+C+D)(\overline{B}+C)$

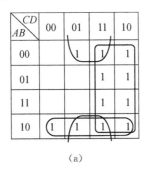
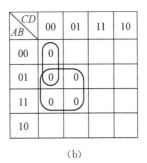

(a)　　　　　　　　　(b)

题解 8-13(4)图

(5) 本题待化简的函数是一般或与式的形式,在确定自变量取值与函数值关系、填写卡诺图时,显然应该根据或与式的特点,看函数值何时为 0。任意一个和项为 0 时,函数值就为 0。构成和项的变量全都是 0 时,和项才为 0。由此,可以在卡诺图中填入所有的 0。如题解 8-13(5)图(a)所示。化简后的最简或与式为

$$F=(A+\overline{B})(\overline{B}+\overline{D})(\overline{B}+\overline{C})$$

圈 1 的卡诺图如题解 8-13(5)图(b)所示,化简后的最简与或式为

$$F=\overline{B}+A\overline{C}\overline{D}$$

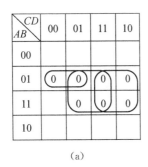
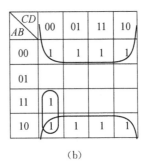

(a)　　　　　　　　　(b)

题解 8-13(5)图

(6) 直接由 F 的表达式求卡诺图不方便,可先求 $\overline{F}$ 的卡诺图,如题解 8-13(6)图(a)所示,再转换成 F 的卡诺图,如题解 8-13(6)图(b)所示。

$$\overline{F}=A\overline{D}+ABC+A\overline{C}D+\overline{A}\overline{B}\overline{C}D+\overline{A}BCD$$

由题解 8-13(6)图(b),可以写出最简与或式

$$F=\overline{A}B+\overline{A}CD+A\overline{B}CD+\overline{A}\overline{C}\overline{D}$$

最简或与式　$F=(B+C+D)(\overline{A}+D)(\overline{A}+C)(\overline{A}+\overline{B})(A+B+\overline{C}+\overline{D})$

$(F_1 \oplus F_2) = B + A\bar{C} + AD = (A+B)(B+\bar{C}+D)$

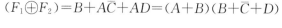

题解 8-13(6)图

8-14 某工厂有四个股东,分别拥有 40%、30%、20% 和 10% 的股份。一个议案要获得通过,必须至少有超过一半股权的股东投赞成票。试列出该厂股东对议案进行表决的电路的真值表,并求出最简与或式。

解:设逻辑变量 A、B、C、D 分别表示占有 40%、30%、20%、10% 股份的四个股东,各变量取值为 1 表示该股东投赞成票;定义变量 F 表示表决结果,$F=1$ 表示表决通过。

根据题意列出真值表:

A B C D	F	A B C D	F
0 0 0 0	0	1 0 0 0	0
0 0 0 1	0	1 0 0 1	0
0 0 1 0	0	1 0 1 0	1
0 0 1 1	0	1 0 1 1	1
0 1 0 0	0	1 1 0 0	1
0 1 0 1	0	1 1 0 1	1
0 1 1 0	0	1 1 1 0	1
0 1 1 1	0	1 1 1 1	1

卡诺图如题解 8-14 图所示。

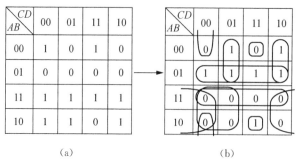

题解 8-14 图

最简与或式为

$$F = AB + AC + BCD$$

8-15 某厂有 15 kW、25 kW 两台发电机和 10 kW、15 kW、25 kW 三台用电设备。已知三台用电设备可以都不工作或部分工作，但不可能三台同时工作。请设计一个供电控制电路，使用电负荷最合理，以达到节电目的。试列出该供电控制电路的真值表，求出最简与或式，并用与非门实现该电路。

解： 设 10 kW、15 kW、25 kW 三台用电设备分别为 A、B、C，设 15 kW 和 25 kW 两台发电机组分别为 Y 和 Z，且均用"0"表示不工作，用"1"表示工作。为使电力负荷达到最佳匹配，以实现最节约电力的目的，应该根据用电设备的工作情况即负荷情况，来决定两台发电机组的启动与否。因此，此处的供电控制电路中，A、B、C 是输入变量，Y、Z 是输出变量。由此列出电路的真值表如右表所示。表中 $ABC=111$ 时，$YZ=\Phi\Phi$，是因为题意中说明三台用电设备不可能同时工作，此时 Y、Z 的取值不必定义。

Y、Z 的卡诺图如题解 8-15 图(a)、(b)所示。由于要求用与非门实现，应该圈"1"。得到最简与或式后，再用反演律进行变换，就得到能够用与非门实现的"与非—与非"式。用与非门实现的供电控制电路如题解 8-15 图(c)所示。

$$Y = \overline{A}B + A\overline{B} = \overline{\overline{\overline{A}B} \cdot \overline{A\overline{B}}}$$

$$Z = AB + C = \overline{\overline{AB} \cdot \overline{C}}$$

真值表

ABC	YZ
000	00
001	01
010	10
011	11
100	10
101	11
110	01
111	ΦΦ

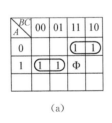
(a)

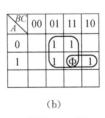
(b)

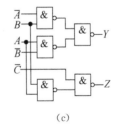
(c)

题解 8-15 图

9 组合逻辑电路

9.1 基本概念、重点与难点

本章介绍组合逻辑电路的分析与设计方法,内容包括集成逻辑门、常用 MSI 组合逻辑模块、组合逻辑电路的分析与设计。各部分内容及其教学要求如下:

(1) 了解数字电路的分类,理解组合逻辑电路的概念,了解组合电路与时序电路的区别。

数字电路从结构和功能上可以分为组合逻辑电路和时序逻辑电路,其中组合逻辑电路是由逻辑门级联而成的,没有反馈通道,组合电路的功能可以用真值表完全描述,其特点是,电路任意时刻的输出完全由该时刻的输入信号确定,而与输入信号已往的取值没有关系。时序逻辑电路中包含记忆元件,其输出信号的取值与输入信号的历史有关。

(2) 了解逻辑系列的概念,了解数字集成电路的集成度概念,了解 TTL、CMOS、ECL 逻辑门的结构特点和工作原理,掌握集成逻辑门的主要电气指标的含义和特征。掌握逻辑电路输入、输出结构特点,包括施密特输入结构、三态输出结构和漏极开路(OD)输出结构和集电极开路(OC)输出结构。

数字集成电路按制作工艺和工作原理不同可以分为 TTL、CMOS 和 ECL 三种主要类型,TTL 是基于晶体三极管的双极型逻辑电路;CMOS 是基于 MOSFET 的单极型逻辑电路,是目前应用最广泛的逻辑电路,74/54 系列是国际标准逻辑系列,包括各种 TTL、CMOS 中、小规模标准逻辑器件;ECL 是双极型高速器件,适用于对工作速度要求特别高的场合。数字集成电路按芯片集成度分类如表 9.1.1 所示。

表 9.1.1 数字集成电路的集成度分类

类别	SSI	MSI	LSI	VLSI	ULSI	GSI
芯片所含门电路数	<10	$10\sim10^2$	$10^2\sim10^4$	$10^4\sim10^6$	$10^6\sim10^8$	$>10^8$
芯片所含元件个数	$<10^2$	$10^2\sim10^3$	$10^3\sim10^5$	$10^5\sim10^7$	$10^7\sim10^9$	$>10^9$

数字集成电路的主要电气指标包括:输入高电平、低电平;输出高电平、低电

平;输入信号的噪声容限;输出信号的驱动能力;芯片功耗;工作速度(或信号传输时延)。电压传输特性是描述逻辑门输入、输出电压特性和抗干扰能力的重要手段。逻辑电路的驱动能力也叫负载能力,通常用输出电流加以表示,也可以用扇出系数表示。典型逻辑系列的主要性能指标如表 9.1.2 所示,传输时延以 ECL 最小(低于 500 ps),CMOS4000 系列最大(大于 100 ns)。噪声容限以 CMOS 系列最好(4000 系列接近 1.5 V),ECL 系列最差(只有 150 mV)。静态功耗以 CMOS 系列最低(只有 1.25 μW),ECL 系列最高(达到 150 mW)。而 TTL 中的除了早期的标准系列(7400 所在系列)外,其他改进系列(74LS、74AS 等)性能比较适中。CMOS 工艺的 74HC、74HCT 在保持 CMOS 器件低功耗、抗干扰能力强等特点的同时,极大地改善了工作速度(降低了时延)。

表 9.1.2 典型逻辑系列性能指标对照表

指标 \ 系列		TTL			ECL		CMOS		
		7400	74LS00	74AS00	MC10E101		74HC00	74HCT00	CD4011B
电源电压	V_{CC}(V)	5.0	5.0	5.0	5.0	−5.0	2～6	5.0	3～18
输入电压	V_{IH}(V)	≥2.0	≥2.0	≥2.0	≥3.87	≥−1.13	≥3.15	≥2	≥3.5
	V_{IL}(V)	≤0.8	≤0.8	≤0.8	≤3.52	≤−1.48	≤1.35	≤0.8	≤1.5
输入电流	I_{IH}(μA)	≤40	≤20	≤20	≤150	≤150	≤0.1 μA	≤0.1 μA	≤0.1 μA
	I_{IL}(mA)	≤1.6	≤0.4	≤0.1	0.25 μA	0.65 μA			
输出电压	V_{OH}(V)	≥2.4	≥2.7	≥3	≥4.02	≥−0.98	≥4.4	≥4.4	≥4.95
	V_{OL}(V)	≤0.4	≤0.4	≤0.5	≤3.37	≤−1.63	≤0.1	≤0.1	≤0.05
输出电流	I_{OH}(mA)	−0.4	−0.4	−2	—	—	±4	±4	±1
	I_{OL}(mA)	16	8	20					
静态电流	I_{CC}(mA)	4～22	0.8～4.4	2～17	30	30	2 μA	2 μA	0.25 μA
传输时延	t_{pd}(ns)	7～22	9～15	1～4	0.2～0.5	0.2～0.5	7	8	125
噪声容限	V_{NH}(V)	0.4	0.7	1	0.15	0.15	1.25	2.4	1.45
	V_{NL}(V)	0.4	0.4	0.3	0.15	0.15	1.25	0.7	1.45
静态功耗	P_O(mW)	20～110	4～22	10～85	150	150	9 μW	10 μW	1.25 μW

注:除 ECL 工艺的 MC10E101 是 Motorola 公司的产品外,其他都是 TI 公司的产品。
74HC00 的参数是 $V_{CC}=+4.5$ V 时的取值,CD4000B 的参数是 $V_{CC}=+5$ V 时的取值。
同一系列的不同芯片以及不同厂家产品的各项指标可能有所不同。

三态输出结构是逻辑电路的一种输出结构,具有三态输出能力的逻辑电路不仅具有正常的高、低电平输出能力,还能够用一个使能输入信号控制输出端,使其呈现高阻抗状态,三态输出结构常用于实现分时复用的总线结构。具有高电平使能端的三态非门的国标符号如图 9.1.1 所示。

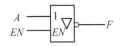

图 9.1.1 三态非门

(3) 理解 MSI 的概念,掌握加法器、译码器、数据选择器的逻辑功能、使用方法、扩展方法,会看功能表,了解国标符号,掌握惯用符号。

MSI 是指具有特定逻辑功能、集成度中等的集成电路模块,许多常用的组合逻辑功能电路都有专门的芯片方便使用。

7483/283 是 4 位二进制数全加器,可以实现两个 4 位无符号二进制数的加法运算,芯片低位的进位输入端和高位的进位输出端可以用于级联扩展,实现更多位二进制数的并行相加。学习加法器时,还应注意掌握半加器和 1 位全加器的概念和设计方法,以及用 1 位全加器串行级联实现多位二进制数加法运算的原理和优缺点,了解先行进位的概念。

译码器执行和编码器相反的操作,$n \rightarrow 2^n$ 译码器是全译码器,可以将 n 条输入线输入的 2^n 种编码值分别译码输出。74138 是 3 线-8 线译码器,任意一组输入的 3 位二进制编码都对应于一个低电平有效的译码输出端;74154 是输出低电平有效的 4 线-16 线译码器。BCD 译码器有 4 个输入编码端、10 个输出译码端,是一种部分译码器,各种 BCD 译码器通常可以用 74154 实现。学习译码器时,应会看 74138、74154 的国标符号、会用其惯用符号,能看懂并使用其功能表,掌握译码器的扩展方法。

数据选择器和数据分配器是实现数据传输中并/串转换和串/并转换的器件,74151 是 8 选 1 数据选择器,学习数据选择器时,应会看 74151 的国标符号、会用其惯用符号,能看懂并使用其功能表,掌握数据选择器的扩展方法。数据分配器用于实现与数据选择器相反的功能,由于它和译码器的电路结构相似,通常用译码器实现数据分配器的功能。

(4) 掌握组合逻辑电路的分析与设计方法,熟练掌握组合逻辑电路分析的基本步骤,掌握基于 MSI 的组合逻辑电路的分析方法,熟练掌握两级门电路设计的基本步骤,掌握基于 MSI 的组合逻辑电路设计的基本方法,掌握基于译码器、数据选择器的组合电路实现方法。

基于逻辑门的组合逻辑电路的基本分析方法是:由给定的门电路图直接写出输出函数表达式,并将表达式变换为所需形式,然后列出函数的真值表,最后根据表达式或真值表确定电路的逻辑功能。

基于 MSI 的组合逻辑电路的基本分析方法也是写出表达式、列出真值表。由于有些 MSI 有多个输出函数或函数比较复杂,直接写表达式或列真值表的方法是不可行的。此时应根据 MSI 的功能和实际用法,分析芯片在电路中的工作模式,并结合已掌握的组合电路逻辑功能确定电路的工作特点和逻辑功能。

两级逻辑门构成的组合逻辑电路是基于卡诺图化简的逻辑函数实现方法,设计最简与非门电路和或非门电路是组合逻辑电路设计的基本要求,除此之外,还应该掌握最简与或非门电路、最简 OC(OD) 与非门电路的实现方法。设计两级门电路的基本步骤是:定义变量→列出真值表→求出最简表达式→画出电路图。

基于 MSI 的组合逻辑电路设计方法比较灵活,需要将要求的逻辑功能和所用 MSI 器件的功能结合起来考虑。常见的设计类型包括:用 4 位全加器 7483 实现部分 BCD 码转换电路,用全译码器实现逻辑函数,以及用数据选择器实现逻辑函数。

本章的教学重点是集成逻辑门的基础知识、常用组合逻辑电路功能器件、组合逻辑电路分析与设计方法。教学难点是基于 MSI 的组合逻辑电路分析与设计。

9.2 习题解答

9-1 已知 74S00 是 2 输入四与非门,$I_{OL}=20$ mA,$I_{OH}=1$ mA,$I_{IL}=2$ mA,$I_{IH}=50$ μA;7410 是 3 输入三与非门,$I_{OL}=16$ mA,$I_{OH}=0.4$ mA,$I_{IL}=1.6$ mA,$I_{IH}=40$ μA。试分别计算 74S00 和 7410 的扇出系数。理论上,一个 74S00 逻辑门的输出端最多可以驱动几个 7410 逻辑门,一个 7410 逻辑门的输出端最多可以驱动几个 74S00 逻辑门?

解:逻辑门的驱动能力由高电平输出时驱动能力和低电平输出时驱动能力中较小的一个决定。逻辑门的扇出系数指逻辑门驱动同类门的能力。

74S 系列器件驱动 74S 系列器件时,高电平输出的驱动能力为 $I_{OH}/I_{IH}=1$ mA/50 μA=20,即一个 74S00 的高电平输出信号可以驱动 20 个 74S 系列器件的输入端;低电平输出的驱动能力为 $I_{OL}/I_{IL}=20$ mA/2 mA=10,即一个 74S00 的低电平输出信号可以驱动 10 个 74S 系列器件的输入端。所以,74S00 的扇出系数 $N_O=10$。

同理,7410 输出高电平可以驱动的输入端数为 $I_{OH}/I_{IH}=0.4$ mA/40 μA=10,输出低电平可以驱动的输入端数为 $I_{OL}/I_{IL}=16$ mA/1.6 mA=10。所以,7410 的扇出系数 $N_O=10$。

74S00 驱动 7410:

高电平输出时:$I_{OH(74S00)}/I_{IH(7410)}=1$ mA/40 μA=25

低电平输出时:$I_{OL(74S00)}/I_{IL(7410)}=20$ mA/1.6 mA=12.5,取 12 个。

所以,74S00 可以驱动 12 个 7410 的输入端。

7410 驱动 74S00:

高电平输出时:$I_{OH(7410)}/I_{IH(74S00)}=0.4$ mA/50 μA=8

低电平输出时:$I_{OL(7410)}/I_{IL(74S00)}=16$ mA/2 mA=8

所以,7410 可以驱动 8 个 74S00 的输入端。

9-2 某组合逻辑电路如题 9-2 图(a)所示。

(1) 写出输出函数 F 的表达式;

(2) 列出真值表；

(3) 对应题 9-2 图(b)所示输入波形，画出输出信号 F 的波形；

(4) 用题 9-2 图(c)所示与或非门实现函数 F（允许反变量输入）。

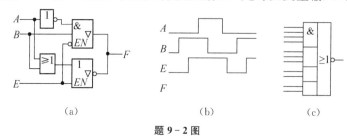

题 9-2 图

解：(1) 题 9-2 图(a)中的两个三态门分时操作，当控制输入变量 $E=0$ 时，三态与门工作，输出信号 $F=\overline{A}B$；当 $E=1$ 时，三态非门工作，输出 $F=\overline{A+B}$。综合上述情况，输出函数为 $F=\overline{E}\cdot\overline{A}B+E\cdot\overline{A+B}$。

(2) 输出函数 F 的真值表如下表所示。

EAB	F
000	0
001	1
010	0
011	0
100	1
101	0
110	0
111	0

(3) 输出信号的波形如题解 9-2 图(a)所示。

(4) 用与或非门实现逻辑函数时，需要先将函数化简为最简与或非式，采用卡诺图圈 0 化简(1)中求得的函数 F，得到最简或与式为 $F=A\cdot(E+B)\cdot(\overline{E}+\overline{B})$，变换后得到最简与或非式为 $F=\overline{\overline{A}+\overline{E}B+EB}$，用题 9-2 图(c)所示与或非门实现该表达式时，应正确处理多余的逻辑门和多余的输入端，实现函数 F 的电路如题解 9-2 图(b)所示。

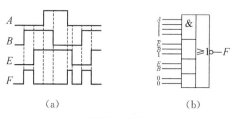

题解 9-2 图

9-3 用与非门实现逻辑函数 $F=AB+\overline{\overline{A}+C}\cdot BD+B\overline{\overline{CD}}$，允许反变量输入。

解：用两级与非门电路实现逻辑函数，是采用逻辑门实现组合逻辑电路最常用的方法。两级与非门电路结构和与非-与非表达式形式相对应，而与非-与非表达式可以由与或表达式经简单变换得到。

本题应先将函数变换为与或式，然后填入卡诺图，在卡诺图上圈 1，求出最简与或式，再变换为最简与非-与非式，最后画出与非门电路图，如题解 9-3 图(b)所示。

$$F=AB+\overline{\overline{A}+C}\cdot BD+B\overline{\overline{CD}}=AB+AB\overline{C}D+BC+B\overline{D}$$

$$F=AB+BC+B\overline{D}\cdots\cdots\cdots\cdots\text{最简与或式}$$

$$=\overline{\overline{AB}\cdot\overline{BC}\cdot\overline{B\overline{D}}}\cdots\cdots\cdots\cdots\text{最简与非式}$$

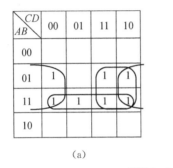
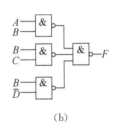

题解 9-3 图

9-4 试用 3 输入与非门实现函数 $F=\overline{A}B\overline{D}+B\overline{C}+AB\overline{D}+BD$。

解：本题属于逻辑门输入端受限类型，应对表达式进行变换，使每个与非项的变量数在 3 个以内。经卡诺图化简验证，给定的函数表达式已经是最简与或式。为了进一步简化电路，注意到给定的函数表达式中后三个乘积项都包括变量 B，利用这个特点进行变换，在多级电路的基础上，可以将所用逻辑门的个数减到最少，电路如题解 9-4 图所示。

$$F(A,B,C,D)=\overline{A}B\overline{D}+B(\overline{C}+A\overline{D}+D)$$

$$=\overline{A}B\overline{D}+B\cdot\overline{\overline{A}CD}$$

$$=\overline{\overline{\overline{A}B\overline{D}}\cdot\overline{B\cdot\overline{\overline{A}CD}}}$$

$$=\overline{\overline{\overline{A}B\overline{D}}\cdot\overline{B\cdot\overline{\overline{A}CD}}\cdot 1\cdot 1}$$

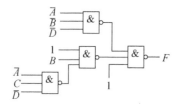

题解 9-4 图

9-5 改用最少的与非门实现题 9-5 图所示电路的功能。

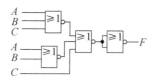

题 9-5 图

解：先由上面电路图写出函数表达式，然后进行函数化简，求出最简与或式，并用与非门实现。在允许反变量输入的条件下，实现该函数只需要两个 2 输入与非门，电路如题解 9-5 图所示。

$$F=\overline{\overline{\overline{A+B+C}+\overline{A+B+C}}}=\overline{A+B+C}+\overline{A+B+C}=\overline{A}\overline{B}C+\overline{A}\overline{B}+C$$

$$=\overline{A}\overline{B}+C\cdots\cdots\cdots\text{最简与或式}$$

$$=\overline{\overline{\overline{A}\overline{B}\cdot\overline{C}}}\cdots\cdots\cdots\text{最简与非式}$$

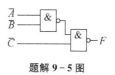

题解 9-5 图

9-6 设有 A、B、C 三个输入信号通过排队逻辑电路分别由三路输出，在任意时刻，输出端只能输出其中的一个信号。如果同时有两个以上的输入信号时，输出选择下优先顺序是：首先 A，其次 B，最后 C。列出该排队电路的真值表，写出输出函数表达式。

解：首先定义输入、输出变量：设三路输入信号 A、B、C 无信号时为 0，有信号时为 1；三路输出信号 F_1、F_2、F_3 无输出时为 0，有输出时为 1。

然后根据题目含义列出真值表，如下表所示。

ABC	$F_1F_2F_3$
000	000
001	001
010	010
011	010
100	100
101	100
110	100
111	100

最后写出函数表达式:由真值表可以看出,函数关系十分简单,无需化简,就可以直接写出输出函数的最简与或式。

$$F_1=A, \quad F_2=\overline{A}B, \quad F_3=\overline{A}\overline{B}C$$

9-7 学校举办游艺会,规定男生持红票入场,女生持绿票入场,持黄票的人无论男女都可入场。如果一个人同时持有几种票,只要有符合条件的票就可以入场。试分别用与非门和或非门设计入场控制电路。

解:定义变量:设 A 表示性别,取值 0 为男,1 为女;B、C、D 分别表示黄票、红票、绿票,取值 0 表示无票,1 表示有票。输出变量 $F=0$ 表示不能入场,$F=1$ 表示可以入场。列出真值表:

$ABCD$	F	$ABCD$	F
0000	0	1000	0
0001	0	1001	1
0010	1	1010	0
0011	1	1011	1
0100	1	1100	1
0101	1	1101	1
0110	1	1110	1
0111	1	1111	1

卡诺图化简(略),求出函数 F 的最简与或式和或与式

$$F=B+\overline{A}C+AD \cdots\cdots\cdots\cdots\cdots\cdots\text{最简与或式}$$
$$=(A+B+C)(\overline{A}+B+D) \cdots\cdots\cdots\text{最简或与式}$$

分别用与非门和或非门实现的电路如题解 9-7 图(a)所示,允许反变量输入。

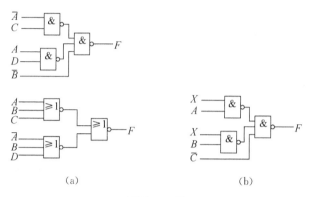

题解 9-7 图

有人定义变量为：X—男，Y—女，A—红票，B—绿票，C—黄票，各变量都是高电平有效。函数 F 也是高电平有效(可以入场)，由题意可以直接写出表达式

$$F=XA+YB+C$$

当来人为男，持红票时，$F=1$；当来人为女，持绿票时，$F=1$；当来人持黄票时，$F=1$。

当来人持多种票，只要满足上述条件，F 也为 1。

显然，该解法也正确，电路如题解 9-7 图(b)所示。

9-8 一个走廊的两头和中间各有一个开关控制同一盏灯。无开关闭合时，电灯不亮；当电灯不亮时，任意拨动一个开关都使灯亮；当灯亮时，任意拨动一个开关都使灯熄灭。试用异或门实现该电灯控制电路。

解：设三个开关为 A、B、C，取值为 0 表示"关"，1 表示"开"；电灯用 F 表示，0 为灭，1 为亮。又设三个开关都关闭时，灯不亮，即变量 $ABC=000$ 时，$F=0$。

根据题意，列真值表：

ABC	F
000	0
001	1
010	1
011	0
100	1
101	0
110	0
111	1

由真值表可以看出,当自变量取值中有奇数个 1 时,函数值为 1,所以函数表达式为

$$F=A\oplus B\oplus C$$

电路如题解 9-8 图所示。(注意,74 系列只有两输入异或门。)

题解 9-8 图

9-9 设 A、B、C、D 分别代表四对话路,正常工作时最多只允许两对同时通话,并且 A 路和 B 路、C 路和 D 路、A 路和 D 路不允许同时通话。试用或非门设计一个逻辑电路(不允许反变量输入),用以指示不能正常工作的情况。

解:设 A、B、C、D 取值为 1 表示通话,0 表示不通话;$F=1$ 表示不能正常工作。

真值表如下表所示:

ABCD	F	ABCD	F
0000	0	1000	0
0001	0	1001	1
0010	0	1010	0
0011	1	1011	1
0100	0	1100	1
0101	0	1101	1
0110	0	1110	1
0111	1	1111	1

用卡诺图化简,求得的最简或与式为

$$F=(A+C)(A+D)(B+D)$$

CD\AB	00	01	11	10
00	0	0	1	0
01				
11	1	1	1	1
10	0	1	1	0

或非门电路题解 9-9 图所示。

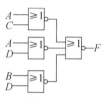

题解 9-9 图

9-10 用与非门为医院设计一个血型配对指示器，当供血和受血血型不符合血型对照表所列情况时，指示灯亮。

解：首先需要确定输入、输出变量：输入信号是供血方的血型和受血方的血型，供血方的血型有 A、B、AB、O 四种，受血方的血型也是这四种，表示血型信息可以有不同的变量和变量取值的定义方法。这里我们采用编码方式表示血型信息：设供血方的血型用变量 WX 的取值表示，受血方的血型用变量 YZ 的取值表示，血型编码为：O 型（00）、A 型（01）、B 型（10）、AB 型（11），即当 $WX=00$ 时，表示供血方的血型为 O 型；$YZ=00$ 则表示受血方的血型为 O 型。输出信号是血型配对结果，用 F 表示，$F=1$ 表示血型不符，指示灯亮（需要一个高电平驱动的指示灯）；$F=0$ 表示血型配对成功，指示灯不亮。

血型对照表

供血血型	受血血型
A	A, AB
B	B, AB
AB	AB
O	A, B, AB, O

根据上述变量定义和血型对照表，可以导出真值表：

WXYZ	F	供→受	WXYZ	F	供→受
0000	0	O→O	1000	1	B→O
0001	0	O→A	1001	1	B→A
0010	0	O→B	1010	0	B→B
0011	0	O→AB	1011	0	B→AB
0100	1	A→O	1100	1	AB→O
0101	0	A→A	1101	A	AB→A
0110	1	A→B	1110	1	AB→B
0111	0	A→AB	1111	0	AB→AB

YZ\WX	00	01	11	10
00	0	0	0	0
01	1	0	0	1
11	1	1	0	1
10	1	1	0	0

采用卡诺图化简（圈 1）可以求出最简与或式：$F=W\bar{Y}+X\bar{Z}$ 与最简与或式相应的与非门电路，如题解 9-10 图所示（允许反变量输入）。

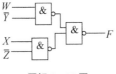

题解 9-10 图

9-11 分别用 3 线—8 线译码器 74138 和必要的逻辑门实现下列逻辑函数。

(1) $F(A,B,C) = \sum m(0,3,6,7)$ (2) $F(A,B,C) = ABC + A(B+C)$

解： 74138 是输出低电平有效的 3 线—8 线全译码器，8 个译码输出变量是 3 个编码输入变量的所有最大项。运用逻辑函数最大项表达式的概念，可以用一个 74138 和一个与门实现任意一个 3 变量的逻辑函数；由于最大项就是最小项的非，通过对最小项表达式取两次非，可以将最小项表达式写成"最小项之非"的与非形式，从而可以用一个 74138 和一个与非门实现逻辑函数。

(1) $F(A,B,C) = \sum m(0,3,6,7) = \prod M(1,2,4,5) = \overline{Y}_1 \overline{Y}_2 \overline{Y}_4 \overline{Y}_5$，电路如题解 9-11 图(a)所示。

对函数的最小项表达式进行变换，有 $F(A,B,C) = \sum m(0,3,6,7) = \overline{\overline{m_0 m_3 m_6 m_7}} = \overline{M_0 M_3 M_6 M_7} = \overline{\overline{Y}_0 \overline{Y}_3 \overline{Y}_6 \overline{Y}_7}$，对应的电路如题解 9-11 图(b)所示。

我们可以将上述两种实现方法归纳为：对于输出低电平有效的译码器，可以选取构成函数的最大项对应的输出端，外加一个与门实现。也可以选取构成函数的最小项对应的输出端（除最大项对应的输出端之外的另一组输出端），外加一个与非门实现。采用 74138 实现逻辑函数时，注意使能输入端 $G_1 \overline{G}_{2A} \overline{G}_{2B} = 100$。

(2) $F(A,B,C) = ABC + A(B+C) = \sum m(5,6,7)$，用 74138 和一个 3 输入与门实现的电路如题解 9-11 图(c)所示。

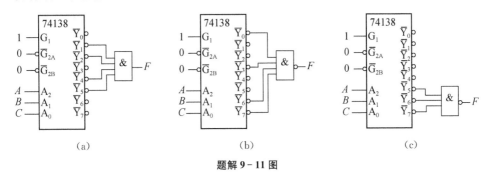

题解 9-11 图

9-12 分析题 9-12 图所示电路，写出表达式，列出真值表，说明电路的逻辑功能。

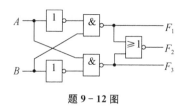

题 9-12 图

解： 函数表达式为

$F_1 = \overline{A}B$, $F_2 = \overline{\overline{A}B + A\overline{B}} = A \odot B$, $F_3 = A\overline{B}$

AB	F_1	F_2	F_3
00	0	1	0
01	1	0	0
10	0	0	1
11	0	1	0

由真值表可以看出，该电路是比较两个 1 位二进制数 A 和 B 大小的电路，称为半比较器。

输出信号高电平有效，F_1 是 $A<B$ 输出端，F_2 是 $A=B$ 输出端，F_3 是 $A>B$ 输出端。

9-13 分别用四选一和八选一数据选择器实现逻辑函数 $F(A,B,C) = \sum m(0,1,2,6,7)$。

解： 四选一 MUX 的输出函数表达式为 $F = \overline{A}_1\overline{A}_0 D_0 + \overline{A}_1 A_0 D_1 + A_1 \overline{A}_0 D_2 + A_1 A_0 D_3$

八选一 MUX 的输出函数表达式为

$$F = \overline{A}_2\overline{A}_1\overline{A}_0 D_0 + \overline{A}_2\overline{A}_1 A_0 D_1 + \overline{A}_2 A_1 \overline{A}_0 D_2 + \overline{A}_2 A_1 A_0 D_3 +$$
$$+ A_2 \overline{A}_1 \overline{A}_0 D_4 + A_2 \overline{A}_1 A_0 D_5 + A_2 A_1 \overline{A}_0 D_6 + A_2 A_1 A_0 D_7$$

用四选一时，先将函数写成最小项表达式的变量形式

$$F(A,B,C) = \sum m(0,1,2,6,7) = \overline{A}\,\overline{B}\,\overline{C} + \overline{A}\,\overline{B}C + \overline{A}B\overline{C} + AB\overline{C} + ABC$$

提取自变量 AB 作为四选一的地址变量，即 $A_1 A_0 = AB$，按四选一 MUX 输出函数表达式的形式整理函数表达式，有

$F(A,B,C) = \overline{A}\,\overline{B}(\overline{C}+C) + \overline{A}B\overline{C} + AB(\overline{C}+C) = \overline{A}\,\overline{B} \cdot 1 + \overline{A}B \cdot \overline{C} + A\overline{B} \cdot 0 + AB \cdot 1$

将函数表达式与四选一 MUX 的表达式相比较，显然，$D_0, D_1, D_2, D_3 = 1, \overline{C}, 0, 1$。

用八选一时，三个自变量都用作 MUX 的地址变量，令 $A_2 A_1 A_0 = ABC$，显然，

$$D_0 D_1 D_2 D_3 D_4 D_5 D_6 D_7 = 11100011$$

采用四选一和八选一实现逻辑函数的电路如题解 9-13 图(a)和(b)所示。

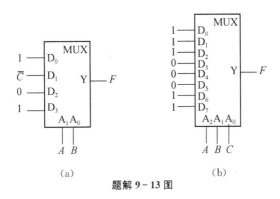

题解 9-13 图

9-14 4 选 1 MUX 构成电路如题 9-14 图所示,当 $WX=01$ 时,$F=(0)$;$F(W,X,Y,Z)$ 的与或表达式为 $F=\overline{WX}Y+W\overline{XZ}+WX$。

注:不需要写出最小项表达式。

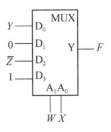

题 9-14 图

9-15 74138 是 3 线—8 线译码器,译码输出低电平有效,即 $A_2A_1A_0=000$ 时 $Y_0=0$,其他输出端都为 1,依此类推。题 9-15 图电路中 74138 已使能,则输出函数 F 的最小项表达式为 $F(A,B,C)=\sum m(1,2,7)$。

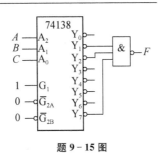

题 9-15 图

9-16 用三个继电器 A、B、C 控制两个指示灯 R、G。R 和 G 不能同时亮;当三个继电器都动作时 R 亮;当 A 不动作,且 B 和 C 中至少有一个动作时 G 亮;若 A、B、C 均不动作,则 R 和 G 均不亮;其他情况下 R 都亮。试根据以上要求列出反映此控制关系的真值表。

解：先定义变量：输入变量 A、B、C，取值为 1 表示继电器动作；输出变量 R、G，取值为 1 表示灯亮。反映输入、输出变量取值关系的真值表如表下所示。

ABC	RG
000	00
001	01
010	01
011	01
100	10
101	10
110	10
111	10

10 时序逻辑电路

10.1 基本概念、重点与难点

本章介绍时序逻辑电路的基础知识,内容主要包括时序逻辑电路的一般结构、分类、描述方法和触发器、计数器、移位寄存器等常用时序逻辑器件的电路结构、工作原理、逻辑功能及使用方法,它们是学习时序逻辑电路分析与设计方法的基础。各部分内容及教学要求如下:

(1) 理解时序逻辑的基本概念,了解时序逻辑电路的一般结构、特点和分类方法,掌握时序逻辑电路的描述方法。

时序逻辑电路是数字电路的一个重要分支,旨在解决组合逻辑电路无法解决的"记忆"问题。和组合逻辑电路相比,时序逻辑电路具有以下特点:电路内部包含能够记忆二进制信息的存储器件,且存在输出到输入的反馈通道,使时序逻辑电路在任何时刻的输出不仅与该时刻的输入有关,而且还与该时刻以前的输入也有关,因而具有记忆功能。

时序逻辑电路中的一个重要概念就是状态,它用来描述时序逻辑电路的工作情况,通常用存储器件的输出 Q(状态变量)来描述电路的工作状态:电路现在所处的状态称为现态,用符号 Q^n 表示;电路将要到达的下一个状态称为次态,用符号 Q^{n+1} 表示。时序逻辑电路中的状态转换关系和输入输出关系常用状态表和状态图来描述,它们可以比方程组更加清晰、直观地描述时序逻辑电路的逻辑功能,是分析和设计时序逻辑电路最重要、最常用的工具。

按照电路中存储器件的状态改变是否同步来分,时序逻辑电路可以分为同步时序逻辑电路和异步时序逻辑电路两大类。按照输出是否和输入直接相关来分,时序逻辑电路又可以分为米里型时序逻辑电路和摩尔型时序逻辑电路两大类。米里型和摩尔型时序逻辑电路的状态表和状态图在描述形式上有所不同。

(2) 理解触发器存储二进制信息的工作原理,了解基本 SR 触发器和时钟同步 SR 触发器的电路结构、真值表和逻辑符号,掌握 D、T、JK 等集成触发器的外部使用特性(逻辑符号、真值表、次态方程和激励表),会画触发器的工作波形,尤其是会画带有异步端的触发器工作波形。

触发器是时序逻辑电路最基本的存储器件，包括基本 SR 触发器、时钟同步 SR 触发器、JK 触发器、D 触发器、T 触发器等几种类型。无论什么类型的触发器，它都有两个互补的输出 Q 和 $\bar{Q}$，通常用 Q 的输出作为触发器的状态，并将使 $Q=1$ 的操作称为置位（置 1），将使 $Q=0$ 的操作称为复位（清 0 或置 0）。

集成触发器大多采用边沿触发或主—从触发的电路结构，输出状态只在 CP 脉冲的上升沿或下降沿才可能发生翻转，不仅有效地克服了空翻，而且还消除了对激励信号的输入限制，属于真正实用的触发器。在集成触发器中，D 触发器是一种延迟型触发器，适合实现寄存型时序电路；JK 触发器具有清 0、置 1、保持和翻转功能，是一种功能非常全的触发器，适合实现任何时序电路，使用最为灵活；T 触发器是一种翻转型触发器，它比较适合实现计数器这类电路。必须指出的是，集成触发器虽然有 JK、D、T 等类型，但市面上广泛见到的只有 JK 触发器和 D 触发器两种类型。如果需要使用 T 触发器，一般需要用 D 触发器或 JK 触发器来改接。

为了便于使用，集成触发器除了时钟和激励信号输入端外，一般还有异步置位 $\overline{PR}$ 和异步复位 $\overline{CLR}$ 两个输入端，它们的优先权比时钟和激励信号要高，只有当异步信号不起作用时，时钟和激励信号才起作用。

（3）了解计数器的功能、种类、应用领域和用触发器构成 2^n 进制计数器的方法，熟练掌握 7493、74163、74192 等典型 MSI 计数器的外部特性和使用方法，掌握阅读功能表并正确使用任何计数器芯片的方法。

计数器是用来累计收到的时钟脉冲个数的时序逻辑电路，在计算机等数字设备中使用非常广泛。按照不同的分类方法，计数器可以分为同步计数器、异步计数器、加法计数器、减法计数器、可逆计数器、变模计数器等类型。

用触发器构成 2^n 进制异步计数器（也称行波计数器）或同步计数器是有规律可循的，详见表 10.1 和表 10.2。人们实际使用的计数器往往都是厂家生产的 MSI、LSI 计数器。

表 10.1 2^n 进制异步计数器的连接规律

计数方式	激励输入	上升沿触发时钟	下降沿触发时钟
加法计数器	全部连接为 T' 触发器：	$CP_0=CLK$，其他 $CP_i=\bar{Q}_{i-1}$	$CP_0=CLK$，其他 $CP_i=Q_{i-1}$
减法计数器	$J_i=K_i=1, T_i=1, D_i=\bar{Q}_i$	$CP_0=CLK$，其他 $CP_i=Q_{i-1}$	$CP_0=CLK$，其他 $CP_i=\bar{Q}_{i-1}$

表 10.2 2^n 进制同步计数器的连接规律

计数方式	触发时钟 $CP_i(i=0\sim n-1)$	Q_0 激励	其他触发器 Q_i 激励 $(i=1\sim n-1)$
加法计数器	全部连接 CLK	连接为 T' 触发器	$T_i=J_i=K_i=Q_0Q_1\cdots Q_{i-2}Q_{i-1}$
减法计数器	$CP_i=CLK$	$T_0=1, J_0=K_0=1$	$T_j=J_i=K_i=\bar{Q}_0\bar{Q}_1\cdots\bar{Q}_{i-2}\bar{Q}_{i-1}$

7493 为 2—8—16 进制的异步加法计数器，其中 Q_A 构成 2 进制计数器，Q_DQ_C

Q_B 构成 8 进制计数器,它们级联使用时构成 16 进制计数器。由于 7493 有两个高电平有效的异步清 0 端 R_{01} 和 R_{02},因此采用遇 M 异步清 0 的方法还可以方便地构成任意的 M 进制计数器,基本的方法是对状态 M 进行译码,一旦 7493 达到 M 状态,使异步清 0 端 R_{01} 和 R_{02} 同时为 1,便可使 7493 立即异步清 0。多个 7493 芯片采用异步级联方式可以构成更大模数的加法计数器。

74163 是一种功能非常全的 16 进制同步加法计数器,它具有同步清 0、同步置数、加法计数和状态保持等多种工作模式。采用遇 $M-1$ 使同步清 0 端 $\overline{CLR}$ 为 0 的方法,可以在下一个 CP 脉冲上升沿到来时使 74163 同步清 0,来构成 M 进制的加法计数器;也可以采用遇 $M-1$ 使置数端 $\overline{LD}$ 为 0 的方法,在下一个 CP 脉冲上升沿到来时使 74163 同步置入 0,来构成 M 进制的加法计数器;还可以采用遇进位输出 $CO=1$ 使置数端 $\overline{LD}$ 为 0 的方法,在下一个 CP 脉冲上升沿到来时使 74163 同步置入二进制数 $dcba$,来构成 $M=(16-dcba)$ 进制的加法计数器,这种计数器称为程控计数器,改变预置数 $dcba$ 就可以方便地改变计数器的模数 M。74160、74161、74162 的惯用逻辑符号与 74163 完全相同,使用方法也非常相似,不同之处在于 74160、74162 为 10 进制加法计数器,74160、74161 为异步清 0。

74192 是一种 10 进制可逆同步计数器,它具有异步清 0、异步置数、加法计数、减法计数等工作模式,有加法、减法两个时钟信号和低电平有效的进位、借位两个输出。采用遇 M 异步清 0 或异步置入 0 的方法,可以构成任意的 M 进制加法计数器;采用遇 9 置入 $M-1$ 的方法,可以构成任意的 M 进制减法计数器。74192 还可以像 74163 那样构成程控计数器,但因为其本身是 10 进制计数器且为异步置数,故其程控范围比 74163 要小些。

计数器除了计数外,还可以用来实现计时、分频、脉冲分配和产生周期序列。无论哪种应用,它本质上都还是一个计数器。

(4) 了解移位寄存器的功能、一般结构、种类、数据输入/输出方式、应用领域和用触发器构成移位寄存器的方法,熟练掌握 74194、74198 等典型 MSI 移位寄存器的外部特性和使用方法,掌握阅读功能表并正确使用任何移位寄存器芯片的方法。

移位寄存器是用来寄存二进制数字信息并能将存储信息移位的时序逻辑电路,在数字通信中应用极其广泛。根据移位方式不同,移位寄存器可以分为左移寄存器、右移寄存器和双向移位寄存器等三类。移位寄存器有四种数据输入/输出方式,分别为串入/串出、串入/并出、并入/串出、并入/并出,利用串入/并出和并入/串出方式可以实现数据格式的串/并、并/串变换。

用 D 触发器和 JK 触发器可以非常方便地构成各种形式的移位寄存器。但工作中人们常用的都是 MSI 移位寄存器。最典型的 MSI 移位寄存器是 74194 和

74198,它们除了位数分别为 4 位和 8 位外,控制信号、移位方式和使用方法完全相同。

移位寄存器的使用方法非常简单。使用移位寄存器,不仅可以实现数据格式的串/并、并/串变换,而且可以方便地构成序列检测器、序列产生器和移位型计数器。移位型计数器有环形、扭环形和变形扭环形三种基本类型,如果是用 n 级移位寄存器构成,则这三种移位型计数器的模数分别为 n、$2n$ 和 $2n-1$。移位型计数器大多数都是非自启动的。

10.2 习题解答

10-1 D 触发器的输入波形如题 10-1 图所示,画出对应的 Q 端波形,设初态 $Q=0$。

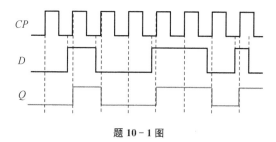

题 10-1 图

解: 按照 $Q^{n+1}=D^n$,上升沿触发求解,波形如题解 10-1 图所示。

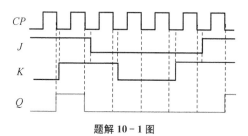

题解 10-1 图

10-2 JK 触发器的输入波形如题 10-2 图所示,画出对应的 Q 端波形,设初态 $Q=0$。

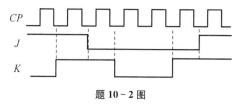

题 10-2 图

解：按照如下真值表，下降沿触发求解，波形如题解 10-2 图所示。

$J^n K^n$	Q^{n+1}
0　0	Q^n
0　1	0
1　0	1
1　1	$\overline{Q}^n$

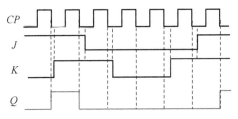

题解 10-2 图

10-3 画出题 10-3 图所示 T 触发器对应于 CP 和 T 输入波形的 Q 端波形，设初态 $Q=0$。

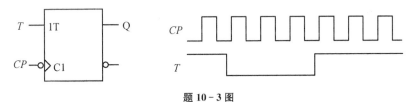

题 10-3 图

解：按照 $Q^{n+1}=T^n \oplus Q^n$，下降沿触发求解，$T=0$ 时保持，$T=1$ 时翻转，波形如题解 10-3 图所示。

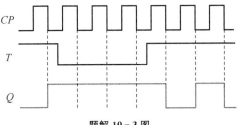

题解 10-3 图

10-4 设题 10-4 图所示各触发器 Q 端的初态都为 1，试画出在 4 个 CP 脉冲作用下各触发器的 Q 端波形。

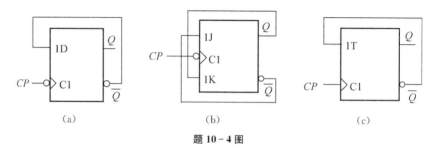

题 10-4 图

解：(a) $Q^{n+1}=D^n=\bar{Q}^n$，是下降沿触发的翻转触发器。

(b) $Q^{n+1}=J^n\bar{Q}^n+\bar{K}^nQ^n=\bar{Q}^n\bar{Q}^n+\bar{Q}^nQ^n=\bar{Q}^n$，是下降沿触发的翻转触发器。

(c) $Q^{n+1}=T^n\oplus Q^n=\bar{Q}^n\oplus Q^n=1$，是上升沿触发的置"1"触发器。

各触发器的 Q 端波形分别如题解 10-4 图(a)、(b)、(c)所示，其中图(a)、(b)相同，图(c) Q 总是 1。

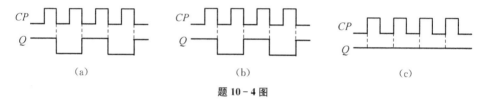

题 10-4 图

10-5 由一个 D 触发器和一个 JK 触发器构成的时序逻辑电路及输入波形如题 10-5 图所示，试画出 Q_1、Q_0 的输出波形(设初始状态 Q_1Q_0 为 00，触发器输入端悬空时为 1)。

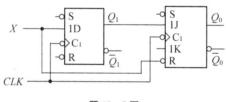

题 10-5 图

解： 电路中的 D 触发器在 CLK 下降沿时，按照 $Q_1^{n+1}=D_1^n=X^n$ 确定次态，容易画出 Q_1 的波形图，如题解 10-5 图所示。

JK 触发器首先受 X 控制(复位信号 R)，只要 $X=0$，Q_0 就为 0；当 $X=1$ 时，执行下降沿触发的 JK 触发器功能，按照 $Q_0^{n+1}=J_0^n\bar{Q}_0^n+\bar{K}_0^nQ_0^n=Q_1^n\bar{Q}_0^n$ 确定次态(当 $Q_1Q_0=10$ 时，时钟下降沿到来时，$Q_0=1$)，按此规则，可以画出 Q_0 波形，如题解 10-5 图所示。

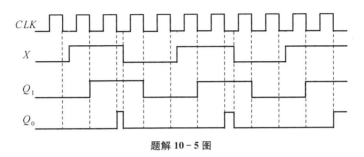

题解 10-5 图

10-6 用 7493 构成 13 进制计数器。

解：用一片 7493 经异步复位变模可以构成 13 进制计数器。

异步复位变模为 M（本题为 13）进制计数器时，第一个计数状态总是 0，最后一个计数状态为 $(M-1)$，应在状态 M 时异步复位。

由于 $M=13=(1101)_2$，如题解 10-6 图连接电路，当 $Q_D Q_C Q_A$ 同时为 1 时，R_{01} 和 R_{02} 同时为 1，7493 立即异步复位到 0 状态，从而有效计数状态就是 0000～1100，共 13 个状态，实现模 13 计数。

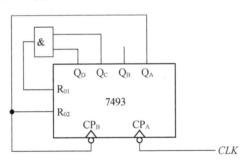

题解 10-6 图

10-7 用 74161 构成 24 小时计时器，要求采用 8421 BCD 码，且不允许出现毛刺。

解：本题有两种理解方式：一种是构成一个具有时、分、秒的计时器，这很复杂，电路需要 6 片 74161，不予讨论；另一种是构成一个模 24 的计时器，其计数脉冲每小时来一个，按此理解求解。

24 小时计数的计数值为 0～23，本题要求计数值用 8421 码表示，即计数值应表示为 2 位 8421 码的形式，即表示计数值 0 为 0000 0000，1 为 0000 0001，9 为 0000 1001，10 为 0001 0001，19 为 0001 1001，23 为 0010 0011。采用 16 进制计数器芯片 74161 实现，即要用两片 74161，其中对个位的计数采用模 10 的 8421 码；对十位数的计数为模 2 计数，由于十位数计数时仅用到 0 和 1 两个值，74161 按二进制计数和按 8421 码计数没有区别，故十进制计数芯片不必按 8421 码变模。

题目中不允许计数时出现毛刺的含义就是不允许采用异步变模,电路只能用同步预置变模。

用于个位计数的74161按8421码计数,采用同步预置变模时,应选状态1001,在两个1出现时使芯片的 LD 为0,预置数为0000;该信号同时用于十位计数的74161芯片的计数控制,使其 $T=1$ 则工作于计数模式(注意 T 和 LD 的需求相反),实现低位向高位的进位,下一个时钟脉冲使个位同步置0,十位加1。

当整个电路计数值为23时,即状态为0010 0011时(选三个输出为1的端子),两个芯片都应进入同步预置模式,预置数为0000 0000,下一个时钟使两个芯片都同步置0。注意,十位计数的161直接用该信号置数;而个位161有两个预置信号,一个是个位逢9预置到0,另一个是整个电路到23时预置到0,所以个位要用一个与门把两个预置信号都收下来,哪个有效都预置。

用74161构成的24小时计时器如图所示,时钟脉冲 CLK 的周期为1小时,两个74161同时接到 CLK,构成同步时序电路,如题解10-7图所示。

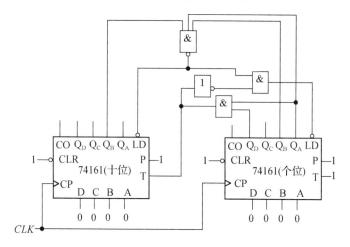

题解 10-7 图

10-8 分别用74163构成8421 BCD和5421 BCD加法计数器,并画出全状态图。

解:8421 BCD加法计数器及全状态图如题解10-8图(a)所示,采用同步清0方式变模。

5421 BCD加法计数器及全状态图如题解10-8图(b)所示,采用预置方式变模。根据5421 BCD码的编码规律,当 $Q_DQ_CQ_BQ_A=0100$ 时,下一个 CP 脉冲应置入1000;当 $Q_DQ_CQ_BQ_A=1100$ 时,下一个 CP 脉冲应置入0000。因此,当 $Q_CQ_BQ_A=100$ 时应使74163处于置数状态,即 $\overline{LD}=0$,且预置数 $DCBA=\overline{Q_D}000$。

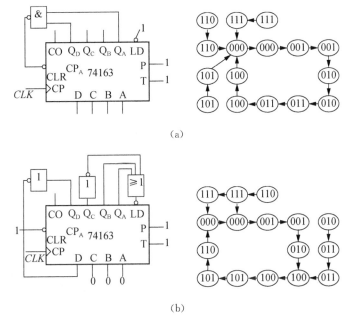

题解 10-8 图

10-9 试用 7493 构成模 11 计数器,画出电路图和全状态图。

解:采用异步复位变模,即利用 7493 的异步清零功能来变模实现模 M 的计数器。当状态为 $M=11$ 时,使 7493 的 $R_{01}=R_{02}=1$,实现异步清零,即状态 $(1011)_2$ 产生高电平的异步复位信号。电路和全状态图如题解 10-9 图所示。

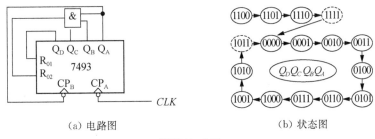

(a) 电路图　　　　　　　(b) 状态图

题解 10-9 图

10-10 4 位同步二进制加法计数器 74161 的逻辑符号和功能表如下,Q_D' 是高位,满量(进位)输出信号 Q_D'。试用复位(清零)法设计一个模 11 加法计数器,画出电路图和全状态图。

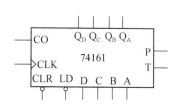

74163 功能表

CLR	LD	P·T	CLK	D	C	B	A	Q_D	Q_C	Q_B	Q_A	功能
0	Φ	Φ	Φ	Φ	Φ	Φ	Φ	0	0	0	0	清零
1	0	Φ	↑	d	c	b	a	d	c	b	a	置数
1	1	0	↑	Φ	Φ	Φ	Φ	Q_D	Q_C	Q_B	Q_A	保持
1	1	1	↑	Φ	Φ	Φ	Φ	加法计数				计数

解：采用异步复位变模，电路图和全状态图如题解 10-10 图所示。

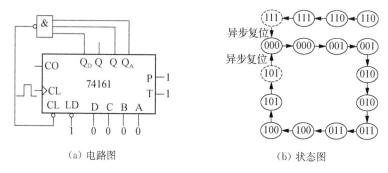

（a）电路图　　　　　　（b）状态图

题解 10-10 图

10-11　74163 是 4 位二进制同步加法计数器，其功能表如下。构成电路如题 10-11 图所示，Q_D 是计数值的高位。画出电路的主循环（计数循环）状态图，说明该计数器的功能。

74163 功能表

CLR	LD	P	T	CP	Q_D Q_C Q_B Q_A	工作状态
0	×	×	×	↑	0　0　0　0	同步清零
1	0	×	×	↑	D　C　B　A	同步置数
1	1	0	×	×	Q_D　Q_C　Q_B　Q_A	保持
1	1	×	0	×	Q_D　Q_C　Q_B　Q_A	保持
1	1	1	1	↑	计数	计数

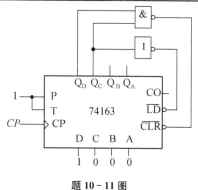

题 10-11 图

解: 根据电路画出电路的主循环状态图如题解 10-11 图所示。

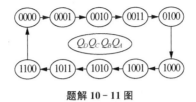

题解 10-11 图

功能:5421 码加法计数器。

10-12 用 74194 构成 6 进制扭环形计数器,要求采用右移方式。

解: 6 进制扭环形计数器需要使用 3 级移位寄存器,采用右移方式时的电路如题解 10-12 图所示。

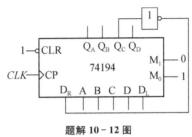

题解 10-12 图

10-13 用 74194 构成 11 进制变形扭环形计数器,要求采用左移方式。

解: 11 进制变形扭环形计数器需要使用 6 级移位寄存器,采用左移方式时的电路如题解 10-13 图所示。

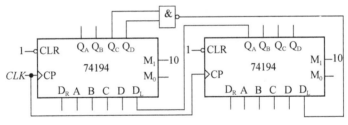

题解 10-13 图

10-14 用 D 触发器构成 4 进制扭环形计数器。

解: 4 进制扭环形计数器需要两级触发器,电路连接如题解 10-14 图所示。

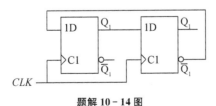

题解 10-14 图

10 - 15 如题 10 - 15 图所示为 74194 构成的一个 m 序列产生器,试画出其全状态图。如果电路的初始状态为 $Q_A Q_B Q_C Q_D = (0001)_2$,试写出一个周期的输出序列,并在保持主循环状态图不变的条件下对电路进行改进,使其具有自启动特性。

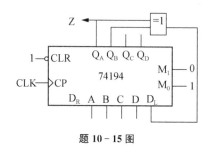

题 10 - 15 图

解:电路的全状态图如题解 10 - 15 图所示。当电路的初始状态为 0001 时,一个周期的输出序列为 0001001101011。

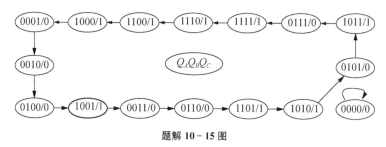

题解 10 - 15 图

该电路有一个孤立状态 0000。为了打破这个无效循环,可以对该状态进行译码,一旦出现 0000 状态,使 74194 的 $M_1 M_0 = 11$,下一个 CLK 脉冲到来时 74194 置入一个不全为 0 的状态(例如 0001),即可进入到主循环。为此,对电路进行修改,$ABCD = 0001$,$M_0 = \overline{Q_A + Q_B + Q_C + Q_D}$,其余不变。修改后的电路略。